„Jim Cymbala ne invită [illegible] m cu ajutorul brizei calde a L[illegible] u minuțios și credibilitatea sa [illegible] ar pentru o viață plină de pute[illegible]

[illegible] o

P[illegible] cărți de succes

„Combinația de învățătură biblică solidă oferită de un pastor cu ungere divină și mărturii personale emoționante conferă o putere spirituală suplimentară acestei cărți. Fie că sunteți un credincios începător sau ajuns la maturitate, cartea *Duhul care te ridică* vă va înlesni o relație mai profundă cu Duhul Sfânt."

Warren W. Wiersbe

Autor, profesor și predicator

„M-am simțit privilegiat să particip, ocazional, la serviciul de închinare al bisericii Brooklyn Tabernacle și întotdeauna am ieșit revigorat și copleșit de lucrarea lui Dumnezeu în această biserică. Și eu am trăit lucrurile despre care vorbește pastorul Cymbala, atât acolo, cât și în locuri mai întunecate ale lumii: oameni însetați să-L vadă pe Duhul lui Dumnezeu la lucru, abandonându-se în rugăciune ardentă, în așteptarea faptelor Sale înnoitoare. Veți fi provocat și binecuvântat de această carte importantă, de actualitate, scrisă de un autor extraordinar."

Dr. Ravi Zacharias

Autor și vorbitor

„Ce carte plină de putere! *Duhul care te ridică* este o lectură obligatorie pentru toți cei care tânjesc după o viață plină de pasiune, sens și iubire sinceră pentru Dumnezeu și pentru oameni. Povestirile din *Duhul care te ridică* vă vor emoționa… lecțiile de viață vor fi o provocare… iar Duhul Sfânt vă va schimba pe măsură ce citiți și experimentați cuvintele transformatoare venite din inima prietenului și mentorului meu, Jim Cymbala."

Alvin Slaughter

Artist, producător de muzică Gospel, vorbitor și autor

O viață sub stăpânirea Duhului Sfânt

Duhul *care te ridică*

JIM CYMBALA
PASTOR AL BISERICII BROOKLYN TABERNACLE, NEW YORK
ÎMPREUNĂ CU JENNIFER SCHUMANN

Traducere de Adriana Ioana Nacu

CASA CĂRȚII
Oradea, 2018

Ediția originală a cărții a fost publicată cu titlul *Spirit Rising*.

Citatele biblice au fost preluate din versiunea Bibliei în limba română, traducerea Dumitru Cornilescu, cu excepția celor precizate.

Duhul care te ridică
de Jim Cymbala
Copyright © 2018 Casa Cărții
OP 2, CP 30,
410670, Oradea
Tel./Fax: 0259-469 057; 0359-800761; 0728-874975
E-mail: info@ecasacartii.ro
www.ecasacartii.ro

Descrierea CIP a Bibliotecii Naționale a României
CYMBALA, JIM
Duhul care te ridică / Jim Cymbala și Jennifer Schumann; trad. de Adriana Ioana Nacu. - Oradea: Casa Cărții, 2018
ISBN 978-606-732-104-3

I. Schumann, Jennifer
II. Nacu, Adriana Ioana (trad.)

2

Traducerea: Adriana Ioana Nacu
Editarea: Camelia Luncan
Tehnoredactarea: Vasile Gabrian
Coperta: Marius Bonce

Tiparul executat la Metropolis srl, str. Nicolae Jiga 31, Oradea
Tel./Fax: 0259-472 640

Regretatului meu prieten,

Dave Wilkerson,

a cărui dependență de Duhul Sfânt

în proclamarea veștii bune despre Isus Cristos

a fost o inspirație pentru atât de mulți oameni.

Cuprins

Prefață

În fiecare duminică, milioane de oameni asistă plictisiți la serviciile religioase de la biserică. Chiar și bisericile care cheltuiesc o avere pe organizare și prezintă un spectacol minunat lasă un gust amar în cele din urmă. Însă, gândiți-vă la următorul lucru: este posibil să fii plictisit de Duhul Sfânt? Dacă S-ar manifesta cu adevărat, ne-am mai uita oare la ceas? Așadar… nu este plictiseala un semn cert al absenței Duhului?

Scopul acestei cărți nu este acela de a cere ajutorul Duhului Sfânt, ci de a-I cere să fie stăpân peste viețile noastre. Această carte se adresează celor ce refuză să se mai prefacă.

„Duhul este acela care dă viață, carnea nu folosește la nimic" (Ioan 6:63).

Priviți bine acest verset. Îl credeți cu adevărat? Reflectă viața voastră de rugăciune acest verset?

Duhul Sfânt nu este doar un ajutor care ni se dă. El este singura noastră speranță. El este Cel care dă viață. Însă, când oamenii sunt lipsiți de viață, biserica le dă de obicei alte soluții. Când serviciile religioase sunt lipsite de viață, recurgem la atât de multe metode pentru a crea emoție. Acesta nu este și cazul bisericii Brooklyn Tabernacle, unde pastorul Jim a slujit cu credincioșie zeci de ani. Rugăciunea este soluția lor pentru toate problemele. Și se vede lucrul acesta.

Unul dintre lucrurile care mă impresionează la această carte este faptul că e scrisă de un om al lui Dumnezeu. Nu de un puști cu o teorie, ci de un om al lui Dumnezeu care L-a văzut pe Duhul Sfânt acționând cu putere în nenumărații săi ani de slujire plină de credință.

Îmi amintesc cum, cu ani în urmă, participam la o conferință și eram uimit și puțin gelos pe vorbitorii care mă impresionau prin cunoștințele și carisma lor. Atunci pastorul Cymbala a urcat pe scenă. Vorbea la fel de captivant ca ceilalți, dar vorbea într-un asemenea mod, încât am uitat cu totul de persoana sa. M-a ajutat să mă concentrez numai asupra lui Isus. La sfârșitul predicii, simțeam o profundă reverență față de Dumnezeu. Eram cu totul concentrat asupra cuvântului Său, nu al vorbitorului.

Din învățătura și scrierile sale, e limpede că Jim Cymbala dorește un lucru: să se asigure că Isus este singura persoană glorificată. În timp ce mulți „învățați" se străduiesc din răsputeri să ne asigure că nu suntem suficient de inteligenți pentru a înțelege Scripturile fără ajutorul lor, Jim încearcă să fie o persoană obișnuită, plină de Duhul Sfânt. El ne încurajează să studiem Scripturile singuri, prin puterea Duhului. Ne reamintește că El este Stăpânul tuturor lucrurilor, iar El dorește să ne dea putere, să ne ghideze, să ne învețe și să ne folosească. Pe toți.

Toți vedem problemele care există în biserică. Nu avem nevoie de o altă carte să ni le evidențieze. Ceea ce avem acum nevoie este să credem că soluția este cu adevărat simplă. Duhul Sfânt.

Francis Chan
Autor al cărții *Dragoste nebună*

Partea întâi

Agentul lui Dumnezeu pe pământ

Capitolul 1

Sfinte întreruperi

Nu mă așteptam ca Duhul Sfânt să mă însoțească la masă și, totuși, exact așa s-a întâmplat.

Soția mea, Carol, era plecată din oraș, așa că m-am dus la una dintre cafenelele mele preferate din Long Island. Am găsit o masă retrasă lângă perete, am comandat salata mea preferată și, în timp ce mă bucuram de masa mea sănătoasă, citeam jurnalele. M-am abonat la revista electronică *New York Times* pe Kindle și, după ce am aruncat ochii peste câteva articole, un titlu mi-a atras atenția: „Creștinii din Pakistan copleșiți de ură". Înfulecam cu poftă din salata mea, dar acest articol m-a făcut să pun furculița jos și să continuu lectura:

> Pereții negri și pătați ai dormitorului familiei Hameed vorbesc despre o crimă odioasă. Sâmbătă, șapte membri ai familiei au murit aici, dintre care șase au fost arși de o mulțime furioasă ce a pătruns în casa lor și l-a împușcat mortal pe bunicul acestora, doar pentru motivul că erau creștini.
>
> Familia se îngrămădise în dormitor, vorbind în șoaptă și proptind ușa cu spatele, în timp ce mulțimea îi batjocorea.
>
> „Ziceau: «Dacă ieșiți afară, vă omorâm!»", a relatat Ikhlaq Hameed în vârstă de 22 de ani, singurul care a reușit să scape. Printre morți s-au numărat și doi copii: Musa, de șase ani, și Umaya, de treisprezece ani.[1]

Articolul descria dezlănțuirea furioasă a unei mulțimi de două mii de musulmani, dezlănțuire care a durat opt ore și a avut loc în Gojra, Pakistan, unde creștinii reprezintă un procent de nici 5% din populație. Pe lângă membrii familiei Hameed care au fost uciși, douăzeci de creștini au fost răniți, iar mulțimea a pus foc și a jefuit o sută de case ale creștinilor, în unele cazuri distrugând și mijloacele de trai ale familiei.

De ce?

Cu o zi înainte, creștinii ce participaseră la o nuntă într-un sat învecinat au fost acuzați că au ars un Coran. Oficialii care au investigat acuzația au declarat că această acuzație era falsă, dar liderii religioși locali au folosit știrea pentru a ralia musulmanii împotriva minorității creștine locale.

Familia Hameed, o familie creștină, nu a fost deloc implicată în toate acestea. Se aflau toți acasă, luându-și micul dejun, când mulțimea furioasă s-a strâns în apropierea casei lor. Când bunicul a deschis ușa să vadă ce era cu acel zgomot, grupul de musulmani s-a năpustit înăuntru. Familia Hameed a încercat să se refugieze într-o cameră din spate în timp ce grupul de musulmani a intrat în casa lor și a jefuit-o, după care i-au dat foc.

Duhul îmi mișcă sufletul

Nu-mi venea să cred ceea ce citeam. Deseori, despre maltratarea creștinilor nu se vorbește în media la nivel național, dar această relatare era în *New York Times*. Am căutat informații suplimentare în alte jurnale și am aflat că, după câte se pare, poliția pakistaneză nu a intervenit în timpul carnagiului. Cel mai mult m-a mișcat un comentariu făcut de unul dintre supraviețuitori. A declarat că nu se va răzbuna deoarece Biblia îl învață să se roage pentru ca dușmanii săi să vadă lumina.

Am început să mă rog pentru creștinii din Pakistan, iar, în timp ce mă rugam, m-am trezit plângând și a trebuit să îmi întorc fața spre perete.

Eram îngrijorat că ceilalți din cafenea îmi vor vedea lacrimile și se vor întreba ce era în neregulă cu mine. Ce tragedie!

Suferințele prin care treceau acei oameni din cauza credinței lor în Isus era de neimaginat. M-am simțit atât de legat de ei – de acei frați și de acele surori pe care nu îi cunoșteam personal, dar alături de care, într-o zi, îmi voi petrece eternitatea.

M-am simțit atât de legat de ei – de acei frați și de acele surori pe care nu îi cunoșteam personal dar alături de care, într-o zi, îmi voi petrece eternitatea.

La fel ca domnul Hameed, și eu sunt creștin și bunic, dar alte asemănări între noi nu mai există. Eu niciodată nu am deschis ușa casei mele unei mulțimi furioase și niciodată nu am încercat să-mi protejez familia de jefuitori. Niciodată nu mi-am privit familia murind în timp ce încerca să scape de flăcările care au cuprins casa. Niciodată nu am suferit violențe fizice de pe urma credinței mele în Cristos. Nu pot decât să-mi imaginez felul în care acele circumstanțe le-au pus credința la încercare. Sau felul în care mi-ar pune mie credința la încercare.

Aici în America, noi, credincioșii, simțim că ne este încercată credința de lucruri stupide precum un blocaj în trafic sau o mașină care nu vrea să pornească. Adevărul este că suntem toți răsfățați, inclusiv eu. Eu aveam atât de mult, iar ei aveau atât de puțin; viețile și experiențele noastre sunt din lumi complet diferite. Și, totuși, tânjeam atât de mult să îi ajut. Dar cum? Nu cunoșteam pe nimeni din Pakistan. Eram un simplu om care-și lua prânzul singur, într-o cafenea din Long Island.

Duhul Sfânt mi-a tulburat inima într-un mod neobișnuit, rugăciunea mea pentru ei nu mai contenea. *Doamne, fii cu oamenii Tăi! Ajută-i să găsească hrană, să găsească de lucru, un acoperiș deasupra capului și un pat în care să se odihnească! Dă-le alinare în durerea lor! Protejează-i! Păzește-le mintea – nu lăsa să își piardă credința din cauza violenței comise împotriva lor!* M-am rugat până am rămas fără cuvinte. Când am terminat, am simțit că am făcut ce am putut, și totuși tragedia lor mi-a rămas ca o greutate pe inimă.

Tot restul acelei zile de luni și mare parte a zilei următoare mi-am văzut de treburi, dar gândurile mele reveneau frecvent la acei oameni și, de fiecare dată, mijloceam în rugăciune pentru ei.

Unul dintre bărbați obișnuia să vândă cereale dintr-o căruță, dar mulțimea de musulmani i-o arsese, împreună cu lada de zestre a fiicei sale. Unde o să găsească el de lucru, acum că mijloacele sale de negoț nu mai erau? Familiile rămăseseră deodată fără case, pe stradă, în căutarea unui loc în care să-și ducă zilele. Nici măcar oamenii din biserica lor nu îi puteau ajuta, pentru că o sută de alte case fuseseră, de asemenea, arse și jefuite. Numai Dumnezeu îi putea ajuta să înfrunte această durere, această pierdere.

Duhul Sfânt leagă două lumi

În fiecare marți seara, biserica Brooklyn Tabernacle organizează o întâlnire de rugăciune. În acea seară, în timp ce stăteam pe rândul din față, cântând și rugându-mă cu familia mea de la biserică, nu-mi puteam lua gândul de la acei credincioși pakistanezi. Ceva nu-mi dădea pace în duhul meu. Simțeam că trebuia să fac ceva mai mult; doar că nu știam ce.

La un moment dat, m-am ridicat în picioare.

— Am ceva pe inimă, am spus bisericii. Nu pot scăpa de acest sentiment și vreau să îl împărtășesc cu voi. Și apoi ne vom ruga. Nu știu ce altceva aș putea face.

Mi-am scos Kindle-ul și m-am pregătit să citesc articolul din el.

— Suntem departe de Pakistan și mulți dintre noi probabil că nu vor ajunge acolo niciodată – dar ascultați...

În timp ce citeam articolul, simțeam durerea bisericii la gândul că o mamă și copilul ei au fost arși și au murit din cauza credinței. La fel ca mine, oamenii erau îndurerați pentru acei creștini care își pierduseră membrii familiei, casele și locurile de muncă.

— Să ne rugăm chiar acum, le-am spus, după ce am terminat de citit articolul. Dumnezeu a zis ca, în ziua necazului, să Îl chemăm pe El și El ne va răspunde. Haideți să ne ridicăm și să formăm grupuri de trei sau patru persoane în toată sala! Biblia mai spune că Domnul este „Dumnezeul oricărei mângâieri". Haideți să Îl rugăm pe Tatăl să le slujească acelor scumpi credincioși de la celălalt capăt al lumii!

Imediat, clădirea s-a umplut de un murmur sacru – glasuri înflăcărate ale bărbaților și femeilor care chemau numele Domnului.

Cred că întâlnirea de rugăciune de marți seara de la Brooklyn Tabernacle este motorul spiritual care antrenează biserica. Împreună cu soția mea, am început lucrarea acolo în urmă cu peste treizeci și cinci ani, cu o mână de oameni care venea duminica și mai puțin de o mână de oameni care venea marți seara. Dar acum, după atâția ani, erau prezenți cel puțin o mie cinci sute de oameni. Unii veniseră cu două ore înainte, pentru a începe mai devreme rugăciunea la tronul harului.

Am luat de mână câțiva bărbați din primul rând și ne-am unit vocile în rugăciune cu ceilalți. Dar, în timp ce terminam rugăciunea rostită cu voce tare și mă gândeam să trec la momentul darurilor de bunăvoie ale credincioșilor, mă mai gândeam ce altceva mai puteam face. *Doamne, ne-am rugat cum am știut mai bine. Mai este ceva ce aș putea să fac? Este timpul pentru darurile de bunăvoie; ar fi minunat să le putem trimite niște bani. Poate vom putea să punem ceva deoparte din darurile din seara aceasta pentru a-i ajuta pe acești credincioși? Dar, Doamne, cui să trimitem banii? Nu cunosc pe nimeni din Pakistan. Nici măcar nu cunosc pe cineva care să știe vreun creștin de acolo. Oare să spun acest lucru oamenilor? Dar dacă nu reușesc să direcționez fondurile acolo unde este nevoie de ele? O, Doamne, călăuzește-mă! Învață-mă ceea ce trebuie să fac!*

Am terminat rugăciunea și m-am dus înapoi pe podium.

— Vă rog să vă așezați! am spus.

În timp ce făceam o pauză, așteptând ca ei să se așeze, Craig, un lider al bisericii, se îndrepta către mine pe culoarul central, agitându-și mâinile pentru a-mi atrage atenția. Am închis microfonul pentru a asculta ce avea de spus.

— Pastore, este o femeie pe rândurile din spate... e din Pakistan.

O femeie din Pakistan în biserica noastră din centrul Brooklynului, într-o seară de marți?

— Trimite-o aici, i-am spus lui Craig.

Craig a condus-o la mine și, în fața tuturor, cu microfonul încă închis, am discutat cu acea femeie.

— Ați mai fost aici? am întrebat-o.

— Nu, este pentru prima dată.

— Și sunteți din Pakistan?

— Da, soțul meu este pastor acolo. Soțul meu și tatăl lui au fost printre primii creștini din afara localității care s-au dus în Gojra pentru a duce ajutoare.

— Cum?

— Da, sunt acolo chiar acum.

Imaginați-vă, chiar în acel moment, soțul ei era în orașul pentru care ne rugam noi! Acesta lucra alături de alți reprezentanți pentru a duce ajutoare familiilor care îi pierduseră pe cei dragi și care își pierduseră casele. Era prima ei vizită la biserica Brooklyn Tabernacle – în aceeași seară în care, în mod spontan, am îndemnat biserica să se roage pentru creștinii din Gojra, Pakistan.

Am împărtășit cu oamenii din biserică ceea ce mi-a spus femeia. S-a auzit un murmur și sala a fost cuprinsă de sfântă mirare, de reverență, iar oamenii au început deodată să Îi mulțumească lui Dumnezeu pentru această femeie, pentru soțul ei și pentru slujirea lor.

Eram în stare de șoc.

Biserica era în stare de șoc.

Femeia era în stare de șoc.

Strigasem la Dumnezeu să ne ajute să găsim un mod de a aduce alinare și ajutoare celor implicați în această catastrofă și, în câteva minute, am aflat că Dumnezeu era deja cu un pas înaintea noastră.

Strigasem la Dumnezeu să ne ajute să găsim un mod de a aduce alinare și ajutoare celor implicați în această catastrofă și, în câteva minute, am aflat că Dumnezeu era deja cu un pas înaintea noastră.

Am făcut colecta pentru creștinii persecutați din Pakistan, reușind să strângem mii de dolari pentru acei credincioși pakistanezi. L-am rugat pe Steve, contabilul nostru, să verifice informațiile date de femeie și să îl contacteze pe soțul acesteia. Totul era adevărat, iar soțul ei părea a fi un om foarte credincios. Spre sfârșitul aceleiași săptămâni, un alt membru al bisericii noastre a auzit ce s-a întâmplat la întâlnirea de rugăciune. A venit în față și a scris un cec de zece mii de dolari, bani care s-au adăugat la ceea ce noi strânsesem deja. Am trimis banii în Gojra cât de repede am putut.

Nu pierdeți binecuvântarea

Vi se par ciudate astfel de întâmplări?

Ați făcut vreodată parte dintr-un astfel de plan divin?

Poate vi se pare greu de crezut. Poate credeți că este genul de povestire înflorită de pastor cu amănunte exagerate pentru un plus de efect. Sau, mai rău, poate credeți că am inventat totul.

Dar s-a întâmplat.

Și nu ar trebui să ne surprindă.

Nu s-a întâmplat nimic altceva decât faptul că Duhul Sfânt a călăuzit o persoană, și apoi o biserică, să se roage și să trimită ajutoare unor credincioși aflați în suferință de cealaltă parte a lumii. Nimeni nu a trebuit să pună la cale sau să descifreze ceva – și, tocmai de aceea, nimeni nu se poate făli cu această realizare.

În timp ce mă aflam în cafeneaua aceea și citeam despre creștinii din Pakistan, am simțit o durere pe suflet pusă de Dumnezeu pentru ei, chiar dacă nu îi cunoșteam. În acel moment, nu știam ce avea să se petreacă în zilele următoare; eram mișcat de suferința lor și frustrat că nu îi puteam ajuta. Acum înțeleg de ce a fost atât de afectată inima mea de situația lor. Dacă aș fi ignorat compasiunea profundă pentru pakistanezi pe care Duhul o trezise în mine, dacă aș fi ignorat îndemnul Duhului de a mă ruga, legătura pe care Dumnezeu o planificase în acea seară de marți între biserica noastră și credincioșii pakistanezi nu ar fi avut loc niciodată.

Ce pierdere ar fi fost dacă oamenii din Gojra nu ar fi primit niciodată ajutorul nostru financiar! Dar ce pierdere și mai mare ar fi fost pentru mine și pentru întâlnirea noastră de rugăciune dacă nu am fi experimentat lucrarea Duhului Sfânt într-un mod atât de profund și de dramatic! Dumnezeu a intervenit și a făcut „nespus mai mult decât [puteam] cere sau gândi noi"

(Efeseni 3:20). El este acel Dumnezeu care regizează totul și care dă răspuns rugăciunilor. Iar noi am fi putut pierde acest lucru. A fost uimitor să facem parte din ceva atât de frumos orchestrat, pregătit de Duhul Sfânt să se întâmple la momentul potrivit.

Dar acele intervenții ale Duhului Sfânt nu ar trebui să ni se pară șocante dacă citim Noul Testament cu atenție. În relatările despre Biserică apar deseori exemple de lucrări ale Duhului Sfânt. Din nefericire, astăzi mulți dintre noi s-au obișnuit să trăiască fără prezența puternică, vie, a Duhului Sfânt în viețile și în bisericile noastre.

Gândiți-vă la aceste întrebări sincere:

- Câți creștini suferă de pe urma unei vieți spirituale aride, mecanice?
- Câți slujesc un Isus despre care știu din lecturile biblice, dar care nu este o realitate vie în viețile lor?
- Ne întrebăm vreodată de ce intervențiile Duhului Sfânt sunt atât de rare în bisericile noastre?
- Oare pierdem unele binecuvântări minunate planificate pentru viețile și bisericile noastre din cauză că nu cunoaștem suficient persoana și lucrarea Duhului Sfânt?

Duhul Sfânt este agentul lui Dumnezeu pe pământ și, totuși, El este cel mai puțin înțeles membru al Trinității, despre El se predică și se discută cel mai puțin. Iar acesta este un lucru trist, deoarece fără El viețile noastre spirituale vor fi întotdeauna o zbatere aridă, mecanică.

Duhul Sfânt este agentul lui Dumnezeu pe pământ și, totuși, El este cel mai puțin înțeles membru al Trinității.

De aceea sunt atât de bucuros că începeți acest studiu despre Duhul Sfânt. Nu mă pot gândi la nimic altceva care să vă poată schimba viața de rugăciune, studiul Cuvântului lui Dumnezeu și experiența din timpul închinării în biserică mai profund decât a-L invita pe Duhul Sfânt să vă fie alături într-un mod proaspăt.

În paginile care urmează veți învăța mai multe despre cine este Duhul Sfânt, despre ce se întâmplă atunci când acționează El și cum vă puteți preda pentru a fi călăuziți de El. De-a lungul drumului, veți întâlni oameni transformați radical, ale căror istorii sunt atât de puternice, încât am dorit să le auziți din partea celor care le-au trăit – în propriile lor cuvinte și în propriile lor capitole. Există un singur lucru mai puternic decât a-L vedea pe Duhul Sfânt la lucru în viața cuiva – și anume a-L vedea la lucru în viețile voastre.

Dacă doriți putere, încredere, bucurie, pace și mai multă iubire în viețile voastre, cereți-I Duhului să vină și să facă ceva nou *în voi*. Poate că veți fi surprinși când Duhul Sfânt Se va așeza la masă cu voi, așa cum a făcut cu mine în acea zi în cafeneaua din Long Island. Dar vă promit că, atunci când o va face, viața voastră spirituală va înceta să mai fie aridă și mecanică. În schimb, va fi plină de uimire în fața puterii Duhului și a minunii bunătății lui Dumnezeu.

Capitolul 2

Cine este Duhul Sfânt?

Mulți creștini au doar o noțiune vagă cu privire la persoana Duhului Sfânt. Poate că au auzit despre El, dar le este dificil să înțeleagă rolul Său. Iar unele traduceri ale Bibliei nu sunt de ajutor. Duhul Sfânt nu este o „fantomă sfântă", nu în sensul care îi este atribuit acestui cuvânt de Halloween. Nu este nici un abur care umple oamenii, nici o prezență eterică sau o forță ca aceea din *Războiul stelelor*.

Duhul Sfânt este o persoană reală – a treia persoană a Trinității, egală cu celelalte două. Deși este deseori trecut cu vederea sau poate chiar neglijat de mulți credincioși ai sec. XXI, El are aceeași natură divină ca Tatăl și ca Fiul (Fapte 5:3–4). Meditați la aceste adevăruri:

- El are o personalitate divină și alege în mod personal oameni pentru lucrarea Sa (Fapte 13:2).
- El ne vorbește (Apocalipsa 2:7) și caută lucrurile adânci ale lui Dumnezeu pentru a le descoperi credincioșilor (1 Corinteni 2:9–12).
- El este Cel care face din Cristos o realitate vie pentru credincios (Efeseni 3:16–17), fiind, de fapt, numit Duhul lui Cristos (Romani 8:9).
- El este egal atât cu Tatăl cât și cu Fiul, ca parte a misterului Dumnezeului triunic.

Este important să înțelegem aceste adevăruri biblice cu privire la Duhul Sfânt în cadrul biblic mai larg a ceea ce înseamnă Dumnezeu: Tată, Fiu și Duh Sfânt. De asemenea, este important să înțelegem modul în care Duhul Sfânt Se raportează la oamenii Săi.

Un Dumnezeu triunic

Dumnezeul triunic este un mister care nu poate fi explicat în totalitate. Biblia ni-L înfățișează pe Dumnezeu ca fiind un singur Dumnezeu, o singură entitate care există în mod misterios în trei persoane – Tatăl, Fiul și Duhul Sfânt. Merită să dedicăm o parte a timpului nostru analizării fiecărei persoane dintre aceste trei pentru a înțelege mai bine Duhul Sfânt, persoana asupra căreia se concentrează această carte.

TATĂL

Din lectura Bibliei, cunoaștem faptul că Tatăl, Dumnezeul Creator, este prezentat în Vechiul Testament. El este înfățișat ca fiind conducătorul suveran al universului. Este Dumnezeul care dăruiește, care răspunde cu loialitate rugăciunilor. Este și Sfântul lui Israel care a dat Cele zece porunci lui Moise și Israelului – poporul Său ales. El știa că Legea va fi ca un scut pentru ei și că le va aduce binecuvântări dacă era ascultată. Când Moise a coborât de pe munte și a citit Cele zece porunci, oamenii au răspuns: „Tot ceea ce spune Dumnezeu să facem, vom face." Dar, din nefericire, imediat au început să încalce fiecare poruncă pe care au promis că o vor respecta.

Cunoscând pornirile spre păcat ale poporului Său, Dumnezeu a pus la dispoziția Israelului un sistem de jertfe, ca parte a închinării lor. Ei aduceau jertfe în fiecare dimineață și seară, inclusiv jertfe individuale. Ceea ce este cel mai important, ei aduceau jertfe cu vărsare de sânge. Dumnezeu le spusese că fără vărsare de sânge nu era posibilă absolvirea sau iertarea de păcate. Singura problemă cu acel sistem de jertfe era că pornirile lor păcătoase neîntrerupte duceau la sacrificii interminabile. În locul în care se afla Cortul întâlnirii și mai târziu chiar în Templu, erau aduse animale care erau măcelărite pentru ca ei să primească o iertare temporară pentru păcatele lor. Dar sângele acelor animale nu putea niciodată să le curețe conștiințele, așa că oamenii trăiau întotdeauna sub apăsarea vinei și a condamnării.

Însă Dumnezeu planificase dintotdeauna o soluție supremă la problema păcatului omenirii.

Însă Dumnezeu planificase dintotdeauna o soluție supremă la problema păcatului omenirii.

El a promis că, într-o zi, va trimite un sacrificiu suprem, iar acest sacrificiu avea să fie Mesia. El avea să elibereze oamenii lui Israel de păcatele lor, precum și pe toți cei care credeau în El. Iar Dumnezeu Îl va trimite pe Mesia exact la momentul potrivit – după ceasul lui Dumnezeu, nu după al nostru.

FIUL

Fiul lui Dumnezeu a venit pe pământ în corpul unui copil născut dintr-o fecioară și a fost numit Isus. Noul Testament redă frumoasa poveste a vieții Sale, învățăturile și minunile Sale – lucrări pline de putere care au demonstrat că natura Sa a fost divină, că El a fost Fiul lui Dumnezeu.

Când Isus a venit pe pământ, El nu a venit doar ca să dea învățătură și să predice sau doar ca să facă minuni. El a venit în primul rând ca *să moară* pentru acei israeliți, dar și pentru oricine încălca legile lui Dumnezeu (iar aceasta ne include pe mine și pe voi). Acesta era planul lui Dumnezeu pentru salvarea lor de la judecată. În învățătura creștină, deseori ne referim la acest lucru folosind expresiile: „a fi mântuit de păcatele noastre" sau *mântuire.*

Mântuirea înseamnă că Fiul a venit pentru a lua asupra Sa vina și a suferi pedeapsa pentru păcatele noastre, trecute și prezente, pentru ca noi să fim eliberați de sub condamnarea Legii. Isus avea să plătească pentru păcatul nostru sau pentru datoria noastră. De aceea, Ioan Botezătorul L-a numit pe Isus Mielul lui Dumnezeu care avea să ia păcatul lumii (Ioan 1:29). Dumnezeu cel sfânt nu poate pedepsi de două ori pentru același păcat, așa că, dacă Isus Cristos a plătit prețul pentru rătăcirile noastre, încălcările Legii și rebeliunea noastră, noi nu va trebui să mai plătim niciodată acest preț. Prin vărsarea sângelui lui Cristos, Dumnezeu putea să ierte și să uite păcatele noastre, iar noi puteam avea o relație corectă cu El. Aveam să fim „îndreptățiți" – ca și cum nu am fi păcătuit niciodată.

Aceasta era o ofertă radicală din partea lui Dumnezeu și, când Cristos a vorbit despre ea, puțini oameni au înțeles ce intenționa să spună. Nici chiar ucenicii, care fuseseră alături de Isus mai mulți ani, nu puteau înțelege planul lui Dumnezeu de mântuire. De-abia când El le-a apărut în postura de Mântuitor înviat au început să înțeleagă ce s-a petrecut când Isus a murit pe cruce.

O problemă

Însă tot mai rămăsese o problemă. Chiar dacă Isus mi-a spălat trecutul din memoria lui Dumnezeu, chiar dacă tot ceea ce am făcut greșit a fost iertat, ce se întâmplă cu prezentul? Dar cu viitorul? Ce se întâmplă dacă sunt tentat să Îl dezonorez din nou pe Dumnezeu și să Îl îndurerez pe Isus care m-a salvat de consecințele pe care le meritam? Cu alte cuvinte, unde este puterea de a mă ajuta să trăiesc diferit de felul în care trăiam înainte? Voi fi o nouă ființă, dar cum? Oricât aș fi de recunoscător lui Isus pentru că mi-a șters trecutul și oricât aș dori să devin precum Cristos în viitor, vă spun că în Jim Cymbala nu există nimic care să semene cu Isus Cristos. Nu am nicio șansă să fiu ca El. Un leopard nu poate scăpa de pete. Cum aș putea eu vreodată să mă schimb și să devin o persoană sfântă, să ascult poruncile lui Dumnezeu prin propriul meu efort?

Dar moartea lui Isus pe cruce, oricât de minunată a fost, nu era sfârșitul planului lui Dumnezeu. Înainte de a muri, Isus le-a spus urmașilor Săi că în locul Lui va veni altcineva.

Isus promite să trimită un Ajutor

În timpul Ultimei cine, Isus le-a spus ucenicilor – elevii care primiseră învățătura Lui și care Îi fuseseră prieteni timp de trei ani – că El avea să plece. Imaginați-vă ce supărați au fost ucenicii când au auzit acest lucru! El a fost conducătorul lor. Un făcător de minuni. El a fost acela care a dat un răspuns înțelept, fără greșeală, atunci când fariseii i-au încolțit verbal. Când vorbea, Isus vorbea cu o autoritate pe care nu o întâlniseră la niciun alt învățător pe care îl auziseră. Nimeni nu mai făcuse asta vreodată.

Cum îi putea părăsi? Cum îi putea părăsi acum, când aveau nevoie cel mai mult de El? Și, un lucru și mai derutant, El spusese că plecarea Lui va fi spre binele lor. „Totuși vă spun adevărul: *vă este de folos* să Mă duc" (Ioan 16:7, subl. aut.).

Probabil că acea declarație i-a lăsat uluiți pe ucenici. Cum le putea fi *de folos* dacă Isus pleca? Acesta era învățătorul cu care mâncaseră împreună, alături de care merseseră, călătoriseră, pe care Îl păziseră și de la care învățaseră. Nu puteau înțelege ce beneficiu ar fi adus plecarea Lui.

Din fericire, Isus le-a explicat și motivul. „Și Eu voi ruga pe Tatăl, și El vă va da un alt Mângâietor care să rămână cu voi în veac; și anume Duhul adevărului, pe care lumea nu-L poate primi, pentru că nu-L vede și nu-L cunoaște, dar voi Îl cunoașteți, căci rămâne cu voi și va fi în voi" (Ioan 14:16–17). Apoi, din nou a afirmat: „Totuși vă spun adevărul: Vă este de folos să Mă duc, căci, dacă nu Mă duc Eu, Mângâietorul nu va veni la voi, dar, dacă Mă duc, vi-L voi trimite" (Ioan 16:7).

Acum întregul tablou începea să capete contur. Tatăl L-a trimis pe Fiul să îndeplinească o anumită lucrare, pentru a confirma iubirea lui Dumnezeu: „Fiindcă atât de mult a iubit Dumnezeu lumea, că a dat pe singurul Lui Fiu, pentru ca oricine crede în El să nu piară, ci să aibă viața veșnică" (Ioan 3:16). Dumnezeu avea să demonstreze această iubire sacrificându-și Fiul pe cruce pentru a plăti pedeapsa pentru păcatele noastre. Și, după ce Fiul avea să-Și ducă la îndeplinire lucrarea pe cruce, să învie din morți și să Se ridice la cer, El avea să trimită Duhul.

După ce Fiul avea să-Și ducă la îndeplinire lucrarea pe cruce, să învie din morți și să Se ridice la cer, El avea să trimită Duhul.

Deși ucenicii nu au putut înțelege atunci, era mai bine

pentru ei să aibă nevăzutul Duh Sfânt *în ei* decât să aibă prezența fizică a lui Isus *cu ei*. Persoana divină care avea să vină îi va ajuta să înțeleagă tot ceea ce spusese El. Dar aceștia trebuiau să aștepte până ce Isus Se ridica la cer, după care avea să Se pogoare Duhul.

DUHUL SFÂNT

Fapte 1 ne spune că, după ce a înviat Isus din morți, a petrecut patruzeci de zile arătându-Se apostolilor și vorbind despre Împărăția lui Dumnezeu. Isus le-a spus „să nu se depărteze de Ierusalim, ci să aștepte acolo făgăduința Tatălui, «pe care», le-a zis El, «ați auzit-o de la Mine [...] Ci voi veți primi o putere, când Se va pogorî Duhul Sfânt peste voi, și-Mi veți fi martori în Ierusalim, în toată Iudeea, în Samaria și până la marginile pământului»" (Fapte 1:4–8).

Aceștia au făcut așa cum li se spusese, strângându-se într-o casă din Ierusalim ca să se roage și să I se închine lui Dumnezeu, în timp ce așteptau să se îndeplinească promisiunea făcută de Dumnezeu. „În Ziua Cincizecimii, erau toți împreună în același loc. Deodată, a venit din cer un sunet ca vâjâitul unui vânt puternic și a umplut toată casa unde ședeau ei. Niște limbi ca de foc au fost văzute împărțindu-se printre ei și s-au așezat câte una pe fiecare dintre ei. Și toți s-au umplut de Duh Sfânt și au început să vorbească în alte limbi, după cum le dădea Duhul să vorbească (Fapte 2:1–4).

Deodată, au primit ceva din cer, ceva ce era mult peste inteligența, talentele și pregătirea lor – puterea Duhului Sfânt. Pentru prima dată, au înțeles de ce a fost benefic pentru ei să plece Isus. Ajutorul venise și, deși Isus plecase, Duhul invizibil locuia acum în ei și le dădea putere.

Poate că cel mai bun mod de a înțelege intenția lui Isus când a afirmat că va fi mai bine pentru ucenici *după* ce va pleca El este să privim la viața lui Petru. În evanghelii, Petru vorbea deseori la momentul nepotrivit, înțelegea greșit sensul învățăturilor lui Isus și avea tendința de a se lăuda cu superioritatea lui față de ceilalți ucenici. Dar, când Isus a fost arestat, Petru nu doar că a fugit, dar a și blestemat și a negat că Îl cunoaște pe Isus!

De ce era Petru atât de slab și de înclinat spre a face greșeli?

Cum putea Petru să se lepede de Mesia care îl alesese să facă parte din cercul Lui de prieteni și care făcuse nenumărate minuni chiar înaintea ochilor lui?

Nu avea Petru un învățător priceput? Ba da, era Isus Însuși.

Nu avea Petru un model, un exemplu foarte bun de urmat? Ba da, avea un model perfect în Isus Cristos Însuși.

Atunci, cu ce l-au ajutat pe Petru toate acele resurse educaționale și spirituale?

Nu cu mult.

Într-o noapte, Isus a fost trădat și arestat, iar Petru a fugit ca toți ceilalți.

Cu trei ani și jumătate de excelentă ucenicie la activ, Petru a învățat un adevăr dur cu care ne confruntăm toți – una este să cunoști Cuvântul și alta e să îl și aplici. Chiar și cea mai bună ucenicie și călăuzire spirituală s-au dovedit a fi insuficiente pentru Petru, deoarece nicio *învățătură exterioară* nu se poate compara cu *puterea interioară a Duhului Sfânt*. Dacă aveți nevoie de dovadă, priviți la Petru în ziua Cincizecimii, când S-a pogorât Duhul Sfânt. Deși contextul politic nu se schimbase din momentul în care Isus fusese prins și crucificat, Petru predica acum cu îndrăzneală despre numele lui Isus unor mulțimi mari de oameni. Acesta era noul Petru! Era plin de Duh. Promisiunea lui Isus cu privire la puterea Duhului Sfânt putea fi observată chiar în viața lui Petru. Deodată, acel ucenic ratat predica dând dovadă de o eficacitate atât de uimitoare, încât mii de oameni s-au convertit la Cristos. Isus fusese *cu* Petru până atunci, dar acum Duhul se afla *în* el.

Dacă urmărim povestea lui Petru în cartea Faptele apostolilor, îl vedem continuând să acționeze cu înțelepciune și curaj. Este un om cu totul diferit. Cuvintele lui Isus se împliniseră: „Totuși vă spun adevărul: Vă este de folos să Mă duc" (Ioan 16:7). Prin prezența Sa fizică, Isus putea fi mentor, învățător, predicator și prieten pentru apostoli, dar nu putea determina o schimbare din interior spre exterior. Acest lucru avea să îl realizeze Duhul, așa cum planificase Dumnezeu din veșnicie.

Nașterea Bisericii

Biserica creștină s-a născut prin puterea Duhului. Citind restul cărții Faptele apostolilor și epistolele Noului Testament, observăm o imagine a Bisericii primare așa cum a intenționat-o Dumnezeu. „Ei stăruiau în învățătura apostolilor, în legătura frățească, în frângerea pâinii și în rugăciuni" (Fapte 2:42). Era vorba despre o comunitate de credincioși care iubeau din inimă Cuvântul lui Dumnezeu și erau devotați învățăturii apostolilor. Nu era nevoie ca cineva să insiste sau să îi oblige să iubească Cuvântul. Duhul din ei era Cel care le trezea această iubire. Același Duh care a scris Biblia a creat o sete, în interiorul lor, după ceea ce spunea ea.

Ei împărtășeau unii cu alții iubirea adâncă pe care o pusese Duhul în inimile lor. De asemenea, au devenit martori îndrăzneți pentru Cristos, plini de o înțelepciune care nu venea din pregătirea lor. Inimile lor erau pline de Duh Sfânt și au fost surprinși când Dumnezeu a făcut lucruri pe care nimeni nu le putea anticipa.

Același Duh care a scris Biblia a creat o sete, în interiorul lor, după ceea ce spunea ea.

Nu doar că Duhul Sfânt fusese trimis pe pământ, dar El și *lucra*. Acționa în și prin oamenii Săi – demonstrându-Și puterea Sa de a-L slăvi pe Cristos. Biserica primară a trăit experiența Duhului care a lucrat în inimile și în viețile lor. Din cauza mediului ostil din jurul lor, aceștia mereu ajungeau înapoi la Dumnezeu să primească o porție proaspătă de Duh Sfânt și erau suficient de înțelepți să se lase conduși de El. Lucrează Duhul Sfânt la fel în viețile noastre? Și în bisericile noastre?

Multor oameni le este ușor să se relaționeze la Dumnezeu Tatăl și Isus Fiul, dar, când vine vorba despre rolul Duhului în viețile lor, nu au o imagine clară cu privire la persoana Lui sau la activitatea Lui. Simțiți vreodată acest lucru? Dar în viața voastră și în biserica voastră? Când citiți despre puterea Duhului Sfânt în viața lui Petru și în Biserica primară, vă amintește aceasta de propria experiență cu Duhul Sfânt? Sau simțiți că vă doriți ceva mai mult?

Mă întreb uneori: dacă primii creștini ar trăi în zilele noastre, oare ar mai recunoaște ceea ce numim noi azi creștinism? Versiunea noastră este mai fadă, aproape în întregime intelectuală și lipsită de puterea Duhului Sfânt pe care Biserica primară o experimenta în mod regulat. Ce mare pierdere suferim când nu așteptăm ca Duhul să vină așa cum a fost promis! Tot ceea ce citim despre Biserica din Noul Testament avea în centru puterea Duhului Sfânt care a lucrat în inimile credincioșilor creștini. Din nefericire, pentru mulți dintre noi, aceasta nu este și experiența noastră.

Cred că este timpul să ne întoarcem la tipul de credință pe care îl vedem la biserica din Noul Testament. Ei au crezut în cuvântul lui Cristos, au așteptat ca Duhul să facă lucruri mărețe, iar El le-a realizat așa cum a fost promis.

El dorește să facă același lucru pentru noi astăzi.

Capitolul 3

Creștinismul fără Duhul Sfânt este lipsit de speranță

Lumea este plină de cărți referitoare la Dumnezeu Tatăl, Cel care a creat Universul. Despre Isus, Fiul lui Dumnezeu, s-au scris mai multe cărți decât despre oricine altcineva care a existat pe această planetă. Dar nu este oare interesant că mult mai puține cărți au fost scrise despre Dumnezeu Duhul Sfânt?

Când a vorbit despre rugăciune, Isus a afirmat: „Deci, dacă voi, care sunteți răi, știți să dați daruri bune copiilor voștri, cu cât mai mult Tatăl vostru cel din ceruri *va da Duhul Sfânt* celor ce I-L cer!" (Luca 11:13, subl. aut.). Veți crede că această promisiune naște o dorință imensă de a ști mai multe despre acest Ajutor promis – cine este și ce face El. Și ar fi și mai bine dacă L-am putea trăi ca o realitate vie, așa cum L-au experimentat primii credincioși.

Știm că Isus Fiul stă la dreapta Tatălui (Luca 22:69; Efeseni 1:20; Coloseni 3:1). Aceasta înseamnă că Duhul Sfânt este unicul agent al lui Dumnezeu pe pământ. El este singurul mod prin care Îl putem experimenta pe Dumnezeu Atotputernic, unicul mod prin care putem aplica lucrarea lui Isus Cristos în viețile noastre și unicul mod în care putem înțelege Cuvântul lui Dumnezeu. Fără ajutorul Duhului Sfânt suntem ca ucenicii înaintea Cincizecimii – sinceri dar derutați și înfrânți.

Cu peste o sută de ani în urmă, Samuel Chadwick, un cunoscut predicator și lider metodist din Anglia, a rezumat situația astfel: „Religia creștină este lipsită de speranță fără Duhul Sfânt."[1]

Biserica primară ne oferă o ilustrație perfectă a acelei lipse de speranță. Biserica era formată din oameni simpli, bărbați și femei. Liderii erau foști pescari și vameși care au fugit temători atunci când a fost arestat Isus și avea nevoie cel mai mult de ei. Nu au dat dovadă de curaj și de credință. De fapt, *le lipseau* credința și curajul. Era foarte puțin probabil ca lor să li se încredințeze vreo acțiune creștină.

Totuși, după evenimentele din Fapte 2, când Duhul Sfânt S-a revărsat, aceiași oameni, care mai înainte erau anonimi, au fost deodată transformați. Cu curaj și credință, ei au răvășit comunitatea și, în cele din urmă, întreaga lume. Acesta nu s-a întâmplat datorită pregătirii lor de la seminar – nu aveau nicio pregătire. Nu puteau împărți cópii ale Noului Testament pentru că acesta nu fusese scris încă. Nu s-a întâmplat pentru că erau bogați și aveau cel mai bun sistem de sunet și cel mai frumos spectacol de lumini în biserica lor. Erau oameni săraci, fără o clădire care să le slujească drept loc de adunare. De fapt, Biserica creștină nu avea să beneficieze de o clădire decât peste circa trei sute de ani. Liderii religioși evrei de atunci desconsiderau acei primi creștini ca fiind oameni lipsiți de învățătură și ignoranți, cu puține resurse. Iar Imperiul Roman îi considera fanatici și ciudați.

Unicul lucru pe care îl aveau era puterea Duhului Sfânt. Isus le-a spus să se bazeze pe Duhul în toate lucrurile, inclusiv pentru vorbirea spontană. Ca să parafrazăm, El a spus: „Nu vă pregătiți ceea ce veți spune când sunteți în situații foarte tensionate, pentru că atunci când deschideți gura, vi se va da ceea ce să spuneți. Tatăl vă va da ce să spuneți prin Duhul Sfânt. Veți ști ce să spuneți" (Marcu 13:11). Primii credincioși știau foarte bine: creștinismul era lipsit de speranță fără Duhul Sfânt.

Să-i dăm Duhului Sfânt dreptul Său

Duhul Sfânt este subapreciat iar despre El nu se predică atât cât ar trebui în Biserica secolului XXI. Există o anumită prejudecată referitoare la Duhul Sfânt care îi împiedică pe mulți să cunoască mai multe despre El. Trupul lui Cristos este deseori împărțit în două tabere. Una ține partea Cuvântului lui Dumnezeu, separându-se de ceea ce ea percepe drept fanatism emoțional, deseori asociat cu aceia care pun accentul pe lucrarea Duhului Sfânt. Cealaltă tabără este uneori cunoscută pentru faptul că alunecă în manifestări nebiblice și învățătură eretică, atribuind toate aceste manifestări Duhului lui Dumnezeu.

Văzând abuzul și învățătura greșită, mulți din prima tabără vor spune: „Nu sunt interesat de experiențe și manifestări ale Duhului Sfânt. Vreau doar să studiez Cuvântul." Dar Duhul Sfânt este Cel care a inspirat Biblia și există multe promisiuni privind persoana și lucrarea Sa. Cum poate cineva să prețuiască Cuvântul lui Dumnezeu fără a da Duhului Sfânt locul Său de drept?

Celor ce pun un accent puternic pe Duhul Sfânt trebuie să li se reamintească faptul că *totul* trebuie verificat cu Scriptura. Duhul nu contrazice niciodată Cuvântul pe care chiar El ni l-a dat. De asemenea, El nu scoate în evidență niciodată predicatorul, deoarece Duhul Sfânt a fost trimis pentru a-L slăvi doar pe Cristos (Ioan 16:14).

Undeva la mijloc se află creștinismul pe care îl vedem în Scriptură, în care este onorat Cuvântul lui Dumnezeu, și în care există o dependență sinceră și o deschidere față de Duhul Sfânt.

Doar Duhul Sfânt poate face lucrurile lui Cristos reale și vii pentru oameni.

Doar Duhul Sfânt poate face lucrurile lui Cristos reale și vii pentru oameni.

Creștinismul nu se oprește la crucea pe care Isus a murit și a plătit prețul pentru păcatele noastre. După Vinerea Mare a urmat Duminica Învierii, când Duhul L-a înviat pe Cristos. Și totuși, atât de mulți dintre noi se mulțumesc mai degrabă cu mici picături ale Duhului Sfânt, decât cu râurile de apă vie promise: „În ziua de pe urmă, care era ziua cea mare a praznicului, Isus a stat în picioare și a strigat: «Dacă însetează cineva, să vină la Mine și să bea. Cine crede în Mine, din inima lui vor curge *râuri de apă vie*, cum zice Scriptura.» Spunea cuvintele acestea despre Duhul, pe care aveau să-L primească cei ce vor crede în El. Căci Duhul Sfânt încă nu fusese dat, fiindcă Isus nu fusese încă proslăvit" (Ioan 7:37–39, subl. aut.).

Tot ceea ce este legat de Duhul are de-a face cu râuri de apă vie care vor curge pentru a-i binecuvânta pe ceilalți. Dar există o învățătură chiar mai surprinzătoare despre Duhul Sfânt. Pavel a scris: „Și dacă Duhul Celui ce a înviat pe Isus dintre cei morți locuiește în voi, Cel ce a înviat pe Hristos Isus din morți va învia și trupurile voastre muritoare din pricina Duhului Său, care locuiește în voi" (Romani 8:11). Imaginați-vă, măsura puterii trimise nouă este aceeași putere care a ridicat trupul lui Isus Cristos din morți!

Doar Duhul Sfânt

Haideți să ne amintim cum am devenit creștini. Înainte ca o persoană să tânjească după Isus Cristos ca Mântuitor, acea persoană trebuie mai întâi să fie convinsă de păcatul său. „Și când va veni El [Duhul], va dovedi lumea vinovată în ce privește păcatul, neprihănirea și judecata" (Ioan 16:8). Duhul Sfânt ne arată păcatul și nevoia de un Mântuitor. Iată ceea ce trăiește fiecare credincios atunci când se convertește la Cristos.

Isus a mai explicat că intrarea în Împărăția lui Dumnezeu („nașterea din nou") poate avea loc doar prin lucrarea Duhului Sfânt. Isus i-a spus lui Nicodim: „Adevărat, adevărat îți spun că, dacă nu se naște cineva din apă și din Duh, nu poate să intre în Împărăția lui Dumnezeu" (Ioan 3:5).

Gândiți-vă la cuvintele profunde ale lui R.A. Torrey, evanghelist și învățător biblic:

Duhul Sfânt chiar regenerează oameni. Are puterea de a învia morții. Are puterea de a da viață celor care sunt morți din punct de vedere spiritual sau în stare de degradare morală. El are puterea de a le oferi o natură cu totul nouă celor care au o natură atât de coruptă încât par pierduți. De câte ori nu am văzut așa ceva! De câte ori nu am văzut oameni efectiv pierduți și ruinați, ticăloși venind la biserică fără să știe prea bine de ce au venit! În timp ce asistau la slujbă, Cuvântul a fost proclamat, Duhul lui Dumnezeu a dat viață Cuvântului astfel sădit în inimile lor și, într-o secundă, prin marea putere a Duhului Sfânt, acel om a devenit o nouă făptură.[2]

Lucrarea Duhului Sfânt în noi este cea care ne face să ne întoarcem de la păcat și să ne ațintim ochii asupra lui Isus. Putem fi tentați să credem că putem crea un context emoțional propice pentru realizarea acestui lucru, însă adevărul este că renașterea sau transformarea aceasta poate avea loc doar prin lucrarea Duhului Sfânt.

Apostolul Pavel a afirmat că credincioșii sunt „temple ale Duhului Sfânt" (1 Corinteni 6:19) și, deoarece Duhul trăiește în noi, suntem diferiți de restul lumii. Dacă Duhul Sfânt nu trăiește în interiorul unei persoane, statutul de membru în biserică sau efortul sincer de a trăi o viață bună nu vor face din acea persoană un creștin. Însă credința sinceră în Isus Cristos Mântuitorul, confirmată de Duhul Sfânt care trăiește în noi, face din noi o făptură nouă. Când spunem că Duhul Sfânt locuiește în fiecare credincios, spunem de fapt „Cristos este în noi", căci prezența Duhului Sfânt Îl reprezintă pe Isus.

Când Dumnezeu privește jos pe pământ, El nu Se uită la etnie, și nici la cultele religioase. El vede doar două tipuri de oameni: pe copiii Săi care au Duhul în ei și pe necredincioși, în care nu locuiește Duhul Sfânt. Este simplu. Astăzi, noi despicăm firul în patru cu privire la pozițiile doctrinare care să ne valideze credința, dar pentru Biserica primară definiția era mult mai simplă. Fie suntem temple, fie nu suntem. „Dacă n-are cineva Duhul lui Hristos, nu este al Lui" (Romani 8:9). Ar fi fost imposibil pentru

Ar fi fost imposibil pentru apostoli să considere pe cineva un credincios adevărat ... fără lucrarea Duhului.

apostoli să considere pe cineva un credincios adevărat în Isus fără martorul însoțitor și lucrarea Duhului. Duhul lui Dumnezeu era condiția esențială.

Povestea de la Gojra a continuat

Vă amintiți povestea credincioșilor pakistanezi ale căror case au fost jefuite și arse și cum soția pastorului care îi ajuta a venit în față la serviciul nostru de rugăciune? Ei bine, povestea nu se termină aici. Duhul nu a terminat ceea ce dorea să realizeze.

Câteva luni mai târziu, într-o sâmbătă seara, am primit un telefon de la directorul nostru financiar.

— Pastorul din Pakistan tocmai a sunat. Au o problemă chiar acum în oraș.

— Ce s-a întâmplat? am întrebat.

— La chemarea musulmană la rugăciune de la ora cinci, ceva i-a iritat. Acum strigă: „Moarte creștinilor! Ardeți-le casele! Moarte creștinilor!" Este extrem de îngrijorat.

— Bine, mă voi ruga în seara aceasta. Roagă-te și tu, Steve! Ce altceva putem face? Hai să ne rugăm!

În acea seară m-am rugat.

Înainte de fiecare dintre cele trei servicii, mă întâlnesc întotdeauna cu grupul de rugăciune. Este format din credincioși dedicați care se roagă cu mine și apoi se strâng într-o cameră pentru a mijloci pentru participanții de la fiecare serviciu. Primul serviciu de duminică a început la ora nouă și, până să termin să mă rog cu grupul de rugăciune, serviciul deja începuse. Am apăsat pe butonul liftului pentru a coborî în sanctuar și, când s-au deschis ușile, am dat cu ochii de Steve care se afla în lift. Vorbea la telefonul mobil și, după expresia feței sale, mi-am dat seama că ceva nu era în regulă.

— Tocmai m-a sunat din nou. Situația s-a înrăutățit. Este sus pe acoperiș cu soția și copiii, dar și cu câțiva creștini din localitate. Sunt mii de oameni în piață care scandează: „Moarte creștinilor!"

Simt spaima din glasul său și aud pe fundal mulțimea care scandează, deci cred că ceea ce îmi spune este adevărat.

Parcă primisem un pumn și rămăsesem fără aer. Nu știam ce să fac. M-am urcat în ascensor și am coborât împreună. Am intrat în sanctuar, iar biserica Îl lăuda pe Dumnezeu prin cântece. La finalul cântecului, am intervenit și am spus bisericii:

— Ne vom întoarce la timpul de laudă imediat, dar acum avem o situație de urgență și trebuie să ne rugăm.

Am spus bisericii ceea ce știam. În timp ce le transmiteam situația critică, îmi simțeam capul explodând la gândul părinților și al copiilor care se ascundeau pe acoperiș de mulțimea de jos. Apoi am izbucnit în lacrimi imaginându-mi cum ar fi să fiu acolo sus împreună cu copiii și cu nepoții mei. Copleșit de emoție, l-am rugat pe Onaje, liderul închinării noastre prin cântec, să conducă biserica în rugăciune. Deodată, un cor de strigăte s-a ridicat către Dumnezeu în numele credincioșilor din Pakistan. Era asemănător cu ceea ce s-a petrecut în cartea Faptele apostolilor: „Și-au ridicat glasul toți împreună către Dumnezeu" (Fapte 4:24).

Mai târziu, la finele unei zile lungi, am vorbit cu Steve și l-am întrebat ce s-a întâmplat.

— N-o să-ți vină să crezi, a spus el. Pastorul m-a sunat din nou.

— Este bine?

Eram emoționat. Situația fusese atât de groaznică!

— În timp ce se aflau pe acoperiș, s-au adunat pe cer niște nori, veniți de nicăieri. S-a întunecat și a început să plouă, dar nu era o ploaie obișnuită, turna cu găleata! A plouat atât de tare, încât a risipit mulțimea! Toată lumea a fost în siguranță, s-au dat jos de pe acoperiș și s-au întors în casele lor.

— O, mulțumesc, Isuse! Slavă lui Dumnezeu! De-abia așteptam să spun bisericii. Dumnezeu i-a salvat pe bărbat, pe familia lui și pe ceilalți creștini prin rugăciunile oamenilor Lui aflați în cealaltă parte a lumii. Oare nu a promis Dumnezeu că rugăciunea făcută Lui cu credință va primi răspuns din ceruri?

Duhul Sfânt lucra în Pakistan, protejându-i pe acei credincioși de mulțimea furioasă. Dar, în același timp, Duhul Sfânt lucra printre oamenii bisericii noastre, ajutându-i să se roage fierbinte, cu o credință plină de îndrăzneală pe care numai Dumnezeu le-o putea da.

Manifestări autentice ale Duhului Sfânt

Multor oameni, această povestire despre Pakistan le-ar putea părea „îndepărtată". Poate pentru că, fără Duhul lui Dumnezeu care să lucreze cu putere printre noi, mulți dintre noi am devenit necredincioși și cinici. Am văzut atâta grandomanie a pastorilor și atâtea cereri financiare dubioase legate de presupusa „ungere a Duhului Sfânt", încât ne-am întors spatele cu dezgust deoarece atât de puține lucruri de felul acesta ne amintesc de Isus!

Dar oare cererile false nu dovedesc că există ceva cu adevărat autentic? William Booth, fondatorul Armatei Salvării, a spus: „Nu suntem atât de nesăbuiți încât să refuzăm bancnotele bune doar pentru că există și bancnote false în circulație; și, deși observăm pe ici pe acolo manifestări care nu par a fi altceva decât foc terestru, cu toate acestea, prețuim, apreciem și căutăm focul autentic care vine de la altarul Domnului."[3] O manifestare falsă dovedește că trebuie să existe o manifestare autentică a Duhului Sfânt! Există o evanghelie falsă, dar există și un mesaj autentic al salvării. Există portretizări false ale lui Isus, dar există și Fiul lui Dumnezeu Cel adevărat, Mântuitorul lumii. La fel este și cu Duhul Sfânt. Abuzurile nu trebuie să ne sperie.

Pavel a scris corintienilor: „Și *fiecăruia* i se dă arătarea Duhului spre folosul altora" (1 Corinteni 12:7, subl. aut.). Iată-l, chiar în fața noastră! Acum, ce vom face cu acest verset? Cuvântul infailibil al lui Dumnezeu spune că *manifestarea Duhului Sfânt* ne-a fost dată fiecăruia pentru binele tuturor. Fiecăruia, nu doar apostolilor. Gândiți-vă la impactul acestui verset. Predicăm despre acest lucru? Credem în el? Ne rugăm cu privire la el? Îl așteptăm? Dumnezeu ne-a promis fiecăruia dintre noi această manifestare – supranaturală, prin definiție – a Duhului Sfânt. Aceasta înseamnă a fi creștin. A dilua acest adevăr pretinzând că se referă la talentul omenesc este un semn de necredință în Dumnezeu Duhul Sfânt.

Unul dintre modurile prin care Duhul Îl slăvește pe Cristos este zidirea trupului Său, care are loc pentru binele tuturor. Iată felul în care Își întărește Dumnezeu Biserica. De vreme ce Biserica este un organism spiritual, acesta are nevoie de lucrare spirituală pentru a se zidi. Lucrarea spirituală poate veni doar prin Duhul Sfânt care Se manifestă prin ființele umane. Puterea Sa curge prin vasele umane.

Dumnezeu ne-a promis fiecăruia dintre noi această manifestare a Duhului Sfânt. Aceasta înseamnă a fi creștin.

Nu credeți că aceia care s-au implicat în manifestări și învățături false ale Duhului i-au speriat și îndepărtat pe mulți oameni sinceri care își iubesc Bibliile? Cineva care iubește cu adevărat Cuvântul lui Dumnezeu vede acele manifestări și spune: „Nu, mulțumesc! Hai să cântăm cântece de laudă că sunt mai sigure, să ținem un studiu biblic serios și apoi să plecăm acasă." Dar Domnul nostru Isus Cristos nu a intenționat niciodată ca Biserica *Sa* să lucreze fără vizite și binecuvântări ale Duhului lui Dumnezeu Cel viu. De ce ar fi trimis un alt Ajutor dacă nu pentru a ne ajuta? Priviți la lumea din jur. Nu vedem, oare, o nevoie clară de ceva proaspăt, din partea lui Dumnezeu, pentru a învinge influențele puternice ale răului?

Biserica primară era vie și activă datorită Duhului Sfânt. Nu există niciun verset – *nici măcar unul* – care să atribuie importanța și vitalitatea Duhului doar Bisericii din Noul Testament. Aceasta este cheia, trebuie să credem că Duhul Sfânt este prezent pentru noi astăzi. Putem primi doar în funcție de credința noastră. Dacă nu credem, nu ne rugăm. Și, dacă nu cerem, nu primim binecuvântările pe care le are Dumnezeu pentru noi.

Dacă dorim să-L vedem pe Dumnezeu lucrând în moduri extraordinare, trebuie să urmăm îndemnurile Duhului Sfânt – așa cum am făcut eu în acea cafenea când am plâns pentru niște oameni pe care nu îi cunoșteam, și așa cum a făcut biserica în seara în care soția pastorului pakistanez a venit în fața bisericii.

Ploaia torențială a venit în ajutorul acelor credincioși de pe acoperiș. Și noi avem nevoie de ploaie, dar de o ploaie diferită. O, cât de ușor este să secăm, să ne uscăm! Lucrul de care avem nevoie sunt ploile proaspete de binecuvântări care să ne înmoaie inimile și să aducă rod în viețile noastre. Iată de ce profetul Vechiului Testament a strigat către Dumnezeu: „O, de ai despica cerurile și Te-ai pogorî" (vezi Isaia 64:1, 3).

Pogoară-Te la noi, Duhule Sfânt, căci suntem cu adevărat neajutorați fără Tine!

Capitolul 4

Condus de Duhul Sfânt

Toți suntem influențați de un aspect sau altul în viețile noastre. Modul în care gândim sau în care ne îmbrăcăm și chiar scopurile pe care ni le propunem s-au format în urma diferitor influențe care s-au manifestat în cursul vieții. Unele influențe s-au gravat profund în noi, în timp ce pe altele le-am respins. Dar adevărul este că suntem toți produsul a multiple influențe.

Totuși, uneori, o influență care la început e doar una dintre multe altele devine, cu timpul, dominantă, după care poate chiar să ne controleze viețile în mod subtil. Acest control poate fi atât de puternic, încât ne formează personalitatea – modul în care vedem lucrurile și în care reacționăm la diferite situații. Toți întâlnim oameni care răspund provocărilor din lume lăsându-se controlați de droguri, alcool, bani, gânduri obsesive, probleme cu greutatea, visuri spulberate sau teamă. Când o idee, o substanță sau o altă persoană pune stăpânire pe noi, aceasta afectează aproape tot ceea ce facem. Un consilier creștin care înțelege ce sau cine controlează o persoană poate ajuta acea persoană să se concentreze asupra problemei.

Recent, mă aflam la bancă și așteptam să finalizez o tranzacție. Funcționara de la ghișeul de lângă mine a făcut semn următoarei persoane să se apropie. Bărbatul care aștepta s-a năpustit la ghișeul ei, a bombănit ceva în barbă și a aruncat niște hârtii pe tejghea.

— Bancomatul vostru idiot nu funcționează! spuse el suficient de tare încât să fie auzit de toți.

Funcționara a presupus că era vorba de acela din afara băncii.

— Îmi pare rău, domnule, vom trimite pe cineva afară să îl verifice.

— Nu! Nu acela! spuse el, arătând către bancomatul de lângă ușă. Acela de acolo! Îl vedeți? Chiar acolo!

Rămase cu degetul ațintit spre bancomat, arătând ridicol. O femeie cu un cărucior a trecut prin fața bancomatului, iar el a început să strige:

— Dă-te la o parte! Altfel n-o să vadă bancomatul și n-o să fie reparat niciodată!

Uitându-mă în jur, am observat că furia lui clocotitoare părea să fi afectat pe toată lumea care îl auzise. În mod evident, avusese o problemă înainte de a intra în bancă fie cu câteva minute sau ore sau poate chiar ani; o problemă cu totul diferită de bancomatul stricat. Iar el era acum complet stăpânit de furie.

Cu toții cunoaștem astfel de persoane. Ele au suferit o ușoară sau chiar o gravă nedreptate în trecut și au devenit persoane nervoase. Niciodată nu și-au confruntat furia, niciodată nu au găsit o soluție la ea. Și-au petrecut restul vieții lăsându-se stăpâniți din ce în ce mai mult de acea furie. Dacă ieșeau în oraș la masă, erau furioși chiar și când comandau. Erau furioși când vorbeau despre trecut, furioși când priveau spre viitor. În unele situații, furia lor îi afecta și pe partenerii lor de viață sau pe copiii lor până când cei din jurul lor erau răniți profund, sau dezvoltau ei înșiși probleme cu furia.

În capitolul următor, veți citi povestea lui Roma. Roma este un membru al bisericii Brooklyn Tabernacle; el a crescut în Harlem în anii '70 și ceea ce a văzut pe străzi l-a influențat foarte mult. Unele dintre acele influențe, cum ar fi drogurile, alcoolul și lăcomia au început să îl stăpânească. Dar în viața lui existau și alte influențe care luptau împotriva negativismului pe care îl întâlnea pe străzi, inclusiv o mamă care se ruga pentru el, un frate pe care el îl respecta și filmele care îl ajutau să scape de viața de stradă timp de câteva ore pe săptămână. Pe măsura ce Roma își deapănă povestea, veți vedea că a trebuit să facă alegeri legate de acele influențe. A trebuit să aleagă ce influențe urmau să-l stăpânească și, așa cum ne va spune el însuși, nu a făcut întotdeauna cele mai bune alegeri.

Noi suntem exact ca Roma – suntem influențați de oameni și de experiențe. Nu am crescut într-o eprubetă. Personalitățile noastre nu s-au format pe o insulă pustie. De aceea este extrem de important să ne asigurăm că avem parte de influențe divine în viețile noastre, că suntem înconjurați de oameni buni. Influențele bune sunt daruri din partea Domnului, daruri ce ne ajută să devenim oamenii doriți de El.

Influențele bune sunt daruri din partea Domnului, daruri ce ne ajută să devenim oamenii doriți de El.

Dar iată adevărul: fie că avem influențe bune sau rele, tot noi suntem cei care hotărâm ce anume ne va influența viitorul. Este dureros să întâlnești oameni care, în loc să caute puterea lui Dumnezeu în luptele vieții, s-au lăsat cuprinși de împietrire, amărăciune, neiertare și cinism. Cunoașteți, probabil, astfel de oameni. Le spuneți: „Hei, ce zi frumoasă!", iar ei răspund cu: „Ei bine, n-o să dureze mult." Paharul lor este întotdeauna pe jumătate gol, iar aerul pe care îl respiră este negativismul. Acei oameni nu și-au început viețile cu aceeași stare. Nu s-au născut atât de împietriți. Într-un fel sau altul, au permis influențelor negative din viețile lor să pună stăpânire pe ei.

Duhul vine să locuiască în noi

În calitate de creștini, viețile noastre au fost cumpărate cu un preț, iar acum aparținem lui Dumnezeu. Prețul a fost sângele lui Isus Cristos, pe care El l-a vărsat pe cruce. Așa cum israeliții din Vechiul Testament Îi aparțineau lui Dumnezeu prin legământ, creștinii Îi aparțin lui Dumnezeu prin mântuirea ce le-a fost dată. Acum suntem oamenii lui Dumnezeu. Îi aparținem Lui – salvați din ghearele păcatului, a vinei și a condamnării, înfiați în familia

Lui. În acest caz, a fi cumpărat și stăpânit de cineva nu este un lucru negativ, este un lucru frumos.

Dumnezeu ne-a salvat cu scopul de a face din noi temple umane, locuite de Duhul Său. În zilele Vechiului Testament, Dumnezeu locuia într-o cameră din interiorul Templului – un loc numit Sfânta Sfintelor. Acolo Își făcuse casă. Când Pavel a spus despre creștini că sunt „temple ale Duhului Sfânt" (1 Corinteni 6:19), cuvântul pe care l-a folosit pentru „templu" nu era cel folosit pentru camerele exterioare ale Templului din Vechiul Testament. Era cuvântul *naos*, care se referea la locul sacru interior, locul în care avea loc o manifestare vizibilă a gloriei lui Dumnezeu – *Șehina*.

Faptul că Dumnezeu locuiește în noi prin Duhul Sfânt face din creștini oameni diferiți de orice adepți ai altor religii de pe pământ. Iudaismul, islamul și budismul – niciuna dintre aceste religii nu susține că dumnezeul lor locuiește în adepții religiei. Liderii acestor sisteme de credință pot încerca să facă prozeliți prin doctrina lor, însă Evanghelia lui Cristos este diferită. Credința în Isus face din noi minuni vii, schimbate prin Duhul Sfânt care locuiește personal în noi!

Dumnezeu a plănuit ca, prin mântuire, să trăim o viață *plină* de Duhul Sfânt: „Nu vă îmbătați de vin, aceasta este destrăbălare. Dimpotrivă, fiți plini de Duh" (Efeseni 5:18). Metafora de aici este că putem fi atât de plini de Duh, încât se revarsă peste ceilalți, umplându-i cu iubire și har. Este o imagine frumoasă, nu-i așa? Dar nu este cea mai clară explicație a relației pe care o are Duhul Sfânt cu credinciosul. Dacă luăm în calcul că Duhul Sfânt este o persoană, a treia persoană a Dumnezeirii, ce înseamnă a fi *plin* cu o altă persoană? El nu este un abur. Nu este un lichid. Este o persoană la fel ca Tatăl și Fiul. Deci cred că o explicație mai bună a expresiei „a fi plin" este să spunem că Duhul ne *stăpânește*.

Din nefericire, sunt prea mulți credincioși astăzi care își declară credința în Cristos, dar care nu s-au predat pe ei înșiși pentru a fi stăpâniți de Duhul. Sunt ultima persoană care ar dori să se implice într-o dispută doctrinară și înțeleg faptul că, în rândul creștinilor, există opinii diferite. Dar, din cauza necesității și a stării de fapt din bisericile noastre, cred că trebuie să privim la diferența clară dintre creștinii care sunt născuți din nou și aceia care trăiesc o viață stăpânită de Duhul.

Condus de Duhul: un imperativ biblic

Biblia ne indică importanța unei vieți stăpânite de Duhul. Dacă privim la pasajele din Fapte 6 și Apocalipsa 3, putem vedea importanța aprofundării relației cu Dumnezeu.

Chiar și ospătarii din Biserica primară aveau nevoie de Duh

În Fapte 6, apostolii au fost nevoiți să aleagă ceea ce mulți au numit mai târziu primii diaconi. S-a produs o neînțelegere între evreii care vorbeau grecește și evreii care vorbeau ebraică, cu privire la corectitudinea sistemului de distribuire a hranei. Apostolii au decis să numească niște oameni pentru ca distribuirea hranei să primească atenția cuvenită, iar apostolii să continue să se concentreze asupra „rugăciunii și propovăduirii Cuvântului" (v. 4).

Apostolii au spus: „Fraților, alegeți dintre voi șapte bărbați, vorbiți de bine, *plini de Duhul Sfânt* și înțelepciune" (v. 3, subl. aut.). Servirea hranei era o sarcină simplă de slujire și totuși apostolii considerau că a fi plini de Duh sau controlați de Duhul era o calificare necesară pentru a gestiona cu înțelepciune această treabă simplă.

Comparați acest lucru cu unele dintre practicile bisericilor noastre contemporane în ceea ce privește angajarea personalului. Când se aleg oameni pentru slujirea profesională, căutăm mai întâi calificările educaționale. Cei care au câștigat o diplomă de seminar devin candidații favoriți pentru a-i conduce pe oamenii lui Cristos, fără ca cineva să discearnă mai întâi dacă acești potențiali lideri fac dovada faptului că sunt ghidați de Duhul Sfânt. Apoi, candidaților li se administrează deseori un set de teste psihologice pentru a se vedea dacă sunt compatibili cu slujirea, ca și cum știința ar fi factorul decisiv cu privire la înțelepciune. Dar în Biserica din Noul Testament, chiar și sarcina de a servi hrană văduvelor necesita lideri care erau îndrumați de Duhul, plini de înțelepciune.

În Biserica din Noul Testament, chiar și pentru a servi hrană văduvelor era nevoie de lideri îndrumați de Duhul, plini de înțelepciune.

Mai devreme, l-am menționat pe R.A. Torrey, un evanghelist remarcabil. În 1899, el a fost ales de D.L. Moody să fie primul președinte al Institutului Biblic Moody din Chicago, care pregătește oameni pentru slujire. Dată fiind experiența unică a lui Torrey ca educator, este interesant să citim acest fragment:

> Credem că, dacă un om este pios și a avut parte de studii de colegiu și de seminar și are o doctrină suficient de corectă, este pregătit pentru punerea mâinilor și ordinarea ca predicator al Evangheliei. Dar Isus Cristos a spus: „Nu!". Există o altă pregătire care este atât de esențială, încât o persoană nu trebuie să-și înceapă lucrarea până ce nu a primit-o. *„Rămâneți* [termen care, literal, înseamnă „a sta jos"] ... *până veți fi îmbrăcați cu putere de sus"*[1] (Luca 24:49).

Dacă toți credincioșii ar fi fost plini de Duhul Sfânt, dacă toți oamenii din comunitate ar fi fost stăpâniți de Duhul, apostolii nu ar mai fi scris despre această condiție. De fapt, ar fi fost de-a dreptul prostesc. Imaginați-vă că ar fi spus: „Alegeți șapte bărbați care respiră!". A fi creștin nu garantează că o persoană trăiește o viață condusă de Duhul. Exemplul de mai sus este pus în evidență într-o scrisoare de dragoste pe care a trimis-o Isus unor credincioși acum două mii de ani.

O biserică în stare căldicică

În Apocalipsa 3, Isus S-a adresat bisericii din Laodiceea. Aceasta era o biserică creștină – unul dintre sfeșnicele de aur în acea imagine profetică. Erau oamenii lui Isus. Totuși, El le-a spus: „Știu faptele tale: că nu ești nici rece, nici în clocot. O, dacă ai fi rece sau în clocot! Dar, fiindcă ești căldicel, nici rece, nici în clocot, am să te vărs din gura Mea" (v. 15–16).

Nu suntem siguri ce a intenționat să spună Isus prin rece sau în clocot. Știm (și vom discuta aceasta într-un capitol ulterior) că unul dintre simbolurile Duhului Sfânt este focul. Desigur, focul este în clocot. Este ușor să ne imaginăm că o biserică aflată sub puterea Duhului poate fi „în clocot". Și ne putem imagina că „rece" înseamnă opusul – absolut nicio dovadă a Duhului Sfânt. Fără foc, nu există flăcări. Dar această biserică nu era nici rece, nici în clocot. Era căldicică, iar Isus era gata să îi verse din gura Lui din cauza aceasta.

Dacă cineva, împins de poziția sa doctrinară, insistă că cei din biserica din Laodiceea erau, de fapt, *plini de Duhul Sfânt* – deoarece ei insistă că a fi creștin înseamnă a fi automat plin de Duh – atunci ei afirmă: Isus vărsa din gura Sa credincioși plini de Duh, conduși de Duh. Dacă este așa, atunci nu este nicio problemă în a fi căldicel și deci cuvintele Scripturii devin fără sens.

Când privim la peisajul creștin de astăzi observăm multe biserici care fac lucruri mărețe pentru Dumnezeu – oamenii Îl găsesc pe Cristos și sunt botezați, întâlnirile de rugăciune aduc pe pământ binecuvântările lui Dumnezeu și un duh de iubire domină atmosfera. Duhul lui Cristos este în acele biserici și în aer plutește entuziasmul.

Dar putem vedea, de asemenea, unele biserici în care probabil că Isus Cristos este făcut de rușine. Acestea sunt căldicele. Îl dezonorează pe Domnul prin acțiunile și atitudinile lor. Pastorul poate rosti predici biblice, dar există o dovadă slabă a iubirii necondiționate, blajine, a lui Dumnezeu și un simț slab al Duhului lui Dumnezeu. Lipsesc semnele inevitabile că Duhul lui Dumnezeu este Cel care conduce biserica; de fapt, un vânt rece al morții spirituale plutește în aer.

Dacă nu suntem conduși de Duhul, nu vom reuși să devenim ceea ce vrea Dumnezeu.

Apostolul Pavel a spus bisericii din Efes: „Nu vă îmbătați de vin, aceasta este destrăbălare. Dimpotrivă, fiți plini de Duh" (Efeseni 5:18). Dacă toți creștinii ar fi mereu plini de Duh, de ce ar mai veni, atunci, această poruncă puternică din partea lui Pavel?

Cu câteva versete mai sus, Pavel a spus: „Luați seama deci să umblați cu băgare de seamă, nu ca niște neînțelepți, ci ca niște înțelepți. Răscumpărați vremea, căci zilele sunt rele. De aceea nu fiți nepricepuți, ci înțelegeți care este voia Domnului" (Efeseni 5:15–17). Se pare că Pavel spunea că trebuie să continuăm să fim conduși de Duhul dacă dorim să trăim cu înțelepciune, să înțelegem voia Domnului pentru viețile noastre și să profităm la maximum de orice oportunitate. Dacă nu suntem conduși de Duhul, nu vom reuși să devenim ceea ce vrea Dumnezeu.

Așadar, iată întrebarea: dacă Biblia spune atât de clar că a fi condus de Duhul este un lucru vital, ce îi împiedică pe atât de mulți dintre noi să se predea în totalitate Duhului Sfânt?

Pierderea controlului și câștigarea puterii

Unora dintre noi le este teamă să se deschidă față de Duhul Sfânt deoarece preferă să rămână în control. Este de înțeles. Suntem preocupați de autoconservare – renunțarea la control ne poate speria. Nu suntem siguri dacă ne simțim confortabil cu ceea ce a făcut Dumnezeu în Fapte 2 când oamenii au vorbit în limbi pe care nu le învățaseră niciodată. Pe vremea aceea, manifestările de bucurie euforică ale primilor creștini și frazele lor entuziaste i-au determinat pe oameni să spună batjocoritor: „Oamenii aceia sunt beți!". Și înțelegem punctul lor de vedere. De ce ar crea Dumnezeu un astfel de balamuc?

Mulți dintre noi vor să-L cunoască mai mult pe Dumnezeu, dar nu să riște a fi ridiculizați. Gândirea noastră vestică spune: *„Îi voi sluji Domnului, dar voi rămâne în control în tot acest timp."* Dar, fie că ne place, fie că nu, așa a început Biserica. Biserica a început cu creștini conduși de Duh care și-au predat viețile lui Dumnezeu. Este un gest radical, da, dar așa a lucrat Dumnezeu.

Unii ar putea să spună: „Bine, dar am progresat de la acel stil de creștinism din Noul Testament." Dacă este așa, aș vrea să văd rodul spiritual pe care l-a adus acest progres. Poate că oamenii și-au bătut joc la început de acei creștini „nesofisticați", dar mii de oameni au fost mântuiți în primele patru capitole ale cărții Faptele apostolilor. Cuvântul lui Dumnezeu era prețuit. Bisericile erau pline de iubire jertfitoare. Un entuziasm sincer domina atmosfera. Oare chiar am progresat în această privință?

În Fapte 2, în timp ce ucenicii erau adunați laolaltă, Duhul Sfânt S-a pogorât peste ei, iar ei au început să vorbească în limbi pe care nu le cunoșteau. Nu vreau să discut despre vorbirea în limbi, dar doresc să subliniez că, atunci când Duhul S-a pogorât asupra lor, aceștia au început imediat să facă ceva ce nu puteau face în mod natural. „Când s-a auzit sunetul acela, mulțimea s-a adunat și a rămas încremenită, pentru că fiecare îi auzea vorbind în limba lui. Toți se mirau, se minunau și ziceau unii către alții: «Toți aceștia care vorbesc nu sunt galileeni? Cum dar îi auzim vorbind fiecăruia din noi în limba noastră, în care ne-am născut?»" (Fapte 2:6–8). Aceștia vorbeau în limbi reale pe care nu le cunoșteau. Făceau ceva care nu putea avea altă cauză decât Dumnezeu. Circumstanțele vor fi diferite de la persoană la persoană, dar expresia de netăgăduit a unei vieți conduse de Duhul este că vom fi purtați dincolo de limitările unor simple talente și abilități naturale.

Ironia unei vieți pline de Duh este aceea că trebuie să renunțăm la putere pentru a câștiga o putere și mai mare. De câte ori în viața voastră de creștini nu ați ajuns într-un punct în care v-ați luptat să realizați ceva și ați făcut eforturi mari pentru aceasta? V-ați luptat să ajungeți la autodisciplina de a citi Biblia mai mult sau de a vă ruga mai mult? V-ați luptat să iubiți o persoană greu de iubit? Sau să fiți curajos când simțeați teamă? Cum v-ați descurcat? În ceea ce mă privește, această luptă nu a funcționat niciodată.

Creștinismul nu este o religie a efortului propriu, ci mai degrabă una a puterii – abilitatea și puterea Duhului. „Căci Dumnezeu este Acela care lucrează în voi și vă dă, după plăcerea Lui, și voința, și înfăptuirea" (Filipeni 2:13). Duhul este acela care poate conferi autodisciplină, iubire și îndrăzneală. Dar, pentru a putea face acest lucru, trebuie să ne conducă zilnic. Nu ne putem baza pe o experiență religioasă pe care am avut-o cu ani sau luni în urmă.

Păstrați focul viu

Ultima scrisoare a lui Pavel a fost adresată lui Timotei, un pastor tânăr ordinat de el. În scrisoarea sa, Pavel scria: „De aceea îți aduc aminte să înflăcărezi darul lui Dumnezeu care este în tine prin punerea mâinilor mele. Căci Dumnezeu nu ne-a dat un duh de frică, ci de putere, de dragoste și de chibzuință" (2 Timotei 1:6–7). Imaginea pe care ne-o facem este aceea a unui foc care este aproape stins, a unor tăciuni în care este nevoie să se sufle pentru a păstra focul viu. Pavel dorea ca Timotei să sufle în flăcările Duhului. Dorea ca Timotei să nu le neglijeze, ci să ațâțe focul și să îl păstreze viu. Orice ar fi avut Timotei de făcut, el trebuia să împiedice stingerea focului; trebuia să acorde atenție lucrării Duhului din el. Fără acea ungere, Timotei nu avea să îndeplinească niciodată scopurile lui Dumnezeu pentru viața lui.

Charles Finney, un pastor prezbiterian și fost președinte al Colegiului Oberlin, a ținut o serie de discursuri despre trezirile spirituale, discursuri care mai târziu au devenit o carte, considerată astăzi un volum spiritual clasic. În ea, Finney descrie trei lucruri esențiale despre Duhul Sfânt:

- Isus *a promis* deplinătatea Duhului: „Ci voi veți primi o putere, când Se va pogorî Duhul Sfânt peste voi, și-Mi veți fi martori în Ierusalim, în toată Iudeea, în Samaria și până la marginile pământului" (Fapte 1:8).
- Scriptura *poruncește* creștinilor să fie plini de Duhul Sfânt: „Nu vă îmbătați de vin, aceasta este destrăbălare. Dimpotrivă, *fiți plini* de Duh" (Efeseni 5:18, subl. aut.). Tot așa cum există porunci de a ne iubi unul pe altul sau de a nu fura, „fiți plini de Duh" nu este diferită de acestea. Este exprimată în formă imperativă, deci nu diferă în niciun mod de o altă poruncă biblică.
- Plinătatea Duhului este o *necesitate* în viețile noastre. Când Isus a declarat: „Despărțiți de Mine, nu puteți face nimic" (Ioan 15:5), El a vorbit serios.[2]

Când Dumnezeu preia controlul unei vieți sau a unei biserici, El preia controlul prin Duhul Sfânt, deoarece Duhul Sfânt este Ajutorul pe care Isus L-a trimis pentru a îndeplini acest lucru. Când ne temem să predăm controlul Duhului, ne temem de controlul lui Dumnezeu asupra vieților noastre. Când refuzăm să ne predăm Duhului, ne pierdem entuziasmul sfânt de a trăi dincolo de limitele noastre.

Așa cum i-a spus Pavel lui Timotei, Dumnezeu nu i-a dat un duh de teamă; ci de putere, iubire și autodisciplină. Observați? Dumnezeu este Acela care dă aceste daruri și le vom primi doar prin Duhul Sfânt care lucrează în inimile noastre. Nu putem trăi viața pe care Dumnezeu o dorește pentru noi fără prezența Duhului Sfânt, dar dacă El conduce viețile noastre, speranța noastră este în puterea Sa și darurile Sale sunt disponibile pentru noi.

Când refuzăm să ne predăm Duhului, ne pierdem entuziasmul sfânt de a trăi dincolo de limitele noastre.

Ați dori să iubiți mai profund, mai natural? Doriți să aveți mai multă autodisciplină? Aduc roade viața și slujirea voastră? Pentru ca acestea să se întâmple, trebuie să vă predați Ajutorului. Oh, și ce răsplată va veni când predați controlul vieții voastre Duhului Sfânt!

Duhul așteaptă să îndeplinească misiunea pe care a fost trimis să o îndeplinească – să administreze activitățile oricărui credincios născut din nou. Vă încurajez să rămâneți singuri cu Dumnezeu astăzi și să vă rugați referitor la persoana sau lucrul care a pus stăpâni pe voi. Și voi, și eu vom fi întotdeauna conduși de ceva. Nu există nicio îndoială în această privință. Deci, înainte să mergeți mai departe, decideți acum cui îi veți ceda controlul. Puneți-I lui Dumnezeu întrebările voastre cu privire la ceea ce înseamnă a fi condus de Duhul. Oferiți-I speranțele și dorințele voastre de a realiza mai mult.

Prima etapă a procesului presupune a-I preda Lui controlul.

Capitolul 5

Influențat și condus: povestea lui Roma

Roma Black este un membru al bisericii noastre care a fost jucător profesionist pe scena newyorkeză a jocurilor de noroc și a drogurilor. A crescut sub influența străzii și, când a fost suficient de matur pentru a lua propriile lui decizii, a predat controlul asupra vieții lui răului care îl înconjura.

Însă, Roma avea o mamă care se ruga, iar Dumnezeu l-a urmărit în fiecare văgăună a iadului în care intra. De asemenea, în viața lui au intrat creștini care i-au arătat o iubire pe care el nu o mai trăise. La final, Roma a trebuit să facă o alegere drastică. Oare a ales să se predea chemării Duhului sau să lase răul să îl distrugă în cele din urmă? Îl las pe el să vă povestească, în cuvintele lui.

Roma

Am crescut sub influența gangsterilor și a vânzătorilor de droguri de pe străzile din Harlem. Între anii 1960 și 1970, acestea erau infestate cu flagelul drogurilor. Am fost al șaptelea copil dintre cei nouă, născut de o mamă necăsătorită; nu mi-am cunoscut niciodată tatăl. Majoritatea diminețiilor, în timp ce plecam la școală, trebuia să trecem peste dependenții de droguri care își pierduseră cunoștința pe scările blocului nostru. Ne uitam la ei și făceam pariuri dacă vor cădea sau nu. Uneori îi împingeam ca să câștig pariul. Când ieșeam afară, nu era ceva neobișnuit să văd un cadavru în curtea din spate unde fusese împușcat cineva și înghețase peste noapte. Pe străzi avea loc un război, iar moartea nu era departe de copiii care locuiau acolo.

Deși tineri, vedeam ce se întâmpla în jurul nostru. Băieții obișnuiau să stea afară și să joace zaruri și, dacă cel care pierdea nu avea bani, câștigătorul putea scoate pistolul să îl împuște. Făptașul pleca așa cum venise. Nicio emoție. Viața nu însemna nimic. Noi stăteam și priveam sângele țâșnind din capul victimei. Eram atât de obișnuiți cu moartea, încât puteam sta să numărăm de câte ori mai respira muribundul înainte să-și dea sufletul. Apoi, înainte să apară poliția, ne împrăștiam.

Nu ți-ai fi dorit niciodată să fii martor. În Harlem, dacă turnai, erai mort. Dacă cineva dorea să te ucidă, tot ce avea de făcut era să răspândească despre tine zvonul că ești turnător. Asta-i tot ce trebuia să facă. Și erai ucis. Atât era de periculos pe atunci.

Pe străzi te maturizai repede. Am început să mă implic în *numere* de la zece ani. Cei care organizau numerele (organizatorii de loterii ilegale în magazinele lor) îmi dădeau o sacoșă plină de bani și apoi dădeau descrierea mea unui copoi. Eu luam banii și mă duceam să mă joc pe stradă până ce copoiul oprea mașina lângă mine și îl auzeam spunând:

— Hei, tu! Vino aici!

Apoi mă duceam cu sacoșa la mașina lui, mă aplecam înăuntru și o lăsam la picioarele lui. Știam că este mai bine să procedez așa decât să i-o dau direct copoiului. Apoi, acesta spunea ceva de genul:

— Acum fii băiat bun, du-te la școală! Și nu uita, respectă ofițerii de poliție!

Pentru eforturile mele câștigam zece dolari. Dar cum puteam să respect pe cineva care lua mită? Încă de când eram mic, cunoșteam polițaii care acceptau șpagă, politicienii escroci și predicatorii imorali. Așa că, normal, nu am crescut cu prea mult respect față de oamenii cu autoritate.

Copiii din suburbii și din zonele învecinate doreau să devină doctori sau avocați pentru că acele funcții erau respectate și pentru că făceau bani buni. Dar, crescând în ghetou, singura carieră pe care o doream era cea de gangster. Gangsterii și escrocii erau eroii mei, îi priveam cu admirație, îi respectam. Ei reprezentau bogăția, carisma, puterea și prestigiul. Îi priveam pe stradă conducând mașini luxoase, alături de femei frumoase. Vedeam cum puteau rezolva cu autoritățile dându-le mită. Și așa doream să fiu și eu. Când ne jucam, îi imitam pe gangsteri, mimând modul lor de a merge, de a vorbi și de a face pe grozavii.

Nu-mi plăcea școala. Chiuleam des, dar, chiar și când mă duceam la școală, aveam probleme. Când dădeam de necaz, mama venea la școală și mă bătea. Pe atunci bătaia nu era considerată abuz; era considerată disciplinare. Venea în clasa mea, iar eu îmi luam poziția – aplecat peste bancă – și așteptam durerea.

Prima dată când am văzut-o plângând a fost după ce am chiulit de la școală în clasa a șaptea sau a opta. În loc să mă duc la școală, mi-am petrecut ziua cu un prieten, jefuind șapte șoferi de taxi. Bătrânii din cartier ne-au văzut. Tocmai când îl jefuiam pe al șaptelea șofer de taxi, ne-au înhățat și ne-au dus la secția de poliție unde ne-au turnat. La secție am ajuns cu toți banii îndesați în buzunare. L-am întrebat pe ofițerul de poliție dacă puteam folosi toaleta și, odată ajuns acolo, am pitit banii în spatele toaletei, cu gând să îi iau mai târziu. Dar, când m-am dus din nou la toaletă, banii dispăruseră.

Toți șoferii de taxi veniseră la poliție și erau furioși. I-am auzit spunându-i ofițerului:

— Dorim să facem plângere împotriva acestui puști!

În seara aceea, acasă, frații și surorile mele au aflat ce s-a întâmplat și m-au tachinat:

— În sfârșit, pleci!

— După ce pleacă, eu iau patul de deasupra!

— Te vor trimite la școala de corecție!

Am intrat în camera mamei să o văd, dar, când am intrat, am văzut că era în genunchi, se ruga și plângea. O priveam în timp ce se ghemuise pe podea și continua, printre suspine, să se roage. Nu o văzusem niciodată așa. Încet-încet, în liniște, m-am retras din cameră.

Șoferii de taxi n-au apărut deloc... Îmi revenea în minte un singur gând: *rugăciunea mamei mele m-a salvat.*

În ziua audierii, aveam mari emoții. În timp ce așteptam la tribunal, știam că viitorul meu avea să se schimbe pentru totdeauna. Dar șoferii de taxi nu au apărut. Nici măcar unul din șapte! Îmi revenea în minte un singur gând: *rugăciunea mamei m-a salvat*.

Însă judecătorul era furios:

— Unde sunt oamenii ăștia? Vom amâna cazul pentru altă dată!

A stabilit un alt termen. Din nou, așteptam agitat ca ședința să înceapă, dar, și de data aceasta, niciunul dintre șoferii de taxi nu a apărut! Deși fusesem prins în flagrant, tribunalul nu putea face nimic fără martori, așa că am fost lăsat să plec acasă.

Deși nu am discutat despre aceasta atunci, *știam* că eram liber datorită rugăciunilor mamei mele. Până atunci, singurul meu contact cu Dumnezeu fusese mersul la biserică duminica și plesnirea peste cap atunci când fratele meu și cu mine vorbeam în timpul serviciului religios.

Dar nu eram pregătit să depind de altceva în afară de stradă. Deja la paisprezece ani ajunsesem să vând droguri. Aveam propria mea echipă și vindeam în vecinătatea școlii mele. Pliculețe mici de heroină, în schimbul a doi dolari. Cincisprezece pliculețe erau legate și vândute pe treizeci de dolari – sumă care însemna mulți bani pe atunci. Aveam două din cele mai mari plase de cumpărături pe care vi le puteți imagina pline ochi cu astfel de legături. Eu stăteam pe scările casei și le dădeam la mână traficanților care luau banii și îmi făceau semn câte legături să dau cumpărătorului. Astfel, dacă dealerul era prins, nu avea nici un drog asupra lui. Pe atunci nu trimiteau copiii la închisoare pentru trafic de droguri; tot ce primeam era un avertisment sau școala de corecție.

Familia mea s-a mutat pe 118th Street, între 5th Street și Madison din Harlem, iar eu vindeam droguri în imediata apropiere, pe 117th Street. Era numită Paradisul drogaților. Dacă intrai pe strada aceasta, puteai crede că ai dat peste o paradă, pentru că, de la un capăt la altul al străzii, oamenii stăteau la rând să cumpere droguri. Traficanții împânzeau toată strada. Obișnuiam să vând două plase de cumpărături pline de legături în mai puțin de o oră, în timp ce stăteam pe scări și vorbeam cu fetele. Prietenii care lucrau pentru mine stăteau de șase, asigurându-se că nimeni nu ieșea din clădire, pe la spatele meu, ca să ia ceva. Aveam paznici peste tot.

Filmele erau refugiul meu – un mod de a scăpa de violența străzii. Deseori stăteam în sala de cinema ore întregi, tânjind după o altă viață decât aceea pe care o aveam. Uneori chiar plângeam. Știam că ceva era în neregulă cu mine – tipii duri nu plâng. Însă filmele îmi reaminteau că eram uman, că puteam trăi emoția și că, undeva, exista o altă viață care mă aștepta.

Am continuat să chiulesc de la ore deoarece uram școala și, în cele din urmă, în clasa a zecea, am renunțat definitiv. Într-o seară, după ce renunțasem la școală, ne-am dus cu toții la școala gimnazială; seara, de obicei, ne lăsau să jucăm baschet acolo.

După joc, pierdeam vremea cu gangsterii, iar unul din aceștia a văzut un narcoman care le datora bani. Având constituția unei gorile, Big Zig l-a înșfăcat pe narcoman și l-a izbit de un zid.

— Unde-s banii noștri?

— Nu-i am, a zis tipul.

Big Zig a luat o țeavă de fier – fier gros – și l-a lovit pe tip în cap. Acesta a căzut lat. Au trecut atâția ani de atunci, dar încă îmi amintesc bufnitura aceea de la care pur și simplu mi s-a făcut rău. Ceva în mine s-a rupt în momentul în care țeava aceea i-a lovit capul. M-a afectat atât de tare, încât le-am spus băieților că mă duc acasă.

— Nu, hai să prizăm ceva!

— Hai să mergem la un film!

Dar eu am refuzat și am plecat imediat; nu doream ca ei să mă vadă plângând. Și eu puteam să fiu brutal și să rănesc oamenii, dar aveam și ceva blajin în interiorul meu. Când am început să simt ceva, m-am gândit: *Doar nu sunt fetiță! De ce plâng?* Nu poți arăta acest gen de emoții pe stradă, așa că am încercat să mă detașez de sentimentele de compasiune.

Pe la șaisprezece ani, am avansat de la vânzarea drogurilor lângă gimnaziul meu la vânzarea într-un loc nou, pe 116th Street și 8th Avenue, în cartierul West Side. Era o piață extrem de periculoasă pentru vânzarea drogurilor. Îmi amintesc că, în acea perioadă, mama îmi spunea:

— Fiule, va veni un timp când banii nu te vor putea ajuta. Dacă mori în păcat, vei merge în iad.

Dar cuvintele ei nu mă mișcau. Mama era de modă veche.

Însă știam că mă aflam într-un loc periculos de vânzare a drogurilor, așa că m-am mutat în Brooklyn ca să mă liniștesc o perioadă. Locuiam cu sora mea și eram plătit ca să am grijă de copiii ei, renunțând astfel la viața de stradă. Dar, în loc să fie mai bine, m-am afundat și mai mult. Sora mea era implicată în loteria ilegală, așa că am intrat și eu. Prietenul ei gestiona zone întregi din Brooklyn, strângând plăți din activitățile ilegale ce se derulau acolo. Acesta mi-a făcut rost de un magazin în unul dintre aceste zone. Obișnuiam să stau în fața magazinului cu o sticlă de șampanie și să prizez cocaină în plină zi, în timp ce, în interiorul magazinului, mă ocupam de loterie. Eram atât de drogat, încât mă urcam pe capotele mașinilor și mergeam pe ele. În starea aceasta radiam multă încredere, ceea ce atrăgea femeile. O, în fiecare zi aveam câte o femeie!

Dar eram gol pe dinăuntru.

Partenerul meu era traficant de cocaină, dar tatăl său era predicator. Într-o zi, mă aflam la magazinul meu când a intrat reverendul Smith. Îți dădeai imediat seama că era el, deoarece purta mereu gulerul de preot.

— Roma Black, spuse el, Dumnezeu te-a chemat să fii predicator.

Am rămas uimit. Credeam că omul e nebun.

— Știi ce?, am zis eu. Știu și eu câte ceva despre Biblie și ea spune că nu există speranță pentru diavol.

Practic, mă consideram diavolul – mă aflam sub influența lui. Știam că lucrez pentru Satana și știam că, dacă muream, mă duceam direct în iad. Știam acest lucru.

Reverendul Smith nu s-a descurajat. M-a privit drept în ochi și a spus:

— Nu, Dumnezeu te cheamă să predici.

Dar el nu știa ce fel de ticăloșii aveau loc în magazinul meu – vânzare de droguri, prizare de cocaină, vânzare de bunuri furate și tot felul de activități ilegale. Toate acestea se petreceau în magazin. Conduceam o afacere ilegală care îmi aducea un milion de dolari pe an. Fără legături cu Mafia. Fără legături cu italienii.

Într-o zi, mă aflam în spatele magazinului, când a intrat o tânără. Avea chip de înger. Mi-a întins o broșură și a zis:

— Domnul mi-a spus să îți dau asta.

Mi-a întins-o și a adăugat:

— Isus te iubește!

Am luat broșura de la ea, am făcut-o cocoloș și am azvârlit-o spre ea, lovind-o direct în față.

— Ieși afară din magazinul meu! N-am nevoie de niciun Dumnezeu! Îmi fac singur banii. Biserica este pentru tonți și lași. Eu n-am nevoie de Dumnezeu!

Câteva zile mai târziu, o altă tânără a venit și mi-a zis:

— Vreau să citești asta.

I-am făcut și ei același lucru.

— Ieși afară din magazinul meu! am zis, lovind-o în față cu propria ei broșură.

Însă, după aceea, am început să mă gândesc la aceste două tinere. M-au fascinat. Amândouă au reacționat în același mod când le-am luat broșurile și le-am lovit în față: m-au privit cu dragoste. Eu veneam de pe stradă. Trăisem în violență. Eram obișnuit cu principiul „ochi pentru ochi, dinte pentru dinte”.

Însă, când am fost nerespectuos față de ele și le-am înjurat, ele m-au privit cu dragoste. Am fost intrigat de reacția lor.

Reverendul Smith revenea și el, ocazional, și ajunsese să-mi placă să-l văd. Îl vedeam cum intră și strigă la echipa mea să se lase de droguri. Echipa mă implora să nu stau mult de vorbă, dar uneori stăteam în magazin ore întregi să vorbesc cu el. Echipa se supăra pe mine, dar ce puteau face? Eu eram durul și îi băteam dacă se plângeau.

Chiar și când m-am purtat nerespectuos față de ele și le-am înjurat, ele m-au privit cu dragoste. Am fost intrigat de reacția lor.

Dar apoi lucrurile au devenit foarte periculoase. Într-o zi, eram în magazin, și a intrat un gangster bătrân ca să joace la loterie. Când am aflat numele său, am exclamat:

— Hei, știu un tip din Harlem cu numele acesta. Este ucigaș plătit, gangster.

— Da, e fiul meu, zise bătrânul gangster, și am început să vorbim.

După o lună, un Mercedes negru nou-nouț a tras în fața magazinului meu și cine credeți că a coborât din el? Fiul lui. A intrat în magazin și am început să vorbim.

— Îl știu pe tatăl tău, am zis eu.

Am stat la taifas o vreme și apoi mi-a zis:

— Vino afară!

Am ieșit afară și am intrat în Mercedesul lui ca să prizăm cocaină. Stând în mașina lui, am observat capătul pistolului în buzunarul din dreapta al pantalonilor.

După câteva săptămâni, mă aflam la un alt magazin, iar Mercedesul negru a apărut acolo. Știam că acest gangster era un tip foarte periculos. Era un ucigaș care lucra pe cont propriu, pe bază de contract, pentru gangsteri și mafie. Dintr-odată, a început să vină din ce în ce mai des. Am auzit și că întreba de mine. Eu le spuneam băieților de la magazinul meu:

— Nu spuneți nimănui unde sunt.

Începeam să mă îngrijorez.

Dar tipul acesta continua să vină. În fiecare săptămână, stăteam cu el în mașina lui, vorbeam și prizam cocaină, însă știam că este un tip extrem de periculos. Știam cu ce se ocupa. Într-o zi, el și tatăl său au venit la clubul pe care îl aveam în spatele magazinului. I-am spus barmanului să se ocupe de ei.

— Dă-le o sticlă de șampanie!

Au stat acolo mai mult timp, iar eu simțeam fiori reci, știind că toată noaptea m-au studiat. Nu veniseră ca să se distreze; veniseră ca *să mă fileze*.

M-am strecurat afară din club pentru că îmi era teamă și nu știam ce vor de la mine. Tot drumul spre casă m-am gândit: *Care o fi problema?* Îmi era teamă și simțeam apropierea morții. Dar totul era un mister. Știam ce fel de oameni sunt și știam că mă filează. *Oare sunt o țintă? Oare mă filează pentru că mă vrea cineva mort?*

În Biblie, Iov a spus: „Doamne, de ce mă tem, aceea mi se întâmplă." După câteva zile, am trecut printr-o experiență asemănătoare cu a lui Iov. Mercedesul negru a tras în fața magazinului, iar ucigașul plătit m-a chemat afară. Deja eram frustrat, așa că l-am întrebat:

— Ce vrei de la mine?

În timp ce stăteam în mașina lui, s-a întors către mine, asigurându-se că-i vedeam pistolul de la brâu.

— Ai o iubită minunată. Și o fetiță drăguță și isteață, tare isteață. Mama ta cum o mai duce?

Mâna mea a început să tremure când mi-am dat seama cât de multe știa.

— Ți-am văzut casa de pe Ocean Avenue. Și afacerea. Sunt impresionat. Cam cât faci? Cam un milion de dolari pe an? Sunt surprins. Fără nicio legătură cu mafia, totul e o afacere între frați. Impresionant!

Știa totul despre mine, pentru că asta fac ucigașii plătiți. Ucigașii care lucrează pe bază de contract te filează. În timp ce îmi spunea tot ce știa despre mine, mâna îmi tremura atât de tare, încât îmi era teamă că va observa. Am încercat să fiu calm, să nu îl las să vadă că avea un avantaj asupra mea, așa că mi-am vârât mâna sub coapsă. Dar el și-a dat seama.

— Am pomenit numele tău în Harlem și toți au spus că ești un tip de încredere. Știi să îți ții gura închisă. Uite ce o să facem...

Tot ce mi-a spus în continuare a fost un ordin, nu o cerere. Vorbind despre familia mea, de fapt mă amenințase. Că o să-i ucidă, unul câte unul, și apoi o să mă ucidă pe mine. Știa unde locuiam. Știa unde locuia mama. Știa totul. Eram obligat să fac tot ce urma să îmi spună. Am înghițit în sec și am încercat să nu-mi las teama vizibilă.

— O să creăm o echipă de ucigași. Cum era Murder Incorporated din anii ´30, spuse el, referindu-se la un grup de crimă organizată, responsabil de sute de ucideri mafiote. Dar noi vom fi mai tari ca ei. Vreau ca tu să recrutezi tineri, iar noi îi vom antrena să fie ucigași plătiți. Tu o să fii omul meu din Brooklyn. Am deja un om în Harlem. Am și unul în Bronx. O să facem milioane.

Când a zis asta, toată viața mi s-a perindat prin fața ochilor. Reverendul Smith spunându-mi: „Vei fi predicator." Tinerele acelea care mi-au dat broșuri. Oamenii de pe stradă care îmi spuneau: „Dumnezeu te cheamă."

Nu era nicio cale de ieșire... în inima mea, mă rugam lui Dumnezeu: *dacă exiști, am nevoie de Tine acum!*

Dar nu era nicio cale de ieșire. Eram rău, violent, brutal – orice cuvinte ați fi dorit să folosiți, dar nu ucisesem niciodată pe nimeni. Acum că îmi spusese planul lui, nu aveam de ales: trebuia să devin ucigaș plătit.

În inima mea, mă rugam lui Dumnezeu: *dacă exiști, am nevoie de Tine acum!*

Imediat ce am spus aceste cuvinte, prezența Domnului s-a lăsat în acea mașină. Am simțit-o. Parcă o prezență incredibilă umplea toată mașina. Părul de pe gât mi s-a ridicat. Teama mi s-a topit instantaneu și m-am simțit deodată plin de curaj. M-am întors către ucigaș, am ridicat degetul către el și am spus:

— Nu vreau să am de-a face nici cu tine și nici cu planul tău. În plus, eu îmi voi da viața lui Isus Cristos.

Și când am spus asta, întreaga atmosferă din mașină s-a schimbat. Deodată, acest mare bătăuș a devenit un mic plângăcios și, cu o voce ciudată, de fetiță, a răspuns:

— Bine!

Am deschis ușa mașinii și, în timp ce mă dădeam jos și mă îndreptam către magazin, mă pregăteam să fiu împușcat. Eram sigur că mă va împușca. Tocmai îmi spusese planul lui în detaliu. Dar, când am intrat în magazin și m-am întors să privesc afară, Mercedesul nu mai era.

Nu l-am mai văzut niciodată de atunci.

Am intrat în magazin și am sunat-o pe mama.

— M-am întâlnit cu Isus, nu știu cum să-ți povestesc, dar o să vin la biserică.

M-am așezat pe un scaun în magazin și, în timp ce toată lumea din jurul meu juca la loterie, eu mă simțeam pierdut. Mi-am amintit rugăciunea mamei mele și lacrimile au început să mi se rostogolească pe față. Le-am șters și mi-am zis: *Dumnezeu este real.*

Dar diavolul nu terminase cu mine. A încercat să mă tragă înapoi în tot felul de moduri. Am încercat să-mi fac singur curățenie în viață, dar nu am reușit. M-am rugat: *Doamne, ia din viața mea tot ceea ce este păcătos sau tot ceea ce m-ar putea aduce înapoi la vechile mele căi.*

Dumnezeu a răspuns la rugăciunea mea. Deodată, oamenii nu mai doreau să facă afaceri cu mine. Și surorile mele cu bani – niciuna nu mai dorea să-mi vorbească. Nici mama nu mai dorea să-mi vorbească atunci când am sunat-o să îi spun că sunt falit.

Nu puteam face nimic ca să mă salvez. Duminica următoare m-am dus la biserică. Afară ploua, dar în interior locul era în clocot. Am simțit că pastorul predica despre viața mea. A vorbit despre păcatele mele, păcate despre care știam numai Dumnezeu și cu mine. Deși stăteam în spate și nu era nimeni în jurul meu, am simțit că pastorul îmi vorbea direct mie.

A făcut o chemare la altar și le-a cerut celor care doreau să Îl accepte pe Isus ca Domn să iasă în față. Pe rândurile din față s-a produs mișcare în timp ce oamenii acceptau invitația pastorului.

Ultima persoană a ieșit în față și apoi s-a lăsat o pauză stranie. Pastorul a spus în cele din urmă:

— Nu pot continua. Nu știu ce se întâmplă, dar Duhul Sfânt a adus pe cineva special azi aici. Nu știu de ce, dar El nu mă lasă să continui. Aceasta este ultima ta șansă!

Și apoi a făcut din nou invitația de a-L primi pe Cristos.

Dumnezeu îmi este martor că ceea ce voi spune nu este minciună. Am simțit o mână invizibilă atingându-mă pe umăr. Când acea mână m-a atins, am simțit un duh de iubire – o iubire de nedescris. Lacrimile mi se rostogoleau pe față și mă simțeam slab.

Nu mai puteam să mă opun. M-am ridicat și am pornit către altar, iar, când pastorul a venit la mine, am căzut în genunchi. Pastorul s-a rugat deasupra mea și pur și simplu mi-am văzut viața trecând prin fața ochilor – fiecare scenă periculoasă, din prima zi în care i-am jefuit pe acei șoferi de taxi și orice lucru rău pe care l-am făcut și care m-ar fi putut costa viața. La fiecare scenă care se derula în mintea mea, auzeam o șoaptă:

„Eu te-am salvat atunci."

„Eu te-am împiedicat să faci acel lucru."

„Eu te-am păzit acolo."

În timp ce se derulau majoritatea scenelor din viața mea, magazinul din Brooklyn, gangsterii cu care lucram și conversațiile cu ucigașul plătit, simțeam că Dumnezeu îmi spune: „Chiar oamenii cu care umblai au dorit să te ucidă, dar Eu te-am salvat."

Am devenit conștient că aceasta era ziua salvării pentru mine și era bine să nu o pierd. În timp ce rosteam rugăciunea păcătosului, am simțit cum păcatele mele îmi erau ridicate. Când am deschis ochii și am privit în jur, am văzut-o pe mama în Corinteni Plângea cu suspine, privindu-și oaia neagră cum își predă viața lui Cristos. Ceilalți din cor îi făceau vânt pentru a o alina. Fusese convinsă că o să sfârșesc în închisoare sau la cimitir, dar Dumnezeu schimbase situația. Nu-i așa că El este uimitor?

M-am ridicat repede și i-am spus pastorului:

— Mă simt atât de ușor!

— Fiule, sunt păcatele tale. Dumnezeu le-a luat și le-a aruncat în marea uitării și nu Își va mai aduce aminte de ele.

După o lună, prietena mea a venit la biserică la botezul meu. Din acea zi, am spus tuturor cunoscuților că Isus este Mântuitorul. Ei bine, în ziua în care m-am botezat, prietena mea a devenit și ea creștină. Suntem căsătoriți de douăzeci și opt de ani și Gladys a devenit o uimitoare luptătoare în câmpul rugăciunii.

După doi ani, m-am dus să îi fac o vizită reverendului Smith la biserica lui. Când am intrat îmbrăcat în costum și m-a văzut, a rămas uimit. Nu mă întâlnise de mai mulți ani și sunt sigur că mă credea mort sau în închisoare.

— Reverend Smith, ați avut dreptate. Sunt mântuit, iar acum Îi slujesc Domnului.

A rămas uimit.

Majoritatea celor cu care am crescut nu mai sunt. Au murit. Dar eu nu-l mai slujesc pe Satana. Sunt sub îndrumarea Domnului. El folosește ceea ce am trăit pe străzi pentru slava Sa. Acum, când predic pe străzi și în închisori, mă bazez pe Duhul Lui ca să mă călăuzească în ceea ce trebuie să spun și când trebuie să spun. Voi predica de câte ori îmi dă Domnul ocazia. Când m-a salvat, Dumnezeu m-a pus sub o nouă conducere.

Lucrez pentru El acum.

Partea a doua

Când acționează Duhul lui Dumnezeu

Capitolul 6

Cuvântul prinde viață

Mă aflam singur într-o cameră de hotel din Londra și mă rugam ca Dumnezeu să îmi vorbească în timp ce citeam Biblia. În inima mea simțeam o foame după Dumnezeu. Mă aflam departe de casă și aveam o adevărată nevoie de Domnul. Doream să fiu hrănit în adâncul ființei mele. Deși știam că am nevoie de El în fiecare zi, în acea dimineață simțeam o foame spirituală mai intensă.

Am citit primele capitole din 1 Tesaloniceni, din traducerea Weymouth a Noului Testament. Studiasem acele capitole de multe ori înainte și, deodată, am fost surprins de un adevăr puternic pe care nu îl mai văzusem niciodată până atunci. În acele pagini, apostolul Pavel și-a dezvăluit inima sa de pastor într-un mod unic. În timp ce meditam la acest lucru, ochii mei spirituali s-au deschis. Pentru prima dată, am devenit conștient că din lucrarea mea lipsea un lucru vital, ceva care, probabil, lipsea în multe biserici. M-am așezat pe podea și m-am rugat, plângând în timp ce mă prosternam înaintea lui Dumnezeu. Am înțeles cu ce Îl dezamăgisem pe Dumnezeu. În acea zi, Dumnezeu mi-a vorbit prin Cuvântul Său într-un mod care avea să mă ajute tot restul vieții.

Nu doar că acea revelație mi-a schimbat lucrarea pentru totdeauna, dar cred că a ajutat mii de alți lideri. Începând cu acea dimineață, am scris mai multe mesaje pe care le-am predicat pastorilor din lumea întreagă. În mod repetat, pastorii au venit la mine după ce am predicat și mi-au spus:

„Aveam nevoie să aud acest lucru. Parcă s-a aprins lumina în timp ce vorbeai."

Știam ce doreau să spună prin aceste cuvinte pentru că și eu simțisem că se aprinsese o lumină pentru mine în acea zi în Londra. Dar nu a fost o întâmplare izolată. Iluminarea spirituală are loc deseori când citesc Biblia și știu că la fel este și în cazul multor alți credincioși. Versetele memorate în copilărie sunt înțelese cu o mai mare profunzime; o poveste biblică iubită este, deodată, îmbogățită cu noi și bogate semnificații.

Cum se petrece acest lucru?

Este lucrarea de învățătură a Duhului Sfânt.

Un apetit sfânt

Așa cum știm deja, Biserica creștină a luat ființă atunci când S-a revărsat Duhul Sfânt. Este uimitor că, în orele ce au urmat, mii de oameni s-au convertit la credință, iar aceștia au devenit parte din ritmul nou și inspirat al vieții comunității: „Ei stăruiau în învățătura apostolilor, în legătura frățească, în frângerea pâinii și în rugăciuni" (Fapte 2:42).

La început, doctrina creștină era transmisă oral, deoarece nu exista un Nou Testament scris. Apostolii rosteau Evanghelia și învățăturile pe care le auziseră de la Isus. Acesta era Cuvântul lui Dumnezeu în care stăruiau „primii credincioși". Alte traduceri redau cuvântul grecesc din acest pasaj prin fraza „continuau să acorde atenție constantă" sau „se ocupau continuu cu".[1]

Acel tip de dedicare față de Cuvânt este întotdeauna un semn important că Duhul Sfânt acționează în viața unei persoane sau a unei biserici. Credincioșii manifestă o foame de a auzi, a citi, a studia și, în special, de a înțelege mai mult din Cuvântul lui Dumnezeu.

Acest lucru are sens, desigur, de vreme ce Duhul Sfânt este Cel care a inspirat Biblia. El a fost autorul care i-a inspirat pe scriitori. Biblia este cartea Sa. Creștinii conduși de Duhul nu trebuie, de obicei, să facă efort să citească Biblia; Duhul le dă un apetit sfânt să citească.

Duhul Sfânt este Duhul adevărului. Așadar, El ne va călăuzi întotdeauna către adevărul lui Dumnezeu. Când o persoană nu este prea interesată de Cuvânt, sau când Scriptura pare greoaie și plicticoasă unui membru din biserică, acesta este un semn că ceva nu este în regulă. Atunci când nu avem respect pentru Cuvânt și reverență pentru autoritatea sa, și când nu ne smerim ca să auzim ceea ce spune Dumnezeu, suntem pe calea greșită. Iar acest lucru este adevărat indiferent dacă se face în numele utilizării unei tehnologii de ultimă generație, relevantă pentru cultura de astăzi, fie că abordăm orice alte metode care ne-ar face relevanți înaintea semenilor.

Știu că astăzi este posibil să strângi un număr foarte mare de oameni într-o zi de duminică, fără a pune accent puternic pe Cuvânt. De fapt, mulți oameni care stau pe scaunele bisericii pot fi deplin mulțumiți fără să audă Biblia predicată sau interpretată. Dar, când ne depărtăm de Cuvânt, sperând că putem trăi fără el oră de oră, zi de zi, săptămână de săptămână, încetăm să creștem spiritual și devenim vulnerabili la înșelătoria spirituală. Apostolul Petru a scris: „Și, ca niște prunci născuți de curând, să doriți laptele duhovnicesc și curat, *pentru ca prin el să creșteți spre mântuire*" (1 Petru 2:2, subl. aut.). Cuvântul lui Dumnezeu conține acele componente nutritive spirituale vitale de care avem nevoie – în fiecare zi – pentru a crește în Cristos. Dorința noastră de a avea mai mult din Cuvântul lui Dumnezeu nu este doar un junghi de foame pe care să îl rezolvăm. În interiorul nostru crește un apetit sfânt, prin lucrarea Duhului Sfânt care ne face să tânjim după adevăr.

Este posibil ca Duhul Sfânt să fie un învățător mai bun chiar decât Isus? Da, pentru că doar El poate da învățătură sufletului nostru.

Un învățător divin pentru o carte divină

Cine ne poate învăța mai bine despre Cuvântul lui Dumnezeu decât persoana care a scris cartea? Dar este posibil ca Duhul Sfânt să fie un învățător mai bun chiar decât Isus? Răspunsul scurt este da, deoarece doar El poate da învățătură sufletului nostru.

Un învățător mai bun decât Isus?

În clasa a zecea am învățat geometrie, și, în ruptul capului, indiferent ce spunea profesorul, nu o puteam înțelege. Nu deosebeam un triunghi isoscel de un covrig cu brânză topită. Nimic nu avea sens. Apoi, după două luni de la începerea semestrului, profesorul s-a îmbolnăvit și a fost înlocuit de o profesoară nouă. Sub îndrumarea acesteia, deodată, s-a aprins lumina și pentru mine. Pentru prima dată, am înțeles triunghiurile, unghiurile și parabolele. (Ei bine, poate nu parabolele!) A trebuit să îi mulțumesc noii profesoare pentru faptul că înțelegeam geometria. Modul în care explica ea lucrurile m-a ajutat să o înțeleg.

De multe ori citesc Biblia și nu o înțeleg. Pot citi propoziția din fața mea – subiectul, verbul, complementul – dar nu văd sensul spiritual pentru viața mea, și nici locul lui în interiorul meu. Este doar un exercițiu mintal. Vi s-a întâmplat vreodată acest lucru?

Acum două mii de ani, ucenicii Îl aveau pe Isus ca învățător, deși aceștia Îl numeau cu termenul mai des întâlnit al acelei vremi, *rabbi*. Dar chiar și ei aveau probleme în a înțelege ceea ce îi învăța Isus. Există nenumărate exemple în care Isus a spus ceva, iar ucenicii nu au înțeles nimic. Pur și simplu nu se prindeau. De fapt, unul dintre ei chiar s-a certat cu El, spunând:

„Nu, nu vei fi crucificat. Nu voi permite să se întâmple acest lucru."

Isus îi învăța să se încreadă în Dumnezeu, iar în capitolul următor vedem că aceștia nu demonstrează deloc încredere în Dumnezeu. Isus chiar S-a dat pe Sine exemplu în timpul unei lecții despre smerenie. În timpul Ultimei Cine, Isus S-a înfățișat pe Sine ca slujitor al Domnului și a spălat picioarele ucenicilor. Totuși, la aceeași cină, ucenicii s-au certat cu privire la care dintre ei era mai mare (Luca 22:24–27).

Însă Isus a promis că, atunci când va muri, un alt învățător va veni pentru a-i ajuta să digere în mod corect adevărul spiritual.

„Mai am să vă spun multe lucruri, dar acum nu le puteți purta. Când va veni Mângâietorul, Duhul adevărului, *are să vă călăuzească în tot adevărul*, căci El nu va vorbi de la El, ci va vorbi tot ce va fi auzit și vă va descoperi lucrurile viitoare. El Mă va proslăvi pentru că va lua din ce este al Meu și vă va descoperi" (Ioan 16:12–14, subl. aut.).

Nu numai că Isus le-a spus că un învățător mai bun urma să vină, le-a promis și că noul învățător le va descoperi un adevăr pe care ei nu îl puteau purta în acel moment. Cu alte cuvinte, Isus spunea: „Mai am multe să vă spun însă noul învățător va fi cel care vă va învăța aceste lucruri." Duhul „vă va călăuzi în tot adevărul", ceea ce include aplicarea mesajului la inimile ucenicilor. Atunci sensul vieții și morții lui Isus, credința, speranța, iubirea, puterea rugăciunii și mult mai multe le vor fi clarificate în întregime.

Învățătura dată sufletului nostru

Ca orice pastor de astăzi, Isus a predicat folosindu-Și doar vocea. Și, ca orice congregație de astăzi care ascultă o predică, ucenicii puteau auzi cuvintele Sale cu urechile și le puteau procesa cu mințile. Dar adevărul lui Dumnezeu este diferit de matematică sau de legile științei. Poate fi înțeles și însușit în viețile noastre doar atunci când este revelat ființei noastre interioare; acolo lucrează puterea Sa, cea care schimbă vieți (Matei 13:18–23).

O carte divină trebuie să aibă un învățător divin pentru ca mesajul său să poată fi revelat pe plan spiritual. Altfel, mesajul este trunchiat în fapte care rămân doar în celulele noastre nervoase. Nașterea lui Isus în Betleem este un fapt. A înțelege sensul măreț al lui Emanuel, Dumnezeu cu noi, și semnificația nașterii Lui într-un staul necesită o învățătură divină. Deci, este absolut necesar ca Duhul Sfânt să fie învățătorul nostru, dacă dorim ca Biblia să fie cu adevărat înțeleasă. Duhul poate depăși limitările umane ale vocii, ale urechii și ale creierului. El ne învață în forul interior al inimii.

Iată de ce putem citi un fragment din Scriptură timp de ani de zile și, deodată, după ce îl citim din nou, *bum*! Prinde viață! Îl înțelegem într-un mod cu totul nou. Ne întrebăm: *de ce nu am văzut acest lucru până acum?* Aceasta este lucrarea de învățătură a Duhului Sfânt.

Învățătura Duhului Sfânt este foarte importantă, deoarece Satana folosește tot felul de lucruri pentru a înșela și a îndepărta credincioșii și bisericile de adevăr. El poate folosi chiar oameni care pretind că învață adevărul. De exemplu, în 1 Ioan citim un avertisment: „V-am scris aceste lucruri în vederea celor ce caută să vă rătăcească. Cât despre voi, *ungerea pe care ați primit-o* de la El rămâne în voi și n-aveți trebuință să vă învețe cineva; ci, după cum ungerea Lui vă învață despre toate lucrurile și este adevărată și nu este o minciună, rămâneți în El, după cum v-a învățat ea" (1 Ioan 2:26–27, subl. aut.).

Chiar când învățătorii își dau toate silințele, singurul mod să fim binecuvântați în cele din urmă de Cuvânt este prin învățătura dată de Duhul Sfânt inimii noastre.

De ce ar spune Dumnezeu că nu avem nevoie de nimeni să ne învețe când El este Cel care a pus învățători în trupul Bisericii?

Desigur, învățătorii joacă un rol important, și la fel joacă și apostolii, evangheliștii, profeții și pastorii. Dar, chiar când învățătorii își dau toate silințele, singurul mod pentru ca noi să fim binecuvântați în cele din urmă de Cuvânt este prin învățătura dată de Duhul Sfânt inimii noastre.

Duhul este credincios să ne ajute să deosebim adevărul de eroare și să ne țină departe de distorsiunile satanice. Dar, pentru ca toate acestea să se întâmple, trebuie să venim cu inimi smerite, dispuse să fie învățate.

Ochii inimii

Este posibil să găsești un credincios tânăr în credință în munții din Peru, convertit de doar câțiva ani, un credincios care înțelege mai mult despre Biblie decât un teolog cu doctorat. De fapt, acel peruvian needucat poate că nu știe multe despre Biblie, dar Îl cunoaște pe Domnul într-un mod în care învățatul grec sau evreu nu Îl cunoaște. Amintiți-vă, Isus a fost Cel care S-a bucurat și a spus: „În ceasul acela, Isus S-a bucurat în Duhul Sfânt și a zis: «Tată, Doamne al cerului și al pământului, Te laud pentru că ai ascuns aceste lucruri de cei înțelepți și pricepuți și *le-ai descoperit* pruncilor»" (Luca 10:21, subl. aut.).

Pentru mulți dintre noi este ușor să abordeze Cuvântul lui Dumnezeu în fiecare zi, fără să depindem prea mult de Duhul Sfânt. Deseori, nu ne rugăm înainte de a citi Biblia, chiar dacă avem nevoie de acest ajutor pentru a înțelege Cuvântul lui Dumnezeu. Cu cât suntem mai deștepți și mai educați, cu atât ne este mai greu să venim precum copiii, încrezându-ne în Duhul Sfânt să dea viață Cuvântului. De asemenea, trebuie să ne rugăm pentru ca pastorii să predice cu ajutorul Duhului și pentru ca Dumnezeu să ne dea inimi ascultătoare astfel încât Cuvântul să ne zidească. *Trebuie* să avem ajutorul Duhului și, dacă cerem cu credință, El ne va ajuta.

Psalmistul s-a rugat: „Deschide-mi ochii, ca să văd lucrurile minunate ale Legii Tale!" (Psalmul 119:18). Observați că rugăciunea nu cere ochi deschiși pentru a „citi Legea Ta" sau a „înțelege Legea Ta". Nu, rugăciunea psalmistului Îi cere lui Dumnezeu ceva la care rareori ne gândim când deschidem Cuvântul: „Deschide-mi ochii, ca *să văd* lucrurile minunate *ale Legii Tale*!" El nu vorbea despre ochii fizici, vorbea despre ochii inimii.

Toți avem două perechi de ochi. Avem ochii din cap și avem ochii inimii, la care se referă Biblia în multe locuri (de ex., Efeseni 1:18). Procesul prin care vedem lucruri spirituale cu ochii inimii, nu neapărat cu cei ai minții, este numit „revelație". Aceasta nu este vreo nebunie grosolană, legată de sectele zgomotoase. Este o lucrare zilnică a Duhului Sfânt, în toți cei care doresc acest lucru.

În același psalm, autorul mai spune: „Binecuvântat să fii Tu, Doamne! *Învață-mă* orânduirile Tale!" (Psalmul 119:12, subl. aut.). El nu este mulțumit doar să le citească. Nu, el strigă la Dumnezeu: „Doamne, mi-ai dat cuvintele Tale, dar acum trebuie să vii și să mi le clarifici." El recunoaște că nu poate face acest lucru singur.

Prea mulți dintre noi iau Biblia și o citesc așa cum am citi *New York Times* sau revista *People*. Avem încredere în abilitatea noastră de a înțelege Scriptura deoarece este posibil să avem un coeficient mare de inteligență sau pentru că am mers la școală și am obținut o diplomă de la universitate. Însă astfel nu vom înțelege decât suprafața lucrurilor. Desigur, vom cunoaște anumite fapte; am putea chiar înțelege unele adevăruri concise; dar învățătura spirituală care ne transformă viețile va trece pe lângă noi.

Într-un capitol ulterior, vom vorbi despre D.L. Moody – unul dintre cei mai mari evangheliști ai tuturor timpurilor. Cu toate acestea, el nu a avut un coeficient mare de inteligență și nu a fost educat la seminar. De fapt, era semianalfabet! Cum oare a devenit el un predicator atât de eficient, atrăgând mulțimi mari de oameni și conducând mii de oameni la Isus fără să aibă o educație? A fost educat de Duhul Sfânt.

În calitate de vorbitor, am descoperit că organizarea materialului într-un mesaj pe trei puncte și o concluzie nu este partea cea mai grea. Partea grea este să-L las pe Duhul să facă pasajul viu pentru inima mea. Dacă am de gând să predic despre iubire, de exemplu, iar Duhul Sfânt nu mi-a vorbit în mod proaspăt despre adâncimea de nepătruns a iubirii lui Dumnezeu și despre trista absență a acestei iubiri din viața mea, cum îmi voi mișca în mod eficient ascultătorii cu adevărul lui Dumnezeu?

Predicarea este cea mai eficientă atunci când Dumnezeu a dat vorbitorului o revelație spirituală prin Duhul Sfânt. Fără ajutorul Lui, noi, pastorii, putem să predicăm cu ușurință siguri de noi, judecându-i pe alții, pentru că nu ne-am confruntat cu propriile defecte și cu nevoia noastră de a beneficia de harul lui Dumnezeu. Astfel, nu vom reuși să avem compasiune pentru biserică. Recunosc, și eu am predicat acest tip de predici. Fie ca acestea să dispară pentru totdeauna! Dar, când Duhul Sfânt a deschis atât Cuvântul, cât și inima vorbitorului, mesajul îi va zidi și îi va încuraja pe oameni.

Mândrie și prejudecată

Dacă citim Biblia în mod repetat fără ajutorul Duhului Sfânt, aceasta tinde să ne întărească propriile prejudecăți și poziții doctrinare inflexibile. Sfârșim, pur și simplu, prin a găsi muniție pentru ceea ce credem deja. Devenim atât de mândri din punct de vedere spiritual, atât de convinși de propriile noastre opinii, încât Duhul nu ne mai poate ajuta să creștem în lucrurile divine.

Să ne întoarcem în timp, în anii 1850, în America, ani în care oribila instituție a sclaviei a fost contestată, iar aboliționiștii și-au ridicat vocile împotriva proprietarilor de sclavi. În Sud, existau predicatori care-ți dădeau cu Biblia în cap și interpretau Cuvântul Sfânt al lui Dumnezeu pentru a apăra ticăloșia sclaviei. Unii chiar susțineau că sclavia afro-americanilor a fost parte din scopul lui Dumnezeu pentru pământ! Cu minți închise și inimi îndârjite, aceștia foloseau Cuvântul lui Dumnezeu în scopuri necurate. Iar bisericile lor strigau: „Amin!" Acei bigoți nu erau atei păgâni; erau pastori și membri ai bisericii, care stăteau cu Bibliile deschise înaintea lor. Iată unde se afla înșelăciunea spirituală!

Același lucru se întâmplase cu liderii religioși din timpul lui Isus. Aveau o prejudecată cu privire la Mesia: cum va fi și ce va face când va veni El. Vă amintiți când a spus Natanael: „Poate ieși ceva bun din Nazaret?"? În acel moment, existau două provincii importante. Sudul era considerat mai evlavios în timp ce Nordul era considerat mai profan din cauza influenței rutelor comerciale. Isus provenea din Galileea, din provincia de nord, și liderii religioși gândeau toți la fel ca Natanael. Cum putea Mesia să vină de acolo? Isus nu avea loc în teologia lor deoarece inimile lor împietrite erau în întuneric – chiar dacă dădeau învățătură din Scriptură.

Atunci când vedem doar ceea ce dorim să vedem în Biblie, aceasta își pierde toată puterea de transformare.

Dar Isus le-a spus: „*Cercetați Scripturile,* pentru că socotiți că în ele aveți viața veșnică, dar tocmai ele mărturisesc despre Mine. Și nu vreți să veniți la Mine, ca să aveți viața!" (Ioan 5:39–40, subl.

aut.). Adevărul este că erau prea orbi pentru a vedea că Mesia cel promis în Scripturi era chiar la câțiva pași în fața lor!

Liderii care au complotat la uciderea lui Isus erau fundamentaliștii religioși ai acelei epoci. Nu doar că țineau Legea la mare respect, ci o venerau de-a dreptul. Dar oare înțelegeau adevăratul său sens? Nu. Ei venerau Cuvântul lui Dumnezeu fără niciun duh de revelație, smerenie sau supunere față de Dumnezeu. Fără ajutorul Duhului Sfânt pentru a înțelege sensul a ceea ce citim, suntem susceptibili de a citi propriile noastre păreri în Cuvântul Sfânt al lui Dumnezeu. Nu este de mirare că timpul nostru dedicat citirii Bibliei poate deveni sec și plictisitor. Când vedem doar ceea ce dorim să vedem în Biblie, aceasta își pierde toată puterea de transformare.

Tradițiile noastre se clatină

Am descoperit că majoritatea credincioșilor nu cresc mai mult de 5 la sută în viața lor de credință față de cum erau când aveau doar doi ani de la convertire. Imaginați-vă orice alt domeniu de studiu în care oamenii nu au progresat în cunoștințe și în înțelegerea domeniului. Dacă un student din clasa a unsprezecea și-ar folosi doar cunoștințele sale din clasa a doua, am spune că educația sa l-a stricat de cap.

Cu toate acestea, deoarece creștem într-o anumită tradiție, ne dezvoltăm o părere sectantă, îngustă asupra adevărului. Când suntem confruntați cu versete din Biblie și cu un adevăr care nu ne este confortabil, ne ascundem în spatele frazei: „Dar acesta este modul în care am procedat întotdeauna. Așa am crezut întotdeauna." Am auzit oameni spunând: „Așa facem noi, baptiștii, lucrurile." Sau noi, prezbiterienii, sau noi, penticostalii, noi, luteranii sau noi, catolicii. Înlocuiți cu propria voastră denominațiune sau cu numele bisericii. După doi ani în acel climat, orice lucru din Biblie care le amenință barca și le contrazice ipotezele este ignorat prin fraza: „Nu este posibil să însemne acest lucru. Probabil că are un alt sens în greacă."

Atunci când luăm Biblia și nu cerem ajutorul Duhului, este ca și cum am spune: „Doamne, fă un lucru nou în mine, dar eu nu o să schimb nimic din ceea ce cred." Aceasta este o rugăciune ciudată, nu-i așa? Nu este de mirare că atât de puțin creștem în credință și vedem atât de puțini convertiți la Cristos! William Law, un scriitor englez de lucrări religioase din secolul XVIII a spus: „Mii de credincioși sunt gata să taie firul în patru și să-i instruiască pe alții în sensurile fine ale cuvintelor Scripturii – dar sunt atât de puțini prin care Duhul Sfânt poate lucra pentru a-i aduce pe [oameni] la o nouă naștere în Împărăția lui Dumnezeu."[2]

Deseori, definim lucrurile importante nu în funcție de ceea ce ne arată Duhul Sfânt în Scriptură, ci în funcție de ceea ce am văzut odată cu creșterea noastră în biserică: „O, iată ce înseamnă adevărata predicare!" Sau: „Iată ce înseamnă adevărata predicare pentru că așa am fost obișnuit în biserica pe care o frecventez." Ne este dificil să venim la Cuvântul lui Dumnezeu și să spunem: „Duhule Sfânt, învață-mă, chiar dacă este împotriva a ceea ce am fost condiționat să cred." Și totuși, trebuie să o facem. Nu vom înțelege niciodată scopul lui Dumnezeu pentru biserică și pentru noi, individual, decât dacă ne smerim și ne rugăm: „Duh al Dumnezeului celui viu, revarsă-Te cu prospețime asupra mea!"

În fiecare ianuarie, mulți luăm, de Anul Nou, hotărârea de a citi Biblia mai mult. Dar, fără ajutorul Duhului, tendințele noastre umane firești deseori înfrâng această hotărâre. Și, când deschidem Cuvântul, deseori citim în mod practic, doar ca să spunem că am avut parte de un „timp de închinare." Vă spun din propria mea experiență, timpul de închinare care este făcut în grabă sau mecanic atrage după sine zile care merg prost.

Este nevoie de timp pentru ca Duhul Sfânt să ne învețe inimile, sensul unui pasaj. Dacă nu-L așteptăm pe Duhul Sfânt, încrezându-ne în El, inimile noastre se pot răci și putem ieși din comuniune cu Dumnezeu, deși avem parte de timp de închinare în fiecare zi. Nu vom face decât să strângem versete peste versete, poate chiar le vom memora; vom cunoaște trimiterile, dar vom pierde învățătura minunată a Celui care a fost promis pentru a ne călăuzi în tot adevărul. Dar când permitem Duhului să ne învețe, o, ce înțelegere, ce bucurie și ce profunzime vin din Cuvânt!

Apostolul Pavel a spus: „«Lucruri pe care ochiul nu le-a văzut, urechea nu le-a auzit și la inima omului nu s-au suit», *așa sunt lucrurile pe care le-a pregătit Dumnezeu pentru cei ce-L iubesc.* Nouă însă Dumnezeu ni le-a descoperit prin Duhul Său. Căci Duhul cercetează totul, chiar și lucrurile adânci ale lui Dumnezeu" (1 Corinteni 2:9–10, subl. aut.).

Dacă dorim să creștem în viața noastră spirituală, o putem face. Pe măsură ce ne deschidem inimile către Duhul Sfânt care lucrează prin Cuvânt, putem înțelege lucrurile adânci ale lui Dumnezeu. Nu doriți acest lucru? Iată ceea ce îmi doresc eu.

De fiecare dată când deschidem Biblia, haideți să ne oprim să ne rugăm, fie pentru cincisprezece secunde, fie pentru cincisprezece minute, cerându-I Duhului să ne învețe. Când citesc Biblia, doresc ca Dumnezeu să vorbească sufletului meu: „Învață-mă să am înțelegere și pricepere, căci cred în poruncile Tale" (Psalmul 119:66). Atunci viețile noastre vor semăna în fiecare zi mai mult cu a lui Isus.

Capitolul 7

Există semne și simboluri ale reînnoirii

După o întâlnire de rugăciune de marți seara, am fost prezentat unui pastor care se afla în vizită, împreună cu un grup de lideri din biserica sa. I-am urat bun venit și l-am întrebat de unde era.

— Kentucky, a răspuns el.

— Destul de departe de New York, am replicat eu. Cât timp veți sta?

— Ne întoarcem astă seară. Am plecat azi de dimineață, doar pentru a fi la întâlnirea de rugăciune.

Am fost șocat.

— Serios? Tot acest drum doar pentru un singur serviciu religios?

— Frate, sunt însetat după Dumnezeu, a răspuns el cu seriozitate. Nu mai pot continua. Sunt secătuit, terminat. Sunt disperat după o lucrare proaspătă a Duhului lui Dumnezeu.

În timp ce pastorul vorbea, gândurile mele zburau la ruga lui David de la începutul Psalmului 63, versetele 1 și 2:

Dumnezeule, Tu ești Dumnezeul meu,
    pe Tine Te caut!
Îmi însetează sufletul după Tine,
    îmi tânjește trupul după Tine,
într-un pământ sec, uscat
    și fără apă.

V-ați simțit vreodată secătuit, epuizat în viața de creștin? Când se întâmplă acest lucru, mulți dintre noi continuă să tragă din greu până în punctul epuizării spirituale. Unele persoane renunță și cad în ipocrizie, prefăcându-se că sunt persoane care, de fapt, nu sunt. Această veche zicală este adevărată: „Dacă bați pasul pe loc, te epuizezi și apoi vei vrea să renunți." Dar există un remediu pentru acele perioade seci în care trebuie să alergăm prea mult – acesta se găsește în ceea ce apostolul Pavel a numit „vremurile de înviorare" care vin din prezența Domnului (Fapte 3:19).

Simboluri ale vieții

Biblia folosește mai multe simboluri pentru ca noi să înțelegem lucrarea Duhului Sfânt. Mai târziu vom vorbi despre vânt, porumbel și untdelemn. După aceea, vom vorbi despre foc. Însă, când vorbim despre înviorarea dată de Duhul Sfânt, simbolul care ne ajută cel mai bine să înțelegem cum se întâmplă acest lucru este apa.

Apa

În Vechiul Testament, unde nu era apă, nu era viață. Oamenii mureau în timpul secetei. În mod asemănător, dacă apa vie a Duhului nu curge prin sufletul nostru, noi și bisericile noastre nu vom avea o viață spirituală și nici prea multă vitalitate. În Deșertul Mojave, lipsa apei înseamnă lipsa vieții, niciun fruct, nimic nu crește. Putem veni regulat la biserică și putem avea o doctrină perfectă, dar, dacă Duhul Sfânt nu ne înviorează cu apa Sa, ne vom ofili și vom muri.

Isus a vorbit deschis despre proprietățile dătătoare de viață ale Duhului Sfânt. „În ziua de pe urmă, care era ziua cea mare a praznicului, Isus a stat în picioare și a strigat: «Dacă însetează cineva, să vină la Mine și să bea. Cine crede în Mine, din inima lui vor curge râuri de apă vie, cum zice Scriptura»" (Ioan 7:37–39). Prin „râuri de apă vie", Isus Se referea la Duhul pe care aveau să-L primească mai târziu credincioșii.

Când vine Duhul Sfânt, avem o nouă viață. Fără Duhul lui Dumnezeu, tot ceea ce facem este să ne luptăm prin propriul nostru efort, efort caracterizat de slăbiciuni morale și tendințe păcătoase. Dar, când vine Duhul, avem bucurie, speranță și putere. Observați că Isus nu Se referă la un strop de apă, ci la „râuri de apă vie". Asemănător unui râu, Duhul curge – este o forță, o putere care intră în noi și apoi se revarsă pentru ca noi să putem fi o binecuvântare pentru ceilalți.

Dumnezeu folosește apa ca simbol al Duhului Sfânt într-un mod ușor diferit atunci când spune: „Voi fi ca roua pentru Israel; el va înflori precum crinul" (Osea 14:5). Cu toții am văzut momentul acela în care iarba și florile străluceau datorită picăturilor mici de apă proaspătă. Prin folosirea acestei metafore, Dumnezeu spune că El va fi ca roua care se lasă în liniște noaptea și care, până dimineața, îmbracă pământul. Roua nu se poate forma atunci când vremea este prea caldă sau când vântul este prea puternic. În mod asemănător, nici noi nu putem fi înviorați de Dumnezeu atunci când suntem prea ocupați alergând încolo și încoace.

Nu o dată am pierdut prezența Duhului în viața mea – faptul că am fost prea ocupat m-a privat de timpul liniștit de înviorare care vine din partea Domnului.

Și eu am avut momente în viață în care am fost uscat, epuizat, iar Duhul S-a revărsat peste mine ca roua. Pentru mine, roua vine atunci când stau în prezența Lui. Nu o dată am pierdut prezența Duhului în viața mea – faptul că am fost prea ocupat m-a privat de timpul liniștit de înviorare care vine din partea Domnului.

Uneori, după întâlnirile noastre de rugăciune, oamenii rămân în liniște sau stau îngenuncheați și se roagă, zăbovind o vreme. Nu doresc să se ridice și să plece. Doresc să rămână în prezența Domnului, să se bucure de roua cerului, așteptând înaintea Domnului. Iată de ce duminica nu programăm serviciile religioase imediat unul după altul. Dacă oamenii se simt presați, dacă liderii primesc semnalul că trebuie să plece din sanctuar pentru că începe următorul serviciu, timpul dulce de așteptare în prezența Duhului poate fi cu ușurință pierdut.

Chiar și în timpul serviciilor, încerc să fiu sensibil la vocea Duhului. Uneori simt nevoia să mă opresc și să aștept un îndemn cu privire la ceea ce trebuie să fac în continuare. Vizitatorii se pot întreba: *„De ce nu spune nimeni nimic? Întâlnirea este cam dezlânată. Haideți odată, de ce nu treceți la următorul punct pe ordinea de zi?"* Însă Dumnezeu nu a dorit niciodată ca un serviciu religios să semene cu producția unui spectacol. În schimb, ceea ce este de o importanță capitală este ca oamenii să-L cunoască pe Domnul și să aibă oportunitatea de a fi înviorați de apa Duhului.

Ocazional, avem servicii care încep la ora 9:00 vineri seara și se continuă după miezul nopții. Ultima dată când am programat un astfel de serviciu, peste două mii de oameni au venit să se închine, să se roage și să aștepte în prezența Domnului. Uneori eram zgomotoși, manifestându-ne cu bucurie în Domnul, iar alteori ne rugam în liniște sau așteptam în tăcere.

Odată, în jurul orei 1:30 dimineața, stăteam pe treptele platformei amvonului. Mi-am ridicat privirea și am văzut că în sanctuar încă se mai aflau peste o mie de oameni, așteptând, rugându-se sau bucurându-se în liniște. Prezența Domnului era atât de vie, încât am șoptit: „Doamne, cred că aș putea sta aici tot restul vieții mele." Atmosfera era plină de iubire și har divine, iar gândul de a pleca era de neconceput. Roua Duhului lui Dumnezeu se coborâse peste noi într-un mod minunat.

Vântul, porumbelul și untdelemnul

Pe lângă apă, Biblia prezintă și alte simboluri pentru Duhul Sfânt. Unul este vântul, cuvânt care în originalul grecesc din Noul Testament este același pentru *suflare*. Vântul ne ajută să vizualizăm mișcarea invizibilă și misterioasă a Duhului (Ioan 3:8). Porumbelul care s-a pogorât în timpul botezului lui Isus a simbolizat Duhul. „Și îndată, când ieșea Isus din apă, el a văzut cerurile deschise și Duhul pogorându-Se peste El ca un porumbel" (Marcu 1:10). Duhul Sfânt este atotputernic și totuși ciudat de blând și de sensibil în modul în care interacționează cu noi. Îl putem îndurera mult prea ușor.

În Vechiul Testament, untdelemnul este un simbol utilizat deseori pentru Duhul Sfânt. Ungerea Duhului Sfânt este asemănată cu untdelemnul care se punea pe aproape orice în Templu. Când era construit ca loc de închinare, nu doar obiectele din Templu erau unse cu untdelemn, ci și preoții. Mai târziu, bătrânilor din Biserica primară li s-a spus să se roage pentru cei bolnavi și să îi ungă pe credincioșii aflați în suferință cu untdelemn, ca simbol al Duhului (Iacov 5:14).

Focul

Focul este unul dintre simbolurile mele preferate pentru Duhul Sfânt. Acesta este folosit pentru a reprezenta puterea și prezența lui Dumnezeu. Când Ioan Botezătorul și-a făcut apariția, înainte să apară Isus, acesta a spus: „Cât despre mine, eu vă botez cu apă; dar vine Acela care este mai puternic decât mine și Căruia eu nu sunt vrednic să-I dezleg cureaua încălțămintei. El vă va boteza cu Duhul Sfânt *și cu foc*" (Luca 3:16, subl. aut.).

Isus nu a botezat pe nimeni cu apă. De ce? Deoarece botezul pe care El Îl practica era botezul cu Duhul Sfânt și cu foc. Dar să nu credeți că aceste două cuvinte indică două botezuri, unul cu Duhul și altul cu foc. Însă Luca a folosit o metaforă – cea a focului ca simbol al Duhului – pentru a descrie *un singur* botez. Isus botează în focul mistuitor al Duhului Sfânt.

Foc mistuitor

Dacă aprindeți un chibrit și puneți o bucată de lemn pe foc, focul va *penetra* lemnul. Iată ceea ce face Duhul Sfânt în viețile noastre.

El intră sub aparențe, pătrunde către rădăcina ființelor noastre. Duhul nu pune plasturi – el ajunge, pătrunde în esența problemelor noastre pentru a ne ajuta. În mod asemănător, predicarea ce are ungerea Duhului Sfânt este o predicare incandescentă. Aceasta nu înseamnă că îi descurajează sau îi condamnă pe oameni; mai degrabă înseamnă o lucrare ce penetrează inima, ce scoate la lumină păcatul și arată nevoia vie de Isus Cristos.

Fără focul Duhului Sfânt, predicarea poate ajunge să fie un simplu amuzament sau o etalare a oratoriei.

Duhul nu pune plasturi – El pătrunde în esența problemelor noastre pentru a ne ajuta.

Când Petru a rostit prima predică la Cincizecime, acele cuvinte neelocvente și pline de ardoare au produs o convingere profundă, iar oamenii au răspuns astfel: „Ce să facem? (Fapte 2:37). Instrumentele care îi ajută pe pastori să dea învățătură sunt utile, dar fără focul Duhului Sfânt, inimile nu vor fi niciodată umile și zdrobite în fața Domnului.

În Ieremia, Dumnezeu a întrebat: „Nu este Cuvântul Meu ca un *foc*?" (Ier. 23:29, subl. aut.). Cuvântul predicat cu focul Duhului pătrunde în dezordinea noastră interioară și se ocupă de starea răvășită a inimii noastre. Probabil că mulți oameni sunt prea puțin interesați să cunoască cuvântul plin de foc al lui Dumnezeu; aceștia preferă servicii religioase și predici distractive, care nu îi confruntă. Dar focul Duhului este întotdeauna pătrunzător, înfruntă obstacolele ce ne împiedică să ajungem la binecuvântarea lui Dumnezeu.

Cea mai mare ispită a creștinismului de astăzi este construirea mesajelor noastre atât de acceptabile maselor de oameni, încât pierdem elementul focului. Creăm servicii îndulcite și pline de poleială. Dar acestea nu vor mări Împărăția și nu Îl vor slăvi pe Isus. Oamenii nu pot veni la Dumnezeu fără lucrarea de foc a Duhului Sfânt.

Nu voi uita niciodată o astfel de experiență personală cu Dumnezeu. Am avut-o cu ani în urmă când eram proaspăt intrat în slujire. Mă rugam singur, înainte de un serviciu religios de marți seara. Pe atunci, biserica noastră se afla într-o clădire mică, ruinată și știam că voi avea mai puțin de zece oameni care vor participa la serviciul de rugăciune. Mă rugasem ca Dumnezeu să aducă mai mulți oameni la biserică și să crească entuziasmul congregației. În timp ce mă rugam, Duhul Sfânt lucra. A vorbit direct inimii mele și părea să-mi spună: „Principala problemă nu este absența oamenilor și a maturității spirituale. Tu ești cel care trebuie să te schimbi mai întâi. Nu ai compasiune pentru oameni și nu îi iubești așa cum aș vrea să-i iubești. În nesiguranța ta, încerci doar să duci la bun sfârșit un alt serviciu."

Ce foc! Ce pătrundere! Nu mi-a fost ușor să aud aceste cuvinte. Am sfârșit cu fața plecată înaintea lui Dumnezeu. Venisem să-I cer ajutorul lui Dumnezeu cu toate problemele din biserică și, în schimb, focul penetrase *problema mea*. Când Duhul lucrează în viețile noastre, El ne ține departe de scuze superficiale și de jocurile de învinovățire pe care ne face plăcere să le jucăm. Focul arde ceea ce este fals și ne conduce către adevăr.

Gunoi în foc

Pe holul de la etajul doi al bisericii noastre, avem un tablou mare ce reprezintă o întâlnire religioasă ce se desfășoară pe stradă, organizată de Armata Salvării în New York, la începutul anilor 1900. Strigătul de război, mottoul nostru, al Armatei Salvării, era: „Sânge și foc!". Sângele reprezenta sângele lui Isus vărsat pentru mântuirea oamenilor, iar focul reprezenta Duhul Sfânt, care a fost trimis pentru a locui în credincioși și a transforma vieți. Catherine Booth, soția lui William Booth, fondatorul Armatei Salvării, a înțeles importanța focului ca simbol al Duhului Sfânt. Cunoscută drept mama armatei, Catherine a devenit foarte faimoasă, și pe bună dreptate. Odată, am citit cuvintele ei și mi-au rămas în minte, deși trebuie să le parafrazez pentru că nu îmi amintesc citatul exact. În jurul anilor 1890, ea a spus: „Călătoresc prin țară și aud multe cuvinte elocvente și multe predici care sunt adevărate opere de artă. Dar sufletul meu tânjește după cuvinte care ard."

Catherine dorea mesaje care aveau ungerea lui Dumnezeu, care penetrau, tulburau și zdrobeau inima. Avea această nevoie și știa că schimbarea se petrece dinspre interior înspre exterior. Era un lider care îi învăța pe alții Cuvântul lui Dumnezeu și înțelegea diferența dintre predici ce reprezentau doar cuvinte și cele pe care Dumnezeu le inspirase și care schimbau vieți.

Profetul Maleahi a scris: „El [Dumnezeu] va ședea, va topi și va curăți argintul; va curăți pe fiii lui Levi, îi va lămuri cum se lămurește aurul și argintul, și vor aduce Domnului daruri neprihănite" (Maleahi 3:3). Când Duhul Sfânt ne cercetează inimile, este ca un foc purificator. Exact cum un foc bun arde zgura și impuritățile, lucrurile fără valoare sunt arse din viețile noastre atunci când Îi permitem Duhului Sfânt să Își facă lucrarea.

Când oamenii doresc cu adevărat să scape de mult gunoi, deseori fac un foc și aruncă în flăcări lucrurile pe care nu le mai doresc. Focul arde tot ceea ce este fără valoare. Uneori, avem nevoie de un foc bun al Duhului Sfânt care să ne atingă viețile. Lucrurile pure și sfinte vor rămâne, deoarece sunt ca argintul, aurul și pietrele prețioase. Focul nu le va distruge; de fapt, acestea vor fi purificate. Dar lemnul, fânul și gunoiul din viețile și bisericile noastre vor fi arse.

Focul se răspândește!

Când Duhul Sfânt înflăcărează viața unei persoane, El nu Se limitează la doar un singur om. Focul se răspândește, înflăcărându-i și pe alții. Îmi place acest lucru la Duhul Sfânt. Când cineva este în clocot de iubirea lui Dumnezeu – aceștia iubesc Cuvântul, iubesc să se roage –vedem că oamenii din jurul lor sunt inspirați să facă la fel.

Nu este nimic forțat sau obligatoriu în ceea ce fac, doar că este în natura focului să se răspândească.

Un număr tot mai mare de oameni tânjesc după focul Duhului Sfânt. Aceștia își iubesc pastorul și își iubesc biserica. Sunt creștini născuți din nou și, totuși, sunt conștienți că lipsește ceva. Când citesc Biblia, simt acest lucru. În fiecare an, primesc sute de e-mailuri de la oameni care îmi spun: „Am nevoie de acest foc." Desigur, ei nu folosesc

Când cineva este în clocot de iubirea lui Dumnezeu... oamenii din jur sunt inspirați să facă la fel.

întotdeauna cuvântul *foc*, dar asta doresc să spună. Sunt nemulțumiți de propria lor viață spirituală. De asemenea, ei știu că Dumnezeu are mult mai mult în plan pentru bisericile lor. Unii îmi spun că au toate atracțiile pe care le poate dori o biserică: un centru de activități, sală de sport, muzică bună și echipamente audiovizuale sofisticate. Chiar dacă pastorul este un om bun și aceștia frecventează biserica, puțini rămân acolo pentru a crește în Domnul. Și, deși generația mai tânără a fost crescută de părinți creștini, înainte să absolve liceul, întorc spatele lucrurilor divine.

Noi nu putem face niciodată ceea ce poate face numai Duhul. Oricât talent și efort ar depune oamenii, ei nu vor putea mări Împărăția lui Cristos. Trebuie să revenim la dependența de focul Duhului, care nu numai că dă viață și penetrează inimile, ci ne și luminează calea.

O lumină în întuneric

Când aveam zece ani, familia mea locuia în Parkside Avenue din Brooklyn, lângă Prospect Park. Locuiam într-un mic apartament, tip vagon, numit așa pentru că avea trei camere înguste dispuse în linie, precum vagoanele. Fratele meu mai mare, sora mai mică și cu mine împărțeam singurul dormitor. Părinții mei dormeau pe o canapea extensibilă, în sufragerie, la nici șase metri de noi. Neîndoielnic, eram o familie foarte *apropiată*.

Într-o noapte, m-am trezit la miezul nopții și m-am dus jos, în subsolul neterminat, dintr-un motiv oarecare. Era ticsit de cutii, de lăzi și de uneltele și materialele de tâmplărie ale tatei. Eram prea mic pentru a ajunge la lumină, așa că am mers prin subsol în întuneric. Nu eram îngrijorat deoarece cunoșteam fiecare centimetru din acel loc. Sau cel puțin credeam că îl cunosc, până ce mi-am lovit piciorul gol de o cutie grea.

„Auuuuuu!" am țipat eu, cuprins de o durere chinuitoare. M-am ghemuit la podea, plângând și strângându-mi cu mâna piciorul, în agonie. Am crezut că voi leșina de durere. Am rămas în întuneric până ce durerea s-a potolit suficient de mult pentru a bâjbâi spre ieșire.

După două zile, încă mă durea. Dar am învățat o lecție pe care toți o învățăm într-un fel sau altul: mersul în întuneric poate fi periculos. Dacă luminile ar fi fost aprinse, aș fi evitat acea durere. Aș fi văzut cutia și aș fi ocolit-o.

În decursul istoriei lumii, focul, și nu becurile electrice au iluminat cel mai mult în nopțile întunecoase. Focul i-a ajutat pe oameni să vadă încotro se îndreptau, pentru a putea evita pericolele nevăzute. I-a ajutat să evite ciocnirea de lucrurile care le blocau calea sau care veneau spre ei în întuneric.

Slavă Domnului că focul Duhului Sfânt produce și lumină – ceva ce avem nevoie cu disperare într-o lume plină de decizii dificile și pericole ascunse. Duhul ne iluminează viețile și alegerile astfel încât să putem vedea calea în față și să știm ce să evităm. Cu toate acestea, de prea multe ori nu căutăm călăuzirea Duhului Sfânt când vine vremea să luăm decizii vitale. Chiar și organizațiile religioase, în luarea deciziilor de o importanță crucială, se bazează deseori pe inteligența umană, mai degrabă decât pe lumina Duhului Sfânt. Recent, un predicator mi-a spus că a participat la o ședință a consiliului de conducere al unei lucrări creștine. A observat că nimeni nu s-a rugat înainte de începerea ședinței. Nu s-a rugat nimeni nici în timpul ședinței, iar când a venit timpul să se ia o decizie dificilă, nicio persoană nu a sugerat să se caute un răspuns după voia lui Cristos. Nimeni nu s-a gândit să se roage: „Isuse, nu știm ce să facem. Trimite-ne Duhul Tău!"

Duhul Sfânt este unicul agent al lui Dumnezeu pe pământ. El a fost trimis aici pentru a ne călăuzi. Dacă citiți cartea Faptele apostolilor, veți vedea că nu un program computerizat de hărți l-a călăuzit pe Pavel în călătoriile lui. Iluminarea Duhului Sfânt l-a călăuzit pe cale. De fapt, Duhul i-a interzis lui Pavel să se ducă în anumite locuri – nu pentru că ei nu aveau nevoie să audă Evanghelia, ci pentru că Dumnezeu avea un alt plan. Iar apostolul a așteptat până ce a avut călăuzirea Duhului în călătoria lui.

Întreținerea focului

Pavel le-a scris credincioșilor din Tesalonic: „Nu stingeți focul Duhului" (1 Tesaloniceni 5:19).[1] Este uimitor dar, deși Duhul Sfânt este Dumnezeu, este posibil ca unii credincioși ca mine și ca voi să împiedice lucrarea Sa și să stăvilească focul Său sacru. Unii oameni cred în mod fals că Dumnezeu va face orice vrea să facă. Gândiți-vă la invitația lui Isus către propria Sa biserică din Laodiceea: „Iată, Eu stau la ușă și bat. Dacă aude cineva glasul meu și deschide ușa, voi intra la el, voi cina cu el, și el cu Mine" (Apocalipsa 3:20). Dacă El este Cristos și dorește să intre, de ce nu intră? De ce Se mai deranjează să bată la ușă și să ceară voie? Acesta este misterul suveranității lui Dumnezeu și al liberului nostru arbitru. Trebuie să-I răspundem, altfel vom pierde binecuvântarea Sa plănuită pentru noi.

Mai înainte, am scris despre Pavel care îi spunea lui Timotei să sufle în tăciuni pentru a păstra focul viu. Și noi trebuie să facem același lucru. Pentru unii dintre noi, tăciunii de-abia mai licăresc și trebuie să avem grijă de ei, să suflăm în ei pentru a lua din nou foc.

Mulțumesc lui Dumnezeu pentru resursele financiare, echipamentul, talentul, studiile și noile traduceri ale Bibliei. Dar, pentru majoritatea dintre noi, cea mai mare nevoie rămâne tot aceea de a avea mai mult *foc*. Avem nevoie de focul Duhului Sfânt care să schimbe viețile și bisericile noastre locale. Avem nevoie ca acesta să se răspândească în toate orașele noastre, pentru ca Cristos să fie slăvit. Fie ca aceasta să fie rugăciunea noastră astăzi. *Trimite focul, Doamne! Arde, penetrează, schimbă, restaurează, iluminează! Fă așa cum ai promis, în timp ce noi vom aștepta în numele lui Cristos.*

Capitolul 8

Există bucurie

Spre sfârșitul anilor ʹ80, Bobby McFerrin a scris și a interpretat un cântecel numit „Nu te îngrijora, fii fericit!" Cântecul avea o tentă caraibiană, dar, în loc să utilizeze instrumente pentru acompanierea vocii, McFerrin l-a înregistrat *a cappella*. Toată „muzica" însemna voci suprapuse, fluierături și alte sunete produse de McFerrin. Cântecul a ajuns pe locul întâi în clasamente, iar oamenilor le plăcea să cânte la unison cu melodia veselă. Desigur, cântecul era și o încurajare psihologică. Să nu ne îngrijorăm. Să fim fericiți, pur și simplu. Să renunțăm la anxietate și să ne bucurăm de viață. Totul avea sens. Probabil că toți ne dorim să fim mai fericiți. Dar aceasta ne poartă către o întrebare simplă: cum să fim fericiți?

Fericirea în comparație cu bucuria

Fericirea crește și descrește în funcție de circumstanțe schimbătoare. Venirea pe lume a unui nou-născut sau a unui nepot aduce numai zâmbete pe chipul nostru. Câștigăm o vacanță gratuită și suntem extaziați. Șeful ne acordă o mărire de salariu exact atunci când avem nevoie de mai mulți bani, și suntem în culmea fericirii. Dar euforia este doar temporară. Inevitabil, ceva se schimbă și ne alungă fericirea. Copilul se îmbolnăvește; avem parte de o vacanță ploioasă; funcția noastră este desființată în urma unei fuziuni între companii. Sentimentul pozitiv dispare.

În cel mai bun caz, avem un sentiment de vid, iar în cel mai rău caz, suntem chiar furioși.

Așadar, cum ne recuperăm fericirea când situația se schimbă? Nu putem aduce fericirea înapoi prin simpla dorință. Nu putem alerga după ea. A încerca să o recâștigăm prin eforturile noastre produce doar frustrare. Dacă doar circumstanțele ne fac fericiți, atunci situația noastră trebuie să se schimbe ca să fim fericiți din nou. Totuși, exact acesta este motivul pentru care suntem nefericiți. Nu avem control și nu vom avea niciodată control asupra lucrurilor care ne ajută să „nu ne îngrijorăm, ci să fim fericiți."

Fericirea este circumstanțială și înșelătoare dar bucuria nu este circumstanțială. Putem avea bucurie chiar dacă nu suntem fericiți. Unii îi aud pe creștini vorbind despre bucurie și se gândesc că *bucuria* este doar un cuvânt religios folosit în locul fericirii. Dar bucuria este diferită de fericire. În situația adecvată, oricine poate experimenta fericire. Chiar oamenii care nu îl cunosc pe Dumnezeu sau care Îl înjură pe Dumnezeu pot fi fericiți. Dar ei nu au bucurie, pentru că această binecuvântare are o sursă total diferită.

Conform Scripturii, Duhul Sfânt aduce bucurie. „Roada Duhului, dimpotrivă, este: dragostea, *bucuria,* pacea, îndelunga răbdare, bunătatea, facerea de bine, credincioșia, blândețea, înfrânarea poftelor" (Galateni 5:22–23, subl. aut.). Nu este interesant că bucuria este menționată imediat după dragoste? Desigur, Dumnezeu nu dorește ca noi să trăim o viață în deprimare, irascibilitate și amărăciune. Știe că fericirea este trecătoare, așa că, prin Duhul, ne dă o bucurie supranaturală care transcende circumstanțele noastre. Bucuria este un dar frumos care însoțește mântuirea prin credința în Isus Cristos. Este un dar pe care Duhul Sfânt îl împărtășește cu cel mai profund loc al ființei noastre.

O bucurie negrăită și strălucită

Dacă bucuria este un dar, ar trebui să vedem mai multă bucurie în Biserică. Cu toate acestea, suntem deseori surprinși atunci când o vedem. Însă, când recunoaștem că adevărata bucurie nu vine din circumstanțele noastre, ci mai degrabă de la Dumnezeu, începem să înțelegem că bucuria este o binecuvântare în viața de zi cu zi. Iar acea bucurie de la Duhul ne va face să fim diferiți de cultura din jurul nostru.

Seropozitivă și plină de bucurie

O anumită femeie din biserica noastră este cunoscută pentru dispoziția ei veselă și bucuria din inimă; este o adevărată sfântă a lui Dumnezeu. Într-o zi, cu peste cincisprezece ani în urmă, a intrat în biroul meu și mi-a spus că ar vrea să stăm de vorbă.

— Tocmai am descoperit că am SIDA, a spus ea. Am luat-o de la soțul meu care este dependent de droguri.

M-am lăsat pe spate în scaunul meu și mi-am plecat capul, gândindu-mă la devastarea din acea propoziție.

— Sunt aici pentru două motive, domnule pastor. Primul este că doream să vă spun personal, ca să nu auziți de la altcineva. Al doilea motiv este pentru că am nevoie de un sfat, dacă să le spun sau nu copiilor. Dacă da, când ar fi cel mai bun moment să o fac? Nu vreau ca ei să fie răniți dacă nu le spun, dar nici nu vreau ca ei să se îngrijoreze.

În timp ce îmi spunea acest lucru, era uimitor de calmă. Era o dulceață în duhul ei care m-a luat total pe nepregătite. O parte din mine dorea să o întrebe: „De pe ce planetă vii?" Am stat de vorbă, iar apoi m-am rugat pentru ea. Când am terminat, m-a întrebat cu sinceritate:

— Pot să mă rog pentru dumneavoastră?

Acea doamnă drăguță începuse prin a-mi spune că avea SIDA și a terminat prin a se ruga pentru *mine*! Nu citise nicio carte despre gândirea pozitivă ca apoi să se decidă să o aplice. Nu făcuse spiritism ca să trimită vibrații bune în univers, iar acestea să se întoarcă înapoi la ea. Era o femeie care trăia bucuria în ciuda unor circumstanțe foarte dureroase, nemeritate.

Bucuria ne face deosebiți

Bucuria pe care o avea această femeie era normală pentru Biserica noutestamentară și ar trebui să fie normală și pentru noi.

Ar trebui, oare, să fim deprimați pentru că Isus a murit pentru păcatele noastre, S-a ridicat din mormânt iar toate păcatele noastre sunt iertate? Ar trebui să ne lamentăm din cauză că, într-o zi, vom fi cu Domnul pentru totdeauna? Faptul că numele nostru este scris în Cartea Vieții ar trebui să ne întristeze? Nu. Aceste lucruri ar trebui să ne dea o mare bucurie.

Bucuria trăită de această femeie era normală pentru Biserica noutestamentară și ar trebui să fie normală și pentru noi.

Petru a scris: „[Isus] pe care voi Îl iubiți fără să-L fi văzut, credeți în El fără să-L vedeți și vă bucurați cu *o bucurie negrăită și strălucită*, pentru că veți dobândi, ca sfârșit al credinței voastre, mântuirea sufletelor voastre" (1 Petru 1:8–9, subl. aut.). Expresia „o bucurie negrăită și strălucită" descrie, oare, biserica voastră și pe cea în care slujesc? Ar trebui. Epistola către romani este marele document teologic al lui Pavel cu privire la îndreptățirea prin credință și alte probleme doctrinare importante. Totuși, către finalul acestei scrisori, apostolul declară că Împărăția lui Dumnezeu nu înseamnă, în esență, poziții doctrinare cum ar fi calvinismul sau arminianismul. Împărăția nu înseamnă cine are dreptate în controversa privind răpirea dinainte sau după necazul cel mare. Pavel a spus că Împărăția lui Dumnezeu este o problemă de „neprihănire, pace și *bucurie* în Duhul Sfânt" (Romani 14:17, subl. aut.). Iată cât de importantă este bucuria; ne face să fim deosebiți ca urmași ai lui Isus Cristos.

Nu vorbesc despre sentimentalism, stări de frenezie pline de surescitare sau despre repetarea refrenelor până se creează o anumită stare sufletească. Nu doresc acest lucru, și nici voi. Ceea ce a descris apostolul Pavel se referea la o viață plină de bucurie ce vine de la Duhul. El a scris credincioșilor din Tesalonic: „Și voi înșivă ați călcat pe urmele mele și pe urmele Domnului, întrucât ați primit Cuvântul în multe necazuri cu bucuria care *vine* de la Duhul Sfânt" (1 Tesaloniceni 1:6, subl. aut.).

Dacă am vedea o biserică plină de prejudecată și furie, am spune: „Aceasta nu poate fi o biserică creștină." De ce? Pentru că Dumnezeu este dragoste, iar rodul Duhului este dragostea. Dacă nu există dragoste, dacă atmosfera este neplăcută, atunci nu poate avea legătură cu Dumnezeu și cu Duhul.

De ce nu ar trebui să tragem aceeași concluzie când vedem o biserică fără bucurie? Deseori ne întrebăm de ce viețile noastre nu sunt pline de bucurie, însă în Noul Testament nu găsim credincioși deprimați, irascibili.

În bisericuța în care am crescut, era o femeie de vârstă medie care era mereu îmbrăcată în negru. Purta rochie neagră, pălărie neagră și pantofi negri. Întotdeauna stătea singură, cu o expresie încordată, cu buzele strânse și niciodată nu vorbea cu nimeni. Niciodată nu îi văzusem zâmbetul. Intra la slujbă, se ruga, asculta Cuvântul și apoi pleca. Copil fiind, îmi era teamă și să mă apropii de ea. Era acră ca o lămâie!

Într-o zi, mi-am făcut curaj să întreb un alt adult despre ea.

— Ce-i cu doamna aceasta? am întrebat eu.

Bărbatul a dat din cap cu înțelegere, ca și cum știa din experiență ceva ce eu nu știam.

— Ah, ea! Se vede că este foarte aproape de Dumnezeu.

Mintea mea de copil se lupta să înțeleagă. *A fi aproape de Dumnezeu înseamnă să nu zâmbești niciodată? Înseamnă să nu ai prieteni? Să nu te bucuri niciodată în Isus?* De ce ar dori cineva să se apropie de Dumnezeu dacă acesta era efectul? Totuși, aceasta este imaginea pe care o au unii oameni despre planul lui Dumnezeu pentru viața creștină – întunecată, sobră și lipsită de bucurie.

Când mergem cu Duhul, când Duhul ne conduce, El aduce bucurie în viețile noastre, aduce iubire. Luca chiar L-a descris pe Isus ca fiind „plin de bucurie *prin* Duhul Sfânt" (Luca 10:21, subl. aut.). Toată bucuria vine de la Duhul Sfânt. Nu o putem fabrica, nu o putem chema, nu o putem obține prin eforturile noastre sau crea singuri.

Nimeni nu știe necazurile prin care am trecut

„Ție îți este ușor să vorbești, pastor Cymbala, nu știi prin ce am trecut eu! Dacă oamenii ar fi fost la fel de răi cu tine cum au fost cu mine, nu ai mai crede că toată această treabă cu bucuria este atât de simplă", ar putea spune unii oameni.

Acei oameni nu au nicio idee despre cicatricile pe care le port eu, așa cum nici eu nu am vreo idee despre rănile pe care le-au suferit ei. Dar bucuria nu este promisă doar acelora care au parte de cea mai puțină suferință în viață. Bucuria este pentru toți cei care doresc să fie conduși de Duhul. Isus a spus: „Ferice de voi, când oamenii vă vor urî, vă vor izgoni dintre ei, vă vor ocărî și vor lepăda numele vostru, ca ceva rău, din pricina Fiului omului! Bucurați-vă în ziua aceea și săltați de veselie, pentru că răsplata voastră este mare în cer" (Luca 6:22–23). Când viața îți aduce suferință, când oamenii te urăsc și se poartă urât, Isus spune că nu trebuie să ne pierdem bucuria.

Când viața îți aduce suferință, când oamenii ne urăsc și se poartă urât, Isus spune că nu trebuie să ne pierdem bucuria.

A sugera că suferința trecută ne dă cumva dreptul să fim lipsiți de bucurie este încă un mod de a evita adevărul.

Chiar și Isus știa ce este durerea. Știa ce înseamnă să plângi. Isaia a profețit că Isus va fi un om al durerii (Isaia 53:3), și acea profeție s-a adeverit, cu siguranță. El a suferit când a fost pe cruce, dar nu numai acolo, deoarece a fost batjocorit, bătut și umilit. Dar, dacă aceasta este imaginea noastră despre Isus – Fiul îndurerat – avem o imagine doar pe jumătate adevărată.

În cartea Evrei, aflăm că Dumnezeu L-a uns pe Isus cu un untdelemn de bucurie (1:9). Așa cum am relatat în capitolul 7, untdelemnul este un simbol al Duhului Sfânt. Și, așa cum tocmai am citit în Luca 10:21, Isus era *plin de bucurie* prin Duhul Sfânt. Ce alăturare ciudată! Isus a fost un om al suferinței care a purtat crucea și totuși a fost uns cu bucurie. Iar această bucurie, ca și a noastră, a venit de la Duhul Sfânt. Pentru a-L înțelege cu adevărat pe Isus, nu Îl putem privi doar ca Salvator îndurerat. Trebuie să echilibrăm acest lucru cu un alt adevăr – că a fost plin de bucurie și desfătarea I-a caracterizat viața.

„Ei bine, El este Isus!" ar putea spune unii. „Dacă a fost și Dumnezeu, și om în același timp, nu este de mirare că a putut simți și durerea, și bucuria. Dar eu nu sunt Isus." Din fericire, Isus nu este singurul exemplu de om care a trăit și durere, și bucurie. Apostolul Pavel a spus că suntem „ca niște întristați și totdeauna suntem veseli" (2 Corinteni 6:10).

Este oare posibil?

Indiferent de durerea, presiunea sau suferința sufletească prin care trecem, este posibil, dacă suntem creștini, să simțim două lucruri în același timp. Putem fi îndurerați într-un anumit sens, pentru că și creștinii plâng, au regrete și îi pierd pe cei iubiți. Totuși, în adâncul sufletului nostru, prin îndrumarea și puterea Duhului Sfânt, putem avea încă bucurie. Am putea să nu o arătăm din cauza durerii prin care trecem, dar, înăuntrul nostru, bucuria rămâne neatinsă.

Deoarece în lumea noastră este atât de multă nemulțumire și furie, creștinii pot rămâne tari în Domnul trăind o viață plină de bucurie. În Faptele apostolilor, găsim un exemplu clasic în care bucuria este păstrată în mijlocul unor circumstanțe dureroase. S-a întâmplat atunci când apostolul Pavel și Sila se aflau în Filipi și au fost bătuți, torturați și aruncați în închisoare fără niciun motiv. Nu făcuseră nimic rău. În închisoare, ar fi putut să facă orice – să planifice răzbunarea, să-i blesteme pe gardieni, să strige după ajutor sau pur și simplu să se plimbe în celule plini de teamă și îngrijorare.

În schimb, erau plini de bucurie. „Pe la miezul nopții, Pavel și Sila se rugau și cântau cântări de laudă lui Dumnezeu, iar cei închiși îi ascultau" (Fapte 16:25). Nu doar că se bucurau în mijlocul suferințelor, dar ceilalți prizonieri erau martorii revărsării bucuriei lor. Probabil că prizonierii din celulele învecinate credeau că erau niște nebuni să Îl laude pe Dumnezeu în timp ce se aflau închiși sub lacăt și cheie. Dar Pavel și Sila știau că greutățile nu le puteau fura bucuria în Isus.

„Ce s-a întâmplat cu bucuria ta?"

Cu ani în urmă, am vizitat un oraș din Sud și am fost încântat că m-am reîntâlnit cu o femeie creștină și cu soțul ei care se mutaseră acolo cu ani în urmă. Când tânăra avea douăzeci de ani, vizitase biserica noastră și Îl primise pe Isus ca Domn și Mântuitor al ei. Apoi, a fost adusă în biroul meu unde mi-a relatat trista ei poveste. Propriul ei tată abuzase de ea, emoțional și sexual. Sfârșise prin a locui pe stradă. Lucrase ca dansatoare, trăise în promiscuitate sexuală și chiar rămăsese însărcinată și avusese o fiică în afara căsătoriei. Ajunse să locuiască într-o maghernită fără electricitate și căldură din zona Times Square.

Apoi, mi-a povestit despre iubirea divină pe care o simțise în biserica noastră, slăvindu-L pe Dumnezeu și ascultând Cuvântul Lui. Nu s-a putut opri din plâns și a realizat că Cristos o chema la El, din starea de deșertăciune și depresie în care se afla.

În următorii câțiva ani, am privit cum acea tânără femeie a înflorit, devenind cea mai luminoasă și frumoasă creștină pe care v-o puteți imagina. Tot sentimentul de vid, toată suferința, cicatricile și lucrurile care se gravaseră pe chipul ei au fost înlocuite de o bucurie frumoasă și de strălucirea păcii. În cele din urmă, s-a căsătorit și s-a mutat într-un alt oraș. Îmi aminteam bucuria ei și eram nerăbdător să o văd pe ea și pe soțul ei din nou, acum că mă aflam în orașul lor.

Dar nu am stat în prezența lor decât vreo două minute și mi-am dat seama că ceva era în neregulă. Nu aveam nevoie de vreo iluminare profetică; tot ce aveam nevoie era să mă uit la chipul ei ca să îmi dau seama ce se întâmplase. Am luat-o deoparte și am întrebat-o ce s-a întâmplat.

— De unde știți că este ceva în neregulă? m-a întrebat ea.

— Îmi dau seama doar privindu-te. Ți-ai pierdut bucuria.

Și-a plecat capul tăcută. Știa că am dreptate.

Deși lumea nu ne poate fura bucuria, putem totuși să o pierdem.

De fapt, Pavel a întrebat odată un grup de creștini: „Unde este dar bucuria voastră?" (Galateni 4:15).1 Acesta nu este genul

Deși lumea nu ne poate fura bucuria, totuși putem să o pierdem.

de întrebare pe care am pune-o unor persoane sau bisericilor. Dar când umblarea noastră cu Domnul ia o direcție greșită, când ne luăm ochii de la Isus, bucuria supranaturală pe care doar Dumnezeu ne-o poate da începe să scadă și, în cele din urmă, dispare. Putem deveni pesimiști, deprimați și irascibili. Trebuie să Îi cerem lui Dumnezeu să ne ajute dacă bucuria Domnului nu este în fiecare zi în viața noastră.

Deși în călătoria aceea nu am avut oportunitatea de a vorbi în particular cu acea femeie pentru a afla ce anume a făcut-o să-și piardă bucuria, am bănuit că avea legătură cu problemele ei de familie. Dar, ceea ce este mai important, am observat că după ce a auzit Cuvântul și a venit la altar, unde ne-am rugat împreună, în acea seară a plecat de la biserică cu o strălucire pe chip.

Bucurie în Duhul

Astăzi, când creștinii au bucurie, aceasta are un impact mult mai puternic asupra lumii decât avea cu zeci de ani în urmă. De ce? Deoarece mentalitatea de „mi se cuvine", atât de răspândită în societatea noastră, îi face pe mulți oameni să se simtă îndreptățiți în furia lor. „Guvernul [sau angajatorul, sau familia –trebuie să fie cineva, desigur!] îmi este foarte dator. Toate acestea mi se cuvin pentru că viața mea a fost grea. Nu aveți nicio idee prin ce-am trecut." În acest tip de nemulțumire există resentimente profunde. De fapt, dacă analizați cu grijă afacerile internaționale, politica națională, apelurile de la emisiunile radio, blogurile, conflictele legate de muncă și relațiile interrasiale, veți vedea că există o epidemie mondială de venin și amărăciune. Este pretutindeni, și, din nefericire, a invadat și Trupul lui Cristos. Este exact opusul trăirii pline de bucurie pe care a dorit-o Isus pentru noi. „V-am spus aceste lucruri pentru ca bucuria Mea să rămână în voi și bucuria voastră să fie deplină" (Ioan 15:11).

Cu secole înainte ca Isus să rostească aceste cuvinte, bucuria era deja înțeleasă ca un element important în viețile aleșilor lui

Dumnezeu. Moise le-a spus că binecuvântările lui Dumnezeu au fost date pentru ca „să fiți veseli" (Deuteronom 16:15). Prezența lui Dumnezeu a adus o bucurie chiar mai profundă decât orice binecuvântare materială (Psalmul 21:6), iar oamenii lui Dumnezeu trebuiau să sărbătorească în mod continuu bunătatea Lui cu „strigăte de bucurie" (Psalmul 107:22).

Atunci când cântau un cântec de bucurie, nu doar versurile sau melodia făceau ca acel cântec să reprezinte o închinare în fața lui Dumnezeu – cântăreții trebuiau să aibă o inimă plină de bucurie pentru tot ceea ce făcuse Domnul pentru ei. Dacă nu, cântecele erau neacceptabile. Dumnezeu era mai interesat de inimi pline de bucurie decât de un talent vocal. Iată de ce i-a plăcut lui Dumnezeu atât de mult atitudinea lui David. Deși înconjurat de dușmani și sub o imensă presiune, nu s-a plâns, nu s-a lăsat cuprins de amărăciune, nu a întrebat „De ce eu?" Mai degrabă, a adus jertfe cu „strigăte de bucurie", spunând: „Voi cânta și voi lăuda pe Domnul" (Psalmul 27:6).

Datorită credincioșiei lui Dumnezeu, bucuria din Israel devenea uneori exuberantă. Cântecele interpretate cu voce tare și strigătele deveniseră obișnuință. Simțeau bucurie cu privire la construirea templului, uciderea lui Goliat, alte victorii militare și întoarcerea prinșilor din captivitate. Dacă israeliții simțeau atât de multă bucurie, ce tip de bucurie ar trebui să fie prezentă în rândul creștinilor în momentul sărbătoririi unui Mântuitor crucificat și înviat? Cât de trist este formalismul plictisitor ce caracterizează atâtea vieți și biserici! Am fost iertați, curățați, făcuți neprihăniți și pecetluiți cu Duhul și vom trăi în veșnicie cu Cristos! Cântecele pline de bucurie, strigătele de laudă și mulțumirea exuberantă nu sunt pe ordinea de zi? Știu, trebuie să existe un moment pentru ceea ce Dumnezeu a spus: „Opriți-vă, și să știți că Eu sunt Dumnezeu!" (Psalmul 46:10), dar trebuie, de asemenea, să ne amintim să „cântăm cu veselie lui Dumnezeu, care este tăria noastră! Înălțați strigăte de bucurie Dumnezeului lui Iacov! (Psalmul 81:1). Ni se spune că Dumnezeu se bucură de noi „cu mare bucurie" (Țefania 3:17). Dumnezeul minunat și creatorul tuturor lucrurilor *se bucură* de mine? Ei bine, ceea ce pot și eu să fac în schimb este să Îi dau cel puțin lauda pe care o merită plin de bucurie.

Baza bucuriei spirituale se află în relația noastră neschimbată cu Cristos. Ne „bucurăm în Domnul (Filipeni 3:1), amintindu-ne și cerând toate beneficiile pe care El ni le dă acum și în viața de apoi. Toți avem o tendință nefericită de a ne concentra exclusiv asupra problemelor și suferințelor cu care ne confruntăm, dar, în Cristos, avem o mie de binecuvântări pe care nimeni nu ni le poate lua. Isus a spus: „Inima vi se va bucura și nimeni nu vă va răpi bucuria voastră" (Ioan 16:22). Mai târziu, Pavel a întărit porunca lui Isus, spunând: „Bucurați-vă totdeauna în Domnul! Iarăși zic: Bucurați-vă!" (Filipeni 4:4). Așadar, trebuie să ne opunem „hoților de bucurie" care doresc să ne fure acest dar prețios.

Pentru a ne păstra bucuria, trebuie să ne „bucurăm în Domnul" din obișnuință, chiar și când nu simțim nimic sau când suferim. Este posibil să simțim durere și totuși să ne bucurăm. A ne bucura înseamnă a sărbători și a-L glorifica pe Isus *indiferent de circumstanțe.* În timp ce facem acest lucru, Duhul Își revarsă bucuria din izvorul aflat înăuntrul nostru.

De multe ori am intrat în sanctuarul nostru, în momentele de laudă și închinare, distras și indiferent, afectat de vreo criză sau de vreo problemă. Dar, după ce mi-am înălțat inima, vocea și mâinile către Salvatorul meu, Isus Cristos, nu a durat mult și inima mea s-a umplut de râuri de bucurie. Prin bucuria în Domnul, situația mea nu s-a schimbat, dar perspectiva mea spirituală, da!

Bucuria ar putea părea neimportantă pentru cărturarii încăpățânați din generația noastră. Dar haideți să ne amintim cât de vitală este bucuria pentru creșterea noastră spirituală. Pavel a spus: „Sunt încredințat și știu că voi rămâne și voi trăi cu voi toți pentru *înaintarea și bucuria credinței voastre*" (Filipeni 1:25, subl. aut.). Pavel a legat progresul nostru și creșterea în credință de bucuria care se mărește pe măsură ce ne maturizăm în Cristos. Credința crește mai bine în solul unei inimi care se bucură în Isus, în ciuda a ceea ce se întâmplă în jurul ei. Iată cum a putut să scrie David unii dintre cei mai plini de viață și de bucurie psalmi în timp ce regele Saul și armata lui Israel îl urmăreau pentru a-l ucide. Profetul Neemia a spus: „Bucuria Domnului este tăria noastră" (Neemina 8:10). Avem nevoie de acea bucurie pentru a supraviețui. Niciodată nu vom fi victorioși împotriva atacurilor zilnice ale lui Satan dacă sufletele noastre sunt pline de furie și de ură.

Primii credincioși au trăit vieți precare, neștiind cât îi va costa loialitatea lor față de Isus. Aceștia s-au confruntat cu mult mai multe dificultăți decât noi și, totuși, au experimentat de o sută de ori mai multă bucurie! Haideți să ne rugăm așa cum s-au rugat ei ca Dumnezeu să ne umple cu bucurie prin Duhul – nu doar de o stimulare temporară din când în când, ci de un râu continuu de bucurie.

Capitolul 9

Dreptul la bucurie: povestea lui Evelyn

În capitolul precedent, am scris despre modul în care oamenii se simt deseori îndreptățiți la nefericirea lor din cauza circumstanțelor prin care au trecut în viață. Dacă cineva ar avea dreptul să se simtă supărat și plin de amărăciune, aceea este Evelyn Sanchez. A crescut în sărăcie, a fost mințită de oamenii apropiați ei, a trecut printr-o tragică pierdere și uneori a fost atât de deprimată, încât a încercat să ia supradoze de medicamente. Ce face acum o femeie cu acest trecut tragic? Slujește altor femei, le spune cum pot găsi fericirea în viață. „Fericirea depinde de întâmplări, dar bucuria vine de la Domnul – aceasta este una dintre zicalele ei favorite. În ciuda continuelor încercări și necazuri din viața ei, Evelyn este dovada că, în ciuda circumstanțelor noastre, putem avea bucurie dacă ne adăpăm din Duhul Sfânt.

Evelyn

M-am născut în frumoasa insulă Puerto Rico, dar povestea nașterii mele nu a fost atât de frumoasă. Mama nu era căsătorită. Când m-am făcut mai mare și am întrebat-o despre tatăl meu, mi-a spus că era un om minunat, dar că fusese ucis de un om rău înainte ca eu să mă nasc. Deși fusese greu să cresc fără tată, eram mulțumită să știu că fusese un om bun.

Când am împlinit doi ani, mama mea s-a mutat în America, în căutarea unor oportunități mai bune pentru noi. Ne-am stabilit în Bronx, într-un „apartament" care era, de fapt, o cameră mică, fără ferestre, într-un subsol. Singura parte de podea care era cimentată erau baia și bucătăria, la comun cu toți chiriașii. În camera noastră, balastul și podeaua mizerabilă erau acoperite de un amalgam de carton și plastic.

În perioada în care am locuit acolo, mama s-a căsătorit și a rămas însărcinată. Imediat ce proprietarul a aflat că urma să aibă un copil, ne-a obligat să plecăm. Îi era teamă că va avea probleme pentru că permitea unui nou-născut să locuiască în acele condiții.

Aveam șase ani când ne-am mutat într-un loc nou pe Dawson Street, în cartierul Bronx. Eram bucuroasă că, în sfârșit, aveam ferestre! Noua noastră casă era, de fapt, un garaj situat în spatele clădirii proprietarului nostru. Acesta construise trei camere în partea de sus a garajului, dar camerele nu aveau baie. Pentru a folosi toaleta, trebuia să coborâm scările prin curtea din spate și să folosim toaleta de lângă casa proprietarului. Nu aveam cadă sau duș. O dată pe săptămână, mama încălzea apă pe sobă și umplea un lighean de tablă în care ne îmbăia.

Bucătăria noastră consta dintr-o chiuvetă mare de porțelan cu robinete de aramă. Aveam o ladă frigorifică și primeam gheață de două ori pe săptămână, dar nu aveam apă caldă sau căldură. Noaptea dormeam cu hainele pe noi și mănușile în mâini. Era atât de frig iarna, încât, dacă lăsam un pahar de apă pe masă când mă duceam la culcare, dimineața era înghețat bocnă.

Aveam o sobă cu kerosen, dar mamei îi era teamă să o folosească noaptea, de teamă să nu provoace un incendiu. Însă, în timpul zilei, o foloseam constant. Din nefericire, aceasta emana un nor constant de fum negru. Funinginea îmi intra în ochi și nări și mi se strângea sub unghii. Deși îmi făceam baie în lighean o dată pe săptămână și zilnic mă spălam cu buretele, nu reușeam să înlătur urmele de kerosen.

În clasa a treia, trebuia să venim la școală în fiecare zi cu o batistă proaspăt spălată, părul pieptănat frumos, pantofii lustruiți și unghiile curate. Una dintre colegele mele, o fetiță curată și dichisită, fusese numită controloare. În fiecare zi ne verifica să vadă dacă trecem de inspecția ei. Indiferent cât de tare încercam să le curăț, petele negre de funingine de sub unghiile mele mă băgau mereu în necaz. Într-o zi, m-am gândit la un mod de a o păcăli. M-am hotărât să îmi vopsesc unghiile cu lac roșu ca să nu se mai vadă petele. Dar ea era cu ochii pe mine. I-a spus învățătoarei că mi-am lăcuit unghiile ca să ascund mizeria și apoi m-a anunțat că iar nu trecusem de verificarea ei. Eram umilită de inspecțiile ei zilnice, dar nu aveam ce să fac.

În cele din urmă, garajul în care locuiam a trebuit să fie dărâmat. Unchiul a ajutat-o pe mama să-și găsească un apartament în Hell's Kitchen – un cartier din partea de vest Manhattanului. Când am aflat că urma să ne mutăm, fericirea mea nu putea fi mai mare! Doream să scap de domnișoara Curățica și de inspecțiile ei zilnice. M-am lăudat tuturor prietenilor mei că o să ne mutăm din cartier. Apartamentul nostru era la câțiva zeci de metri de Times Square și eram încântată că o să locuiesc în apropierea tuturor acelor lumini și săli de cinema.

Eu aveam nouă ani, fratele meu – cinci, iar mama era însărcinată cu sora mea când ne-am mutat în clădirea de cărămidă cu șase familii de pe 44th Street. În noua casă, copiii aveau un singur dormitor. Semăna mai mult a dulap, dar nu-mi păsa, deoarece aveam paturi suprapuse și o comodă cu patru sertare! De vreme ce eu eram cea mai mare, mi-am însușit două sertare, lăsându-i pe frații mei cu câte unul. Mama și tatăl vitreg dormeau în sufragerie. Nici aici nu aveam încălzire sau apă caldă, așa că am continuat să folosim lămpi cu kerosen și radiatoare. Dar aveam bucătărie cu frigider. Iar baia era la același etaj, chiar la capătul holului.

Nu prea am avut copilărie deoarece a trebuit să îmi asum responsabilități de adult foarte devreme în viață.

Nu prea am avut copilărie deoarece a trebuit să îmi asum responsabilități de adult foarte devreme în viață.

Mama nu vorbea engleză, iar abilitățile ei de citire și scriere în spaniolă erau limitate – avea doar patru clase. Deși era o femeie frumoasă, muncitoare, se baza pe mine pentru a o ajuta în relația cu lumea exterioară casei noastre și, ori de câte ori ieșea în oraș, eu trebuia să traduc pentru ea. Deși știam că mama mă iubea, niciodată nu mi-a spus-o, doar o singură dată, în ziua nunții mele, și doar după ce am întrebat-o. Nu era foarte afectuoasă și nu-mi amintesc să mă fi ținut vreodată în brațe, să mă fi sărutat sau să mă fi îmbrățișat. Dar știam că probabil mă iubea, de vreme ce avea o grijă atât de mare de mine.

Surioara mea cea mică, Nellie, era cea mai mare bucurie a vieții mele. Era păpușica mea. O îmbrăcam, o spălam și mă jucam cu părul ei. Era mândria și bucuria mea. Nellie era singurul lucru care conta pentru mine și singura relație de iubire și intimitate pe care am avut-o în copilărie. Era singura pe care o îmbrățișam și o sărutam și care îmi răspundea la fel, cu îmbrățișări și sărutări. Era cea care îmi aducea atâta bucurie!

Cât am locuit în Hell's Kitchen, am început să mergem la o bisericuță spaniolă. Acolo am aflat despre Isus și am văzut cum mama mea și-a predat inima Domnului. Și Nellie Îl iubea pe Domnul. Spre încântarea mea, și sunt sigură că și spre încântarea Lui, cânta cântece și laude Domnului.

Când aveam zece ani, am aflat că o verișoară de-a mea mai mare se va duce în Puerto Rico în vacanța de vară. Îmi doream să mă duc cu orice preț și, în cele din urmă, am convins-o pe mama să mă lase să plec și eu. În timp ce mă aflam în casa verișoarei mele, discutând cu ea emoționată și făcând pregătiri pentru excursia noastră, unchiul meu a intrat în cameră și mi-a spus:

— Acum poți să-ți cunoști în sfârșit tatăl.

— Tatăl meu este mort, am răspuns eu. A fost ucis de un om rău.

— Nu, nu este mort. Mama ta te-a mințit.

Apoi mi-a întins o bucată de hârtie.

— Aici este numele lui, adresa unde locuiește și locul unde lucrează. Când ajungi acolo, să-i faci neapărat o vizită.

M-am simțit ca și cum fusesem înjunghiată în inimă. Tatăl meu era încă în viață? Fusesem mințită toți acești ani? Tot drumul spre casă, am plâns cu lacrimi de amărăciune și furie.

Acasă, am înfruntat-o pe mama.

— Este adevărat?

— De ce ți-aș spune ceva despre un bărbat care nu a vrut să aibă de-a face cu tine? Nici măcar nu ți-a dat numele lui!

Am văzut durere în ochii ei, dar am insistat.

— Dar este tatăl meu!

În următoarele zile, în timp ce ne pregăteam pentru călătorie, am devenit din ce în ce mai emoționată de posibilitatea de a-mi cunoaște tatăl. Oare cum este el? Oare este chipeș? Oare este bogat?

Cu ajutorul diverselor rude, am pus cap la cap povestea lor. Mama provenea din partea defavorizată a locuitorilor din Puerto Rico. Familia ei era săracă și nu foarte educată. Tata provenea din cealaltă parte, familia lui avea mai mulți bani și se considera mai bună decât mama și familia ei. Prin urmare, familia tatei nu a fost deloc încântată când mama a rămas însărcinată. L-au obligat pe tata să se despartă și să nu mai aibă nimic de-a face cu ea. A mers până într-acolo încât a negat că eram copilul lui, așa că, încă dinainte ca eu să mă nasc, el o părăsise deja pe mama. Desigur, mama a fost foarte rănită de lucrurile pe care le spusese și le făcuse el. Spunându-mi că era mort a fost modul ei cel mai bun de a-și abandona durerea în trecut.

Copil fiind, am fost foarte independentă și încăpățânată. Imediat ce am ajuns în Puerto Rico, cu prima ocazie m-am dus direct la locul de muncă al tatălui meu. Era DJ la unicul post de radio din oraș, așa că toată lumea îl cunoștea. La postul de radio, m-am prezentat femeii din spatele biroului și i-am spus de ce am venit acolo. Imediat m-a dat afară și mi-a spus să nu mă mai întorc niciodată. Am aflat mai târziu că era chiar soția lui.

Afară, m-am așezat pe bordură și am început să plâng necontrolat, în timp ce verișoara mea stătea lângă mine, neștiind ce să facă. Fusesem atât de entuziasmată să-mi cunosc în sfârșit tatăl, iar o secretară lipsită de sentimente îmi risipise toate visele și pusese capăt speranțelor mele de reîntâlnire. O femeie care trecea pe acolo s-a oprit, s-a aplecat asupra mea și m-a întrebat:

— De ce plângi, fetițo? Ce s-a întâmplat?

Credea că m-am rătăcit sau că m-am rănit, se pare. Verișoara mea a vorbit în locul meu:

— A venit tocmai de la New York ca să-și vadă tatăl, iar secretara de acolo i-a spus că nu poate să intre și a dat-o afară.

— Ei bine, vino cu mine, a spus femeia luându-mă de mână și conducându-mă la secția de poliție de pe aceeași stradă. Am intrat în clădire și, fără să vorbească cu nimeni, m-a dus direct la biroul căpitanului și i-a spus s-a întâmplat. Căpitanul s-a ridicat în picioare. Era solid ca un leu. La început mi-a fost teamă.

— Ne vom ocupa noi de ea, i-a spus el doamnei.

Acesta i-a ordonat unui polițist să mă ducă înapoi la postul de radio. Am intrat împreună cu polițistul. Când secretara m-a văzut cu el, a fost șocată. Polițistul mi-a spus să mă așez și apoi i-a făcut acesteia semn să vină să vorbească cu el în particular. După ce au terminat de vorbit, aceasta a intrat în studio și l-a adus pe tata.

Când tata a intrat în cameră și ochii noștri s-au întâlnit, ne-am holbat unul la altul circa un minut. *Seamănă cu mine*, m-am gândit eu. Puteam să spun, după expresia de pe chipul său, că și el se gândea la același lucru. M-am uitat fix în ochii lui și, în naivitatea mea, chiar am crezut că mă va lua în brațele lui mari și puternice, că mă va legăna, mă va săruta și îmi va spune cât de bucuros era să mă vadă.

În schimb, a spus:

— Ce faci aici? Unde este mama ta?

— Este în New York. Am venit aici în vacanță.

— Bine. Nu pot să vorbesc cu tine, sunt foarte ocupat acum, dar o să-ți dedic un cântec la radio.

Apoi s-a întors și a dispărut înapoi în studio. Nu l-am mai văzut niciodată.

Am plecat de la postul de radio rănită și supărată. În acea zi au fost plantate semințe care aveau să prindă rădăcină și să crească în urmatorii câțiva ani.

Fantezia mea în săptămânile anterioare fusese că voi găsi un tată iubitor, dar visele mele de a fi iubită de un tată au murit în acea zi.

Acum o aveam doar pe Nellie.

Câțiva ani mai târziu, într-o seară, mă aflam acasă, ajutând-o pe mama să pregătească cina când Nellie a strigat la fereastră:

În acea zi au fost plantate semințe care aveau să prindă rădăcină și să crească în următorii câțiva ani.

— Evelyn, te iubesc! Te iubesc!

— Și eu te iubesc, i-am strigat eu înapoi.

— Vreau să mă duc pe la Lenny, spuse ea.

Lenny era un prieten de-al ei de rasă albă care ne vizita deseori, iar ea se ducea pe la el. Erau cei mai buni prieteni și le plăcea să se joace împreună. Casele de pe strada noastră aveau toate patru etaje, în care locuiau șase familii, iar Lenny locuia doar la șapte sau opt case de noi, în susul străzii.

— Bine, am spus, aplecându-mă peste geam ca să mă vadă. Dar spune-i mamei lui Lenny să te trimită acasă la ora șase.

Am ridicat șase degete.

— La șase fix trebuie să vii acasă la cină, ok?

A dat din cap și apoi a tulit-o către casa lui Lenny.

Aceea a fost ultima dată când am vorbit cu ea.

În timp ce se jucau acasă la Lenny, s-au așezat pe cadrul unei ferestre deschise. Deși fereastra fusese prevăzută cu gratii de protecție pentru copii, cadrul de metal ruginise, iar gratiile nu mai erau sigure. Când copiii s-au sprijinit de ele, gratiile au cedat. Nellie a căzut de la fereastra de la etajul doi pe trotuarul de jos. Apoi a căzut Lenny și, după spusele unui martor ocular, a căzut peste Nellie, iar apoi s-a rostogolit pe iarbă. Și fratele de optsprezece luni al lui Lenny era să cadă, însă, și-a prins picioarele în gratii. A rămas agățat de ele, în timp ce martorii au privit îngroziți până ce mama sa l-a salvat. Ambii băieți au supraviețuit, dar Nellie a fost dusă la spital cu o ambulanță. Poliția și pompierii au venit să investigheze situația. Mama s-a dus acasă pentru a-l lua pe tatăl meu vitreg și a se duce la spital împreună, dar eu nu am putut s-o aștept. M-am dus la spital cu un reporter de la *The Daily Mirror*, și, odată ajunsă acolo, m-am strecurat până la Urgențe unde am găsit salonul lui Nellie.

Era inconștientă – zăcea nemișcată, tăcută, pe masă.

— Nellie, trezește-te! Trezește-te, Nellie!, am implorat-o eu, plângând.

Dar o soră medicală m-a auzit și a venit în fugă.

— Nu ai voie să stai aici, a spus ea, și m-a obligat să plec.

Verișoara mea a venit și ea în camera de așteptare. Nellie a mai trăit șase ore de la momentul accidentului. Au încercat să o opereze, dar nu a supraviețuit operației. Eu am fost cea care a trebuit să dau vestea mamei și tatălui meu vitreg. Ceva în inima mea s-a stins odată cu Nellie.

Mama a refuzat să se întoarcă în apartament. În schimb, familia ne-a luat de la spital și ne-am dus în Brooklyn să stăm cu verii mei. Niciodată nu ne-am mai întors în casa noastră din Manhattan. Mama refuza să vorbească despre Nellie și nu dorea să păstreze nicio fotografie cu ea. A trebuit să ascund cele câteva fotografii pe care le aveam, ca să nu le arunce. Mama nu dorea să păstreze în jurul ei nimic care să-i amintească de fiica ei decedată.

Când aveam paisprezece ani, ne-am mutat în sfârșit, pentru prima dată, într-un apartament care avea încălzire și apă caldă. Aveam și cadă, și duș! Noaptea, după ce toți adormeau, umpleam cada cu apă fierbinte și mă cufundam în ea, după care o reumpleam dacă apa se scurgea afară sau se răcea. Îmi plăcea să văd apă în jurul meu și stăteam în ea până ce mi se zbârcea pielea. Uneori îmi țineam nările cu mâna și mă băgam sub ea, unde rămâneam cât de mult puteam. Pur și simplu îmi plăcea să simt îmbrățișarea apei, căldura ei.

Mă învinovățeam pentru moartea lui Nellie. Dacă nu s-ar fi dus la Lenny, nu ar fi căzut de la fereastră. Nimeni nu vorbea cu mine despre moartea ei. Nimeni nu mi-a spus că nu era vina mea. Așa că nu aveam pe nimeni căruia să-i spun despre vina pe care o simțeam. Am început să devin deprimată, să cad ca într-o spirală descendentă – să mă revolt, să mă prefac, să am rezultate slabe la școală și să-mi petrec timpul cu oameni nepotriviți. Nellie a fost singura din viața mea pe care o iubeam cu adevărat și care mă iubea. Acum ea nu mai era și era vina mea.

Supărarea mea pe Dumnezeu se transformase în ură. De ce băieții cei mici au fost cruțați? Părinții lor erau atei. Mama era creștină, iar sora mea Îl iubea pe Domnul! Dumnezeu trebuia să o protejeze, să aibă grijă de ea – cel puțin asta ne învățau la biserică. Dar El nu avusese grijă de Nellie. Așa că I-am întors spatele lui Dumnezeu. „Nu vreau să Te cunosc. Nu vreau să am nimic de-a face cu Tine", i-am spus. Pierderea surorii mele m-a făcut să fug de Dumnezeu, iar pe mama a apropiat-o de El.

Mama a presupus că, fie diavolul era responsabil de comportamentul meu, fie Dumnezeu încerca să îmi atragă atenția.

Aveam paisprezece ani când am luat o supradoză de aspirină și am plecat la școală. Mi-am imaginat că voi muri și că va fi o mare scenă. Toți aveau să afle. Dar am început să moțăi la ora de engleză și m-au dus la cabinetul medical. Eram rece și umedă. Asistenta a crezut că am luat droguri și m-a trimis la spital. Verișoara mea a venit acolo. Din fericire, le-a spus ce se întâmplase. Am scăpat ca prin urechile acului să nu fiu închisă în secția de bolnavi mintali.

Mama a presupus că, fie diavolul era responsabil de comportamentul meu, fie Dumnezeu încerca să îmi atragă atenția.

— Iei totul în derâdere! spunea ea când îi repetam că nu vreau să am de-a face cu Dumnezeu. Când Dumnezeu va pune stăpânire pe tine, Duhul Sfânt te va lua de păr și te va târî până la altar.

Modul în care ea Îl descria pe Dumnezeu și pe Duhul Sfânt nu mă făcea decât să vreau să stau cât mai departe de amândoi.

La șaisprezece ani căutam pe cineva care să aibă grijă de mine și să mă iubească, așa că m-am căsătorit cu un bărbat care avea cu zece ani mai mult decât mine. La început, m-a tratat ca pe mica lui prințesă. Dar anul următor am dat naștere fiului nostru, Jose. Odată cu nașterea lui Jose, i-am dedicat acestuia toată atenția și afecțiunea mea, iar soțul meu a devenit gelos. Într-o seară, s-a îmbătat atât de tare, că l-a luat pe Jose de braț și l-a trântit de perete. Pe atunci locuiam cu mama și, când a auzit gălăgia urmată de țipetele bruște de durere ale lui Jose, a venit în fugă. A spart ușa încuiată și a chemat poliția.

La douăzeci de ani eram deja divorțată.

Un an mai târziu, m-am căsătorit a doua oară și, după încă un an, o aveam pe fiica mea, Melissa. Când ea avea șapte ani, l-am născut pe Ricardo. Noua mea căsătorie nu era cu mult mai bună decât prima. Și cel de-al doilea soț al meu era alcoolic.

La scurt timp după nașterea lui Ricardo, am început să merg la biserica mamei mele. Ea îi lua pe copiii mei la biserică și atunci când eu nu mă duceam, dar știam că ceva trebuie să se schimbe și în viața mea, și eram, în cele din urmă, pregătită. În timp, în ciuda supărării mele, am început să simt, încetul cu încetul, că Dumnezeu îmi vorbea, că mă chema cu blândețe către El.

Într-o zi, în timp ce îmi făceam duș și mă îmbrăcam, m-am gândit: *Nu pot să cred că mă îmbrac în Ajunul Anului Nou ca să merg la biserică! Poate că ar trebui să iau o decizie de Anul Nou, să-mi predau viața lui Cristos. Oamenii spun că El îți umple viața de iubire, bucurie și pace. Poate ar trebui să-I dau ocazia să facă asta și în viața mea.*

La slujba religioasă din seara aceea, pastorul le-a cerut celor care doresc să-și predea viața lui Cristos să vină în față. Eu am rămas pe scaunul meu. Apoi pastorul a spus: Duhul Sfânt îmi spune că există cineva aici în care se dă o luptă. De ce nu îi dai lui Dumnezeu o ocazie? De ce nu te decizi pentru Cristos cu ocazia

Anului Nou? De ce nu vrei să vezi dacă îți poate da bucuria, pacea și dragostea după care tânjești în viață?

În acel moment m-am ridicat de pe scaun și m-am repezit către altar.

În acea seară mi-am predat viața lui Cristos și, când am făcut-o, îmi amintesc că m-am simțit cufundată în iubirea Lui, așa cum obișnuiam să mă cufund într-o baie caldă. Iubirea Lui m-a învăluit complet. Duhul Sfânt nu m-a târât până la altar, iar Dumnezeu nu era furios. Am simțit doar iubire.

Am trecut de la supărare și amărăciune, de la dorința de a mă sinucide la trăirea cu adevărat a păcii, a iubirii și a bucuriei. Circumstanțele mele nu s-au schimbat; aveam încă o căsătorie lipsită de iubire. Dar acum aveam dorința de a face ca mariajul acesta să funcționeze, de a-L sluji pe Dumnezeu și a crea un cămin iubitor, avându-L în centru pe Cristos, pentru familia mea. Nu vă pot spune cât de mare a fost schimbarea. Fusesem o persoană foarte răzbunătoare. Dacă îmi spuneai două cuvinte urâte, eu îți aruncam înapoi cinci, asigurându-mă că ale mele erau ultimele. Îl uram pe tatăl meu vitreg atât de tare, încât nici măcar nu mă puteam uita la el. Când nu am mai simțit astfel, am știut că, prin harul lui Dumnezeu, devenisem o altă persoană în Cristos și fusesem eliberată de supărarea și de amărăciunea mea. Am trecut de la simpla existență la o viață abundentă și doream să împărtășesc acest sentiment cu alții. M-am înscris la o școală biblică din apropiere pentru a învăța Cuvântul lui Dumnezeu.

Cam în acest moment, am început să vin la biserica Brooklyn Tabernacle. Nu văzusem niciodată o biserică în care să fie atât de multă bucurie și aici am aflat că bucuria este legată de Duhul Sfânt. În cartea Țefania, am descoperit un verset care a schimbat modul în care Îl vedeam pe Dumnezeu: „Se va bucura de tine cu mare bucurie, va tăcea în dragostea Lui și nu se va bucura de tine cu cântări" (Țefania 3:17). *O, Doamne! Nu doar că m-ai învățat să mă bucur, dar Tu Te bucuri de mine? Eu îți aduc Ție veselie? Și Tu Te bucuri de mine cu cântări?* Nu mi-am cunoscut tatăl pământesc, dar acum Îl cunoșteam pe Tatăl cel ceresc care mă iubea și se bucura de mine!

M-am oferit voluntar la biserică timp de ani de zile și, în cele din urmă, am primit o slujbă cu normă întreagă, iar acum lucrez acolo de aproape treizeci de ani. Azi sunt directorul lucrării de slujire pentru femei. Predau lecții biblice și fac ucenicie cu credincioșii. În fiecare zi consiliez femeile și le amintesc că bucuria este de la Domnul. Este un dar de la Dumnezeu pe care nimeni nu ți-l poate lua. Vreau ca ele să știe că greșelile lor (ca ale mele) nu sunt fără speranță. Dumnezeul nostru este un Dumnezeu viu, un Dumnezeu care restaurează ceea ce a furat Satana și ne dă un nou început în viață.

Faptul că am devenit creștină nu a făcut ca viața mea să fie perfectă sau fericită în totalitate. Căsătoria mea a rămas una dificilă, în ciuda celor mai bune intenții ale mele. Când soțul meu l-a întors pe fiul meu cel mic împotriva mea și nimic din ce am făcut sau spus nu a rezolvat lucrurile, Dumnezeu mi-a dat un verset: „Domnul Se va lupta pentru voi, dar voi stați liniștiți" (Exodul 14:14), așa că am învățat să mă încred în El în moduri cu totul noi. În cele din urmă, eu și soțul meu am divorțat, iar eu și fiul meu ne-am împăcat. Însă chiar și astăzi trec prin lupte care încearcă să îmi fure bucuria. O persoană pe care o iubesc foarte mult I-a întors spatele Domnul și, în anul care a trecut, mama mea a murit.

Viața creștină este o alegere, iar eu aleg în fiecare zi să rămân în prezența Lui.

Viața creștină este o alegere, iar eu aleg în fiecare zi să rămân în prezența Lui.

Mă bucur, fiind mulțumitoare și recunoscătoare pentru tot ceea ce mi s-a dat. Și găsesc bucurie chiar și în faptul că încă mai învăț și încă mai cresc în credință. Știu că mulți oameni se simt îndreptățiți să se agațe de supărarea și de amărăciunea lor. Și eu cred în lucrurile care mi se cuvin. Sunt un copil al lui Dumnezeu și mi se cuvine să am iubirea Sa, pacea Sa, bucuria Sa și, mai ales, vreau fiecare lucru bun pe care El l-a planificat pentru mine.

Capitolul 10

Există o căutare după asemănarea cu Cristos

Nicole Crews a crescut în Germania cu un tată de origine afro-americană și o mamă de naționalitate germană. Aceasta a divorțat când Nicole era foarte tânără. Mama sa obișnuia să bea mult. Viața cu un alcoolic era dificilă, iar Nicole trebuia să-și asume multe responsabilități de familie pentru ea și fratele ei. Din nefericire, când Nicole avea doar șaptesprezece ani, mama ei a murit.

Fiind înaltă și frumoasă, Nicole a început să fie model de la cincisprezece ani. În Germania s-a bucurat de mult succes, dar la douăzeci și cinci de ani a decis să se mute în Miami și să lucreze pentru un agent care o reprezenta acolo. „După ce am petrecut o perioadă în Miami, mi-am dat seama că stilul de viață de acolo era diferit de cel la care mă așteptasem eu", a spus Nicole. „Erau prea multe petreceri, iar eu consideram că acestea mă distrag prea mult și că sunt prea periculoase. Așa că m-am mutat în New York." (Trebuie să spun, Nicole este singura persoană, din câte îmi amintesc eu, care s-a mutat la New York din motive de siguranță!)

Deși nu crescuse în biserică, majoritatea oamenilor tot ar descrie-o pe Nicole ca o „fată bună". Nu obișnuia să bea sau să folosească droguri, pentru că văzuse ce i se întâmplase mamei ei.

Dar îi plăcea să meargă în cluburi și să danseze. Fiind model, ea putea intra în cele mai bune cluburi și era invitată la petrecerile celor mai cunoscuți și mai respectați oameni. Dar se concentra și asupra carierei ei: „Scopul meu era să fiu model pentru Victoria's Secret."

Deși cariera ei era una de succes, Nicole simțea că viața ei nu are sens. S-a interesat ce biserici sunt în apropiere și, în cele din urmă, un alt model a adus-o la biserica noastră. „Eram într-o continuă căutare", a spus Nicole. „În Germania am auzit despre coruri *gospel* și despre faptul că sunt grozave, joviale, așa că am fost mereu atrasă de acest gen de muzică. Am venit la Brooklyn Tabernacle pentru că doream să aud muzică bună."

În prima duminică în care a participat, am difuzat un film despre lucrarea noastră din Haiti și acesta a trezit ceva în Nicole. Duminica următoare a venit din nou, la fel și duminica următoare. „Într-o duminică din luna iunie 2006, stăteam la balcon în biserică și mi s-a părut că pastorul Cymbala a privit în sus și, deși nu îmi amintesc ce a spus, am simțit că mi se adresa mie. Eu plângeam și m-am întors să privesc o altă fată model cu care eram, dar și ea plângea. Am știut că trebuia să cobor la altar și să mă rog, să-L accept pe Isus ca Domn și Mântuitor al meu."

În anul următor, Nicole a continuat să participe la castinguri, la evenimente de modă, să danseze în cluburi și să se ducă la petreceri în lumea modei. Dar venea și la biserică duminica, la întâlnirile de rugăciune din timpul săptămânii și la lecțiile biblice. „Însă ceva nu se potrivea", a spus Nicole. „Citeam Cuvântul și înțelegeam ce înseamnă o viață curată, iar eu nu trăiam o astfel de viață. Lucrurile pe care le învățam la ora de studiu biblic mă condamnau." În interiorul ei, a început să se simtă diferit în situații care nu o deranjaseră înainte.

„Ultima petrecere la care am luat parte a fost cea din noaptea de Halloween, în 2007. M-am costumat și eram entuziasmată că mă duc. Însă, în zece minute de la sosirea la petrecere, m-am trezit că privesc la toate lucrurile nebunești care se petreceau în jurul meu – droguri, alcool, homosexualitate, sex la întâmplare și alte lucruri ciudate. M-am uitat la ce făceau prietenii mei și m-am gândit: *locul meu nu este aici*. Atunci am știut că era vocea Duhului Sfânt, deoarece nu făceam nimic greșit. Nu beam și nu fumam. Dar, dintr-odată, am realizat că aceea nu este scena potrivită pentru mine. Așa că am plecat și nu am revenit niciodată la acel stil de viață."

Nicole a început să simtă că Duhul Sfânt o cerceta în legătură și cu alte lucruri. „Într-o zi, m-am îmbrăcat, m-am privit în oglindă și m-am gândit: *De ce arată ciudat hainele acestea?* Și a schimbat modul în care se îmbrăca. Bluzele la baza gâtului, tricourile și blugii nu mai erau așa de strâmte și acopereau mai multă piele. „Pe măsură ce simțeam o încredințare din partea lui Dumnezeu, scăpam de acele lucruri din viața mea. Am devenit mai modestă în modul în care mă îmbrăcam. Nimeni nu mi-a spus să o fac. Pur și simplu s-a întâmplat în timp."

Nicole era model pentru lenjerie intimă și costume de baie, și aceasta nu o deranjase niciodată. Dar, încă o dată, a simțit o mică împunsătură în conștiința ei. „Într-o zi, în timp ce prezentam lenjerie intimă, mi-am dat seama, dintr-odată, că totul se rezuma la atracție sexuală. Totul se rezuma la sex, sex, sex. Înainte, acest lucru nu îmi trecuse prin minte, pentru că era doar o parte normală a industriei modei. Duhul Sfânt îmi spunea că ceva era în neregulă cu acest tip de ședințe foto."

Deși Nicole lucra pentru o agenție care era responsabilă să îi găsească diverse prezentări de modă, a decis că nu mai putea face anumite ședințe foto. „Știam că trebuie să discut cu agenta mea care mă trimitea la diverse prezentări, dar îmi displăcea ideea de a o confrunta în legătură cu aceasta, deoarece cariera mea putea să se termine aici. Însă, în cele din urmă, am făcut-o. Pur și simplu m-am așezat și i-am spus că anumite ședințe foto începeau să mi se pară ciudate și jenante."

Când Nicole a fost rugată să facă o ședință foto pentru un produs pentru piele, a fost de acord. Urma să fie fotografiate anumite părți ale corpului – brațe, picioare și mâini – ale mai multor femei, cu o culoare diferită a pielii.

„Ceea ce nu știam era că modelele trebuiau să fie complet goale în fața aparatului de fotografiat. Am fost atât de umilită și m-am simțit atât de degradată încât, până în septembrie, m-am retras oficial."

Predicile cu privire la o viață sfântă, separată de lume, nu prea se mai țin, deoarece ne temem că ar putea să ofenseze și că ar putea să nu fie pe placul vizitatorilor. Dar, când Duhul începe să-Și facă lucrarea, vom avea *întotdeauna* o nouă dorință de sfințenie și vom căuta asemănarea cu Cristos.

Dar, când Duhul începe să-Și facă lucrarea, vom avea *întotdeauna* o nouă dorință de sfințenie și vom căuta asemănarea cu Cristos.

„Ca niște copii ascultători, nu vă lăsați târâți în poftele pe care le aveați altădată, când erați în neștiință. Ci, după cum Cel ce v-a chemat este sfânt, fiți și voi sfinți în toată purtarea voastră. Căci este scris: «Fiți sfinți, căci Eu sunt sfânt»" (1 Petru 1:14–16).

Nicole crede că nu toți creștinii sunt chemați să părăsească industria modei; ea încă are prietene creștine care practică această meserie. Dar pentru ea Dumnezeu a avut alte planuri. „Duhul Sfânt m-a rafinat din ce în ce mai mult și am simțit că Dumnezeu mă testează ca să vadă cât de puternică este credința mea." Nicole a continuat să facă schimbări mai mari sau mai mici, datorită minții ei reînnoite, în timp ce Duhul lui Dumnezeu aplica tot mai mult Scriptura. Pe măsură ce Nicole învăța tot mai mult, făcea și mai multe schimbări în stilul ei de viață.

Cuvântul *sfânt* vorbește despre separare și puritate. Sfințenia este importantă pentru Dumnezeu, căci El spune că „fără sfințenie, nimeni nu va vedea pe Domnul" (Evrei 12:14). Sfințenia nu este o listă cu indicații și interdicții. Ea înseamnă să fim precum Cristos. Pe măsură ce lucrează Duhul, vom avea o dorință tot mai mare de a fi precum Cristos. Ce altceva va face Duhul Sfânt decât să împărtășească propria Sa natură cu noi?

Lupta dintre firea pământească și Duh

Mărturia lui Nicole este un bun exemplu al faptului că, odată ce ne încredem în Dumnezeu și suntem mântuiți, Dumnezeu va începe să ne modeleze, să ne formeze. Mulți dintre noi am trăit schimbări radicale similare la început, când L-am cunoscut pe Cristos. Însă, cu timpul, în interiorul nostru are loc o luptă între firea pământească și Duh. Apostolul Pavel a scris: „Căci firea pământească poftește împotriva Duhului, și Duhul, împotriva firii pământești; sunt lucruri potrivnice unele altora, așa că nu puteți face tot ce voiți" (Galateni 5:17). Pavel scria sfinților („celor sfinți") din Galatia, dar el a recunoscut că aceștia, la fel ca el, trebuiau să-și înfrângă pornirile firești care lucrau împotriva scopurilor Duhului.

De ce lucrează firea pământească împotriva Duhului?

Pavel a continuat: „Și faptele firii pământești sunt cunoscute și sunt acestea: preacurvia, curvia, necurăția, desfrânarea, închinarea la idoli, vrăjitoria, vrăjbile, certurile, zavistiile, mâniile, neînțelegerile, dezbinările, certurile de partide, pizmele, uciderile, bețiile, îmbuibările și alte lucruri asemănătoare cu acestea. Vă spun mai dinainte, cum am mai spus, că cei ce fac astfel de lucruri nu vor moșteni Împărăția lui Dumnezeu" (Galateni 5:19–21). Este o listă destul de urâtă de comportamente păcătoase. Acesta va fi întotdeauna rezultatul firii; de fapt, acestea sunt lucrurile pe care le pot produce naturile noastre decăzute. Deși nu vom practica fiecare din păcatele menționate, învățătura Scripturii este clară: lăsat de capul lui, fără harul Duhului, tot ceea ce va face Jim Cymbala este să fie pe placul „firii pământești", să trăiască o viață de gratificare a sinelui.

Iată de ce a început Pavel comentariile cu privire la firea pământească spunând: „Fraților, voi ați fost chemați la slobozenie. Numai nu faceți din slobozenie o pricină ca *să trăiți pentru* firea pământească, ci slujiți-vă unii altora în dragoste" (Galateni 5:13, subl. aut.). De ce anume erau ei eliberați? Erau eliberați de Lege – de încercarea de a obține acceptare din partea lui Dumnezeu prin respectarea Legii. Galatenii Îl acceptaseră deja pe Isus Cristos ca mielul de jertfă pentru păcatele lor. Dar acest dar gratuit al mântuirii nu trebuie să ducă la o viață de toleranță a naturii păcătoase. În plus, cum ar putea ei să se întoarcă înapoi chiar la lucrurile pentru care a murit Cristos pe cruce?

Unii ar putea răspunde că nu asta a dorit Pavel să spună, sau că, odată ce Îl acceptă pe Cristos ca Mântuitor, creștinii nu mai au tendințele naturale, păcătoase. Dar Pavel nu a fost singurul care a avertizat cu privire la practicile păcătoase în viețile credincioșilor. Și Ioan ne-a reamintit acest adevăr: „Copilașilor, vă scriu aceste lucruri ca să nu păcătuiți. Dar, dacă cineva a păcătuit, avem la Tatăl un Mijlocitor, pe Isus Hristos, Cel neprihănit" (1 Ioan 2:1). Intenția lui Ioan era simplă: de a-i încuraja pe oamenii lui Dumnezeu să nu ducă o viață păcătoasă, ci una asemănătoare cu a lui Cristos. Dacă trăim cu adevărat sub controlul Duhului Sfânt, El ne face mai sensibili la unele lucruri, ne condamnă pentru ele. Comportamentul, cuvintele și atitudinile care nu sunt sfinte cauzează o reacție a Duhului Sfânt – deoarece El este sfânt. De fapt, creștinii care duc o viață libertină, firească, sunt de obicei lipsiți de bucurie, de pace. Duhul trimite tot felul de semnale, avertismente și alerte pentru a ne aduce înapoi la urmarea exemplului lui Cristos.

Murdărie nevăzută

Pe măsură ce mintea lui Nicole a fost reînnoită (Romani 12:2), a început să simtă noi convingeri care au făcut-o să fie tot mai asemănătoare cu Cristos. Acest proces nu se termină niciodată cât trăim pe pământ. Cu cât ne apropiem mai mult de Dumnezeu, și dorim să trăim o viață care este pe placul Lui, cu atât mai mult vedem lucruri pe care nu le-am văzut înainte.

Într-o zi, mă aflam acasă, în biroul meu din fața dormitorului. Era vară și jaluzelele erau deschise, iar soarele senin al dimineții strălucea printre stinghii. Vorbeam cu cineva la telefon și îmi amintesc cum o rază directă de soare, o rază incredibil de strălucitoare, s-a oprit pe genunchiul meu. Când cel de la capătul celălalt al firului a spus ceva amuzant, am râs și m-am plesnit peste genunchi. Imediat ce mi-am lovit pantalonii, s-a ridicat un nor de ceva, poate praf. Purtam o pereche de pantaloni Dockers, proaspăt spălați, și totuși un batalion de microparticule se oprise în pantalonii mei! Mă plesnisem peste genunchi de multe ori înainte și probabil că de fiecare dată s-a produs acest nor, dar, până în acea zi, nu l-am văzut niciodată. Doar în acea lumină intensă am putut vedea praful microscopic de pe pantalonii mei aparent curați.

Duhul Sfânt este asemănător acestei lumini. Am putea crede că suntem bine, dar când acea lumină strălucește asupra noastră, vedem multe lucruri pe care nu le-am văzut înainte. Pe măsură ce Duhul Sfânt capătă un control tot mai mare asupra vieților noastre, cum s-a întâmplat în viața lui Nicole, dobândim o nouă perspectivă asupra păcatului. Lucrurile care nu ne deranjau înainte deodată încep să ne deranjeze. Ne simțim vinovați cu privire la lucrurile care păreau în regulă înainte, în viața noastră creștină.

Dacă o persoană nu are o sensibilitate crescută față de păcat și nu are o dorință de a deveni tot mai asemănătoare cu Cristos, este greu de crezut că acea persoană a avut parte de o convertire autentică. Au loc și false convertiri. Este posibil să faci o afirmație mentală că există Dumnezeu și că Isus este Fiul Său. Iacov a spus că și demonii cred acest lucru (Iacov 2:19). Însă, dacă este o convertire spirituală autentică, vom observa întotdeauna o tandrețe a inimii, o nouă încredere în Cristos și o dorință de a fi tot mai mult ca El. Acesta a fost modelul timp de peste două mii de ani. Recunoașterea păcatului nostru nu este suficientă. Însă, atunci când ne regretăm păcatele, este dovada că Dumnezeu este la lucru.

O durere benefică

Duhul este prezent în viața noastră atunci când spunem: „Nu mai pot face acest lucru" și strigăm de bucurie atunci când avem parte de victorie asupra păcatului chinuitor.

Dar știm, de asemenea, că Ajutorul este prezent atunci când eșuăm și simțim o adâncă remușcare. Niciun copil adevărat al lui Dumnezeu nu poate practica uneori păcatul fără a se simți vinovat și a dori cu disperare să fie curățat de păcat.

Să ne gândim la Petru. El era ucenicul lui Isus, unul de frunte. Cu toate acestea, Petru s-a lepădat de Domnul de trei ori. După cele trei lepădări, Petru și-a petrecut noaptea plângând. De ce a plâns? Oare îi era teamă că va pierde poziția sa ca ucenic? Nu, Petru nu și-a pierdut relația cu Isus în acel moment. Dar Petru a simțit în mod acut durerea trădării sale și pierderea părtășiei cu cineva pe care Îl iubea profund. Duhul a provocat o durere ce l-a adus la pocăință și restaurare.

Duhul este prezent în viața noastră atunci când spunem: „Nu mai pot face acest lucru" și strigăm de bucurie atunci când avem parte de victorie asupra păcatului chinuitor.

Pavel ne-a avertizat: „Să nu întristați pe Duhul Sfânt al lui Dumnezeu" (Efeseni 4:30). Dacă Duhul este întristat, este mâhnit, supărat. Deși știm că mântuirea noastră nu este pierdută prin păcatul nostru, devenim conștienți, prin suferința pe care o simțim, că există o piedică în relația cu divinitatea. Comuniunea cu Dumnezeu este afectată și avem un inconfortabil sentiment de vid. Soarele este încă pe cer și strălucește, dar noi nu mai putem simți căldura lui. Este ca și cum un nor se interpune între noi și el.

Una dintre cele mai mari dureri pe care le putem simți este atunci când rupem comuniunea cu cineva pe care îl iubim. Se poate întâmpla între soți, frați sau prieteni. Suferim profund când, din cauza unei neînțelegeri sau a unei certe, deodată, deteriorăm relația cu o persoană alături de care am mers pe drum, cu care am vorbit sau cu care am râs.

Păcatul rupe părtășia noastră cu Dumnezeu. Neascultarea noastră întrerupe comuniunea cu El și duce la pierderi spirituale. Dar acea durere a condamnării poate fi folosită în mod pozitiv dacă ne apropiem de Cristos pentru a primi harul de a renunța la lucrurile păcătoase.

Ce *ar trebui* să facem cu privire la luptele noastre continui cu firea pământească? Dacă vom continua să ne apropiem de

Cristos, vom dori tot mai mult să fim ca El. Dar conștiința eșecurilor noastre zilnice poate declanșa cel mai nepotrivit răspuns posibil – *încercarea proprie* de a învinge lucrarea firii pământești și de a fi mai mult precum Cristos. Este o încercare imposibilă. Pot eu învinge firea pământească? *Eu singur*?

Pășind înainte cu Duhul

Pavel ne-a dat singurul răspuns la dilema noastră: „Zic dar: *umblați cârmuiți de Duhul* și nu împliniți poftele firii pământești" (Galateni 5:16, subl. aut.). Pare simplu, nu-i așa? Tot ce trebuie să facem este să umblăm cârmuiți de Duhul. Problemă rezolvată! Dar cum se poate aplica un verset ca acesta? Cum umblăm în Duh? Cum trebuie să se transpună acest lucru în viața de zi cu zi?

Ne putem face o imagine cu privire la ceea ce a însemnat umblarea cu Isus. Ucenicii umblau cu Isus. Dacă Isus rămânea în Capernaum cinci zile, rămâneau și ei în Capernaum cinci zile. Dacă Isus Se oprea să ia prânzul, și ei se opreau să ia prânzul. Dacă El o lua la dreapta și apuca pe un drum, ei mergeau în spatele Lui. Dar cum facem acest lucru cu Duhul Sfânt care este invizibil? Unele persoane ar putea spune: „Pur și simplu acționezi conform Cuvântului." Dar Cuvântul este Cel care ne spune să umblăm cârmuiți de Duhul. Dacă ne umplem inimile de Cuvânt ne consolidăm credința și ne încurajăm. Dar aici ni se spune că a umbla în Duhul, a merge în ritm cu El, este singura posibilitate de a fi eliberați de satisfacerea naturii noastre păcătoase și a potențialului ei neplăcut. Cum facem acest lucru?

În primul rând, a ne încrede în Duhul înseamnă a beneficia de ajutorul Său în pocăința de acele păcate care atât de ușor se prind de noi. Mulți credincioși se mint pe sine înșiși și neagă acel „tratat secret" pe care l-au făcut cu neascultarea. Doar Duhul Sfânt ne poate ajuta să fim sinceri cu Dumnezeu. Fie că luptăm cu comportamente vădit greșite, fie cu comportamente mai subtile, necreștinești, lumina Duhului se concentrează asupra infecției și ne ajută să ne întoarcem în mod sincer de la păcat. Pocăința este o întoarcere de 180 de grade, radicală, de la păcat și egoism, înapoi la Dumnezeu.

A umbla cârmuit de Duhul înseamnă un stil de viață în care te lași călăuzit de Duhul douăzeci și patru de ore pe zi, șapte zile din șapte. Nu înseamnă a merge la biserică duminica. Înseamnă multă rugăciune și sensibilitate. Spre deosebire de mișcările fizice și cuvintele audibile ale lui Isus, lucrarea Duhului se realizează prin receptivitatea noastră la impulsurile și acțiunile Sale. El dorește să lucreze la cel mai adânc nivel al ființei noastre – în locul în care se formează gândurile, dorințele, planurile. Iată de ce Pavel a scris: „Duceți până la capăt mântuirea voastră, cu frică și cutremur. Căci Dumnezeu este Acela care lucrează în voi și vă dă, după plăcerea Lui, și *voința,* și *înfăptuirea* (Filipeni 2:12–13, subl. aut.). Când Duhul Sfânt Își face lucrarea Sa prețioasă, El influențează formarea dorințelor din interiorul nostru, înăbușind tendințele noastre egoiste către păcat. Ne înfrângem natura inferioară nu luptând noi înșine împotriva ei – o luptă pierdută, dacă se poate numi luptă – ci permițând Duhului Sfânt să Își manifeste puterea Sa, în fiecare secundă a zilei. De fapt, singurul care poate reduce firea pământească la tăcere este Duhul vieții.

Charles Finney a scris:

> Dacă doriți să fiți plini de Duh, trebuie să fiți precum un copil, să cedați influențelor Sale – să fiți la fel de supus precum lutul. Dacă El vă îndeamnă către rugăciune, trebuie să lăsați totul și să vă supuneți acestor blânde îndemnuri. Fără îndoială că, uneori, ați simțit o dorință de a vă ruga pentru vreun lucru, și ați amânat-o sau v-ați împotrivit ei, până ce Dumnezeu a plecat. Dacă vreți ca El să rămână, trebuie să cedați impulsurilor Sale cele mai blânde, să fiți atent și să înțelegeți ceea ce dorește El să faceți și să acționați conform călăuzirii Sale.

O viață asemănătoare lui Cristos este un mister. Noi trăim viața – este vocea noastră, trupul nostru, mintea noastră – dar, de fapt, nu suntem noi cei care trăim.

Cristos este Cel care trăiește în noi, prin Duhul Sfânt. Dar acest lucru nu poate fi învățat și pus în practică peste noapte.

Cu toții, în viața de credință, am plâns cu lacrimi de regret atunci când am cedat din nou dorințelor firii pământești, când am făcut și am spus lucruri care știam că sunt greșite. Dar Ioan, același apostol care a scris o epistolă pentru a-i încuraja pe credincioși să nu păcătuiască, a inclus și una dintre cele mai frumoase promisiuni în Biblie: „Dacă zicem că n-avem păcat, ne înșelăm singuri și adevărul nu este în noi. *Dacă ne mărturisim păcatele,* El este credincios și drept ca să ne ierte păcatele și să ne curețe de orice nelegiuire" (1 Ioan 1:8–9, subl. aut.).

O viață asemănătoare lui Cristos este un mister. Noi trăim viața – este vocea noastră, trupul nostru, mintea noastră – dar, de fapt, nu suntem noi cei care trăim.

Cu mulți ani în urmă, am participat la o conferință biblică în partea de nord a New Yorkului. Eram nou în lucrare și eram dornic să învăț. Sesiunile de învățare erau utile, dar am învățat cea mai valoroasă lecție în timp ce mă duceam să iau prânzul. Vorbitorul principal, un om călit al lui Dumnezeu, mergea împreună cu un asociat în fața mea și a prietenului meu. „Vrei să știi ceva? A fi conștient de Duhul Sfânt rezolvă 90% din problemele noastre", a spus el suficient de tare. Aceasta a fost o mică parte de adevăr, dar mi-a rămas în minte de atunci. Cheia este să fim conștienți de El și să fim în contact cu Duhul.

Biblia spune că un creștin este o făptură nouă (2 Corinteni 5:17). Planul lui Cristos a fost acela de a înlocui cuvântul „eu" prin „El", prin prezența Duhului. Aceasta este o idee mult mai radicală decât a încerca să vii la biserică mai regulat sau să citești Biblia ocazional. Seamănă mai mult cu o „preluare corporativă". Dar preluarea duce la o viață plină de pace și bucurie.

A fi în pas cu Duhul

Majoritatea creștinilor și-au început viața creștină cu credința că Dumnezeu este tot ce au nevoie. Punct. Cu siguranță, am aflat că, dacă doream să fim acceptați de Dumnezeu, noi nu aveam niciun rol de jucat. Mântuirea Sa a fost un dar gratuit – tot ceea ce a trebuit să facem a fost să credem și să primim. Dar apoi, trăirea în Cristos a devenit puțin mai complicată. Conștienți de eșecurile noastre, ne-am întors nu către El, ci către noi înșine! Iată de ce Pavel a rezumat învățăturile sale pentru Galateni în aceste cuvinte: „Dacă *trăim prin* Duhul, să și *umblăm* prin Duhul" (Galateni 5:25, subl. aut.).

Suntem născuți din nou prin faptul că Duhul Sfânt trăiește în noi, și noi trăim prin Duhul. După ce am început astfel, să ne întoarcem acum la efortul propriu și la încercările noastre patetice de a trăi o viață bună? Îndemnul lui Pavel este de *a merge pas la pas cu Duhul* – prezența vie a lui Dumnezeu care locuiește în inimile noastre. Așa cum Nicole a trebuit să umble pas la pas cu Duhul, pe măsură ce Dumnezeu o îndemna să scape, pe rând, de toate lucrurile care Îi displăceau Lui, și noi trebuie să-I permitem lui Dumnezeu să facă la fel. Lucrarea continuă, nu doar pentru Nicole, ci pentru toți.

Cu propriile noastre puteri, nu putem să ne purtăm niciodată precum Isus Cristos. Iată de ce ne-a trimis El un Ajutor. Duhul lui Isus din noi dorește să ne conducă în fiecare zi, cu tandrețe și iubire. Acesta nu este un lucru rău. El nu a fost trimis să ne strice socotelile și să ne împiedice să ne bucurăm de ceea ce are mai frumos viața. Este exact invers. El este gata și este capabil să ne conducă spre aerul curat, proaspăt, al unei vieți cristice, sădind în noi cuvinte, gânduri și acțiuni asemănătoare cu ale lui Cristos.

Doamne, dorim să fim sfinți ca Tine!

Capitolul 11

Există putere

În timp ce ne rugam la sfârșitul primului serviciu religios de duminică, am cunoscut o femeie mai în vârstă care a venit până în față, în zona altarului. Încercam să o încurajez și, astfel, am aflat că era o bunică ce locuia într-un apartament cu un singur dormitor, într-o zonă dificilă a Brooklynului. Într-adevăr, trecea prin probleme foarte mari. Vorbind cu ea, am aflat că avea o fiică ce fusese în mod repetat internată într-o instituție de boli mintale. Fiica ei avea doi fii adolescenți care locuiau împreună cu ea. Cea de-a doua fiică avea un copil de șase ani și locuia și ea în micul apartament. Dar asta nu e totul; am fost șocat să aflu că avea și un fiu adult care considera același apartament casa lui. Opt persoane locuiau în micul ei apartament cu un singur dormitor!

La începutul săptămânii, autoritățile veniseră la ea acasă și o anunțaseră că nepoții adolescenți o molestaseră pe nepoata de șase ani. Inima ei de bunică era zdrobită. Femeia Îl iubea pe Isus și se lupta disperată pentru familia ei.

M-am rugat cu toată inima pentru ea și apoi i-am făcut cunoștință cu directorul care se ocupa de slujirea familiilor. Cât curaj avea această femeie să se încreadă în promisiunile lui Dumnezeu în mijlocul acestui haos deprimant!

La cel de-al doilea serviciu, o adolescentă a venit la altar și s-a rugat. Lacrimile îi străluceau în colțurile ochilor închiși. Am așteptat momentul potrivit pentru a vorbi cu ea, însă, chiar și după ce i-am eliberat pe cei ce trebuiau să plece, ea a continuat să se roage. În timp ce muzicienii continuau să cânte ușor pentru cei rămași în sanctuar, mi-am pus mâna pe brațul ei – un gest părintesc care să îi transmită că nu era singură. Deodată, a început să suspine profund, ca din adâncul sufletului. Plânsul ei era atât de profund încât, sincer, m-a alarmat. Stând lângă ea, m-am rugat în sinea mea: *Doamne, vino și adu-i alinare! Duhule Sfânt, călăuzește-mă! Ce trebuie să fac? Ce trebuie să spun?*

Am mai lăsat să treacă puțin timp și, în cele din urmă, am rugat-o să se așeze pe scările de dinaintea amvonului pentru a sta de vorbă cu mine.

— Câți ani ai? am întrebat-o.

— Paisprezece, a spus ea, însă arăta mult mai matură. Apoi mi-a spus numele ei și alte câteva detalii.

După aceea, am întrebat-o:

— Ce te supără? Care este problema ta?

Timidă la început, mi-a spus povestea ei. În ultimii trei ani, fusese molestată de tatăl ei vitreg. În sfârșit, cineva anunțase autoritățile și acestea urmau să îl aresteze, dar nu reușiseră să îl prindă încă. Bărbatul era încă liber, iar ei îi era teamă.

În acel moment, mi-am ridicat privirea și am văzut-o pe mama ei stând lângă noi. Era o doamnă drăguță, cu ochii plini de lacrimi. Era prima ei vizită în biserica noastră și Dumnezeu le atingea pe amândouă cu multă dragoste.

— Este adevărat ceea ce mi-a spus fiica ta? am întrebat-o.

— Da! a răspuns ea, foarte emoționată.

— Unde locuiți?

— Locuim într-un adăpost social în alt cartier al orașului.

Le-am luat în biroul meu și acolo le-am condus pe amândouă în rugăciune pentru a-și îndrepta relația cu Dumnezeu, prin Isus Cristos. Ceilalți membri ai bisericii le-au preluat și le-au dus în zona de ospitalitate a bisericii, pentru a lua prânzul. Au rămas cu mine întreaga zi. Ne-am rugat: *Doamne, arată-ne cum să ieșim din acel adăpost social, arată-ne unde trebuie să ne ducem de aici.*

Ce vom face?

Ei bine, vă puteți imagina că, după ce am auzit acele povestiri la primele două servicii, nu eram sigur la ce să mă aștept după al treilea! Probabil că oricine a fost implicat în lucrarea de păstorire a avut o zi ca aceasta. Dar nu trebuie neapărat să fim oficial în lucrarea de păstorire ca să ne trezim implicați în problemele sfâșietoare ale altora. Se poate întâmpla ceva în familia voastră sau un coleg vă poate împărtăși o problemă personală. Sau poate că unul dintre copiii voștri s-a revoltat, sau pur și simplu v-a mers prost.

În fiecare marți seara, întâlnirea de rugăciune începe la ora șapte, dar ușile se deschid cu două ore mai devreme pentru cei care doresc să petreacă un timp suplimentar cu Dumnezeu. Recent, am intrat în sanctuar în jurul orei șase ca să mă rog pentru cei cu nevoi speciale. Am stat în fața bisericii împreună cu alți pastori, diaconi și membri ai echipei de rugăciune, ajutând mulți oameni care stăteau la rând solicitând rugăciune. Probabil că m-am rugat pentru cel puțin o duzină de oameni. O persoană care ne vizita pentru prima dată era deprimată deoarece căsătoria ei era pe punctul de a se destrăma, dar, pe de altă parte, mi-a spus că avea o relație cu fostul prieten. O altă femeie urma să dea niște teste pentru a urca în ierarhia personalului medical, însă în prezent nu avea de lucru și locuia într-un adăpost social. O a treia persoană se lupta să renunțe la fumat. O alta era îngrijorată pentru fiul ei care era în închisoare pentru treizeci de ani, într-un penitenciar din nordul statului.

Sunt zile în care trebuie să mă rog lui Dumnezeu doar ca să Îl întreb *cum* ar trebui să mă rog.

Când ne confruntăm cu oameni care au nevoi atât de disperate, ce ar trebui să facem? Întotdeauna vreau să mă rog pentru oameni care suferă, dar uneori nici măcar nu sunt sigur cum să mă rog. Sunt zile în care trebuie să mă rog lui Dumnezeu doar ca să Îl întreb *cum* ar trebui să mă rog.

Când apar situații critice și ajung la capătul puterilor, simt cu tărie că nu mai fac față. Am nevoie de mai mult. Mai mult din ce anume? Nu mai multe refrene de laudă și închinare – știu tone de astfel refrene. Nu de o traducere mai bună a Bibliei. Oare am nevoie de o diplomă în consiliere? Nu, cel mai mult am nevoie de putere de sus. Dacă dorim să propovăduim Evanghelia și să vedem convertiri prin care Cristos este slăvit, dacă dorim să vedem izbândă în situații dificile – chiar în situații care par imposibile – trebuie să avem mai multă putere de la Duhul Sfânt. Fără puterea Duhului Sfânt, nu vom avea niciodată suficiente resurse pentru a deveni oameni după placul lui Dumnezeu.

Doar mesajul nu este suficient

Îmi place să admir clădirile din Manhattan, în special noaptea, când toate luminile sunt aprinse. Este o priveliște uimitoare să vezi toate acele clădiri pline de oameni, de activități și de idei la lucru și să știi că ceea ce se pune la cale acolo nu numai că va afecta orașul New York, ci întreaga lume. Cu toate acestea, indiferent cât de influent poate fi acest oraș și oamenii săi, dacă tai electricitatea – lucru care se întâmplă ocazional în timpul unei pene de curent – toată magia dispare. Clădirile de birouri devin nefolositoare, activitatea încetează, iar ideile se sting în întuneric. Fără electricitate, tot acel potențial este irosit.

Același lucru ni se aplică și nouă, credincioșilor. Dacă nu avem acces la puterea spirituală, cum putem să realizăm ceea ce trebuie făcut? Putere pentru a învinge păcatul. Putere pentru a învinge dușmanii spirituali care ne atacă. Putere pentru a îndura greutățile și nenorocirile. Putere pentru a mărturisi. Putere pentru a vorbi. Putere pentru a ne ruga. Oare nu este puterea spirituală cea mai mare nevoie a noastră astăzi?

Este interesant că ultimele cuvinte ale lui Cristos răstignit pe cruce, înainte de ridicarea Sa la cer, s-au referit la puterea spirituală: „Și iată că voi trimite peste voi făgăduința Tatălui Meu, dar rămâneți în cetate până veți fi îmbrăcați cu *putere* de sus" (Luca, 24:49, subl. aut.). Parcă Isus ar fi privit în timp și ar fi văzut că doar mesajul corect al Evangheliei nu va fi suficient. A văzut că ne vom confrunta cu atât de multe obstacole venite din întăriturile satanice, încât nu vom evangheliza niciodată lumea în mod eficient fără puterea pe care ne-o poate da doar Duhul.

Gândiți-vă la situația în care se aflau ucenicii. Ei umblaseră cu Isus, iar El înviase din morți. Și, pentru prima dată, au înțeles în cele din urmă sensul sacrificiului pe care L-a făcut El pe cruce, al sângelui vărsat pentru iertarea tuturor păcatelor. Văzuseră semnele cuielor bătute în mâinile Lui. Îl văzuseră ridicându-Se la cer. Imaginați-vă cât de mult doreau să spună lumii ceea ce văzuseră! Gândiți-vă la entuziasmul pe care l-au simțit când au înțeles într-un final vestea cea bună. Au simțit starea spirituală de disperare a oamenilor din Iudeea, Samaria și Galileea, dar și a întregii lumi. *Haideți să începem această lucrare de evanghelizare chiar acum*, probabil că s-au gândit. *Haideți să răspândim mesajul. Pierdem timp prețios.*

Am putea chiar crede că Isus era de acord cu acel tip de gândire și poate ar spune: „În regulă, acum că ați văzut semnele cuielor și știți că sunt viu, mergeți și răspândiți mesajul!" Dar nu a făcut astfel. Le-a spus să facă exact inversul a ceea ce erau tentați să facă.

Isus le-a spus să aștepte.

Mintea și talentul nu vor fi suficiente

Isus a știut mult mai bine decât ucenicii că, pentru această lucrare, aveau nevoie să fie echipați cu mult mai mult decât cu intelect, talent omenesc sau o inimă sinceră. Așadar, au făcut ceea ce le-a spus Isus. Au așteptat în camera de sus rugându-se, cântând și lăudându-L pe Dumnezeu. „În Ziua Cincizecimii, erau toți împreună în același loc. Deodată, a venit din cer un sunet ca vâjâitul unui vânt puternic și a umplut toată casa unde ședeau ei. Niște limbi ca de foc au fost văzute împărțindu-se printre ei și s-au așezat câte una pe fiecare din ei. Și toți s-au umplut de Duh Sfânt și au început să vorbească în alte limbi, după cum le dădea Duhul să vorbească" (Fapte 2:1–4).

Duhul a fost turnat peste ei, așa cum a promis Isus. Se întâmplase ceea ce prezisese profetul Ioel: „În zilele de pe urmă, zice

Dumnezeu, voi turna din Duhul Meu peste orice făptură; feciorii voștri și fetele voastre vor proroci, tinerii voștri vor avea vedenii și bătrânii voștri vor visa visuri!" (Fapte 2:17–21). Aceasta înseamnă că era disponibil un nou dar. „Ci voi veți primi o putere, *când* Se va pogorî Duhul Sfânt peste voi, și-Mi veți fi martori în Ierusalim, în toată Iudeea, în Samaria și până la marginile pământului" (Fapte 1:8, subl. aut.). Această putere extraordinară din cer era necesară pe pământ pentru a zidi Împărăția lui Cristos.

Cunoaștem cu toții eșecurile lui Petru ca ucenic, dar, să fim sinceri, nici ceilalți nu erau cu mult mai buni.

Credeau acei ucenici în mod sincer în Isus, atunci când așteptau în Ierusalim? Da. Aveau ei o doctrină corectă? Da. Puteau pleca să predice fără Duhul Sfânt? Sunt sigur că ar fi dorit, dar Isus știa că nu erau pregătiți. Știa ce putere avea dușmanul cu care aveau să se confrunte, descurajările și opoziția ce le stăteau în cale. Dacă puterea Duhului Sfânt era necesară atunci, oare, până astăzi s-a schimbat ceva? Există altceva decât puterea Duhului care lucrează prin noi, care să poată dărâma zidurile de necredință și anula puterea unui comportament păcătos obsesiv, în timp ce noi propovăduim oamenilor Evanghelia?

Cunoaștem cu toții eșecurile lui Petru ca ucenic, dar, să fim sinceri, nici ceilalți nu erau cu mult mai buni.

Aceștia nu erau oameni educați. Isus ar fi putut să roage doisprezece rabini să fie ucenicii Săi, dar nu a făcut-o. El a chemat pescari și un vameș disprețuit. În mod intenționat, Isus a ales oameni care nu aveau o educație religioasă. Nu se născuseră lideri carismatici; nici unul nu studiase la seminar. De ce a ales Isus un grup atât de pestriț de oameni ca să răspândească mesajul în toată lumea?

Înzestrarea cu putere

Cred că unul dintre motivele pentru care Isus a ales acei bărbați în mod special a fost că *le lipseau* resursele naturale. Ei *trebuiau* să se bizuiască pe puterea Duhului Sfânt. Pe ce altceva se puteau sprijini? Când acești foști pescari și vameși s-au hotărât să proclame vestea bună a lui Isus, cine altcineva ar putea să îi facă să fie eficienți în lucrarea de a-i aduce pe oameni la Dumnezeu? Totuși, când vorbeau despre Cristos, apostolii și primii ucenici manifestau o putere spirituală total necunoscută în istoria religiilor lumii: „Lor le-a fost descoperit că nu pentru ei înșiși, ci pentru voi spuneau ei aceste lucruri pe care vi le-au vestit acum cei ce v-au propovăduit Evanghelia *prin Duhul Sfânt trimis din cer*" (1 Petru 1:12, subl. aut.).

Probabil că fiecare credincios cunoaște rolul important pe care îl joacă o predicare și o învățătură bune în lărgirea Împărăției lui Cristos și în a ne ajuta să ne maturizăm. Însă, în ultimii câțiva ani, am început să mă întreb dacă modul în care înțelegem predicarea este definit mai degrabă de experiența noastră de viață decât de Biblie. În majoritatea bisericilor, un pastor stă în fața congregației împărtășind un verset din Scriptură, de obicei într-un mod secvențial, logic, care dezvăluie sensul mesajului, pentru ca fiecare să îl înțeleagă. Se folosesc deseori și ilustrații, urmate de o aplicație a adevărului. Dacă mesajul este bazat pe Scriptură, iar abilitățile de comunicare ale vorbitorului sunt ridicate, poți spune cu ușurință că aceea a fost „o predică bună". Același lucru ni se poate aplica nouă când împărtășim Cuvântul unei persoane, prieten sau unui coleg. Sfatul recomandat este să ne folosim capul, să fim cât mai convingători posibil și să încercăm să aducem persoana la credința în Isus.

Dacă noi considerăm că acest mod de predicare este bun, ce vom crede despre modul în care descrie Pavel propria sa metodă? Iată ce scria el, reamintindu-i bisericii din Corint despre lucrarea sa acolo care durase optsprezece luni:

> Cât despre mine, fraților, când am venit la voi, n-am venit să vă vestesc taina lui Dumnezeu cu o vorbire sau înțelepciune strălucită. Căci n-am avut de gând să știu între voi altceva decât pe Isus Hristos și pe El răstignit. Eu însumi, când am venit în mijlocul vostru, am fost slab, fricos și plin de

> cutremur. Și învățătura și propovăduirea mea *nu stăteau în vorbirile înduplecătoare ale înțelepciunii*, ci într-o dovadă dată de Duhul și de *putere*, pentru ca credința voastră să fie întemeiată nu pe înțelepciunea oamenilor, ci pe puterea lui Dumnezeu (1 Corinteni 2:1–5, subl. aut.).

Cum? Un vorbitor nu depinde de cuvintele înțelepte și convingătoare? Oare majoritatea seminarelor și cărților despre predicarea eficientă nu pun accent aproape în mod exclusiv pe aceasta? Oare nu țintim, majoritatea, la acest lucru, atunci când vestim Evanghelia? Însă, aici, apostolul declară fără echivoc că, în mesajul și predicarea practicate de el, nu folosea cuvintele „înduplecătoare ale înțelepciunii". Aceasta nu a făcut niciodată parte din strategia lui Pavel ca predicator al Evangheliei. Învățătura lui Pavel stătea într-o „dovadă dată de Duhul și de putere!"

Ce fel de mesaje pline de Duh dădea Pavel oamenilor din Corint? Cu siguranță, ceea ce dorea să spună nu este că, la fiecare cinci minute își întrerupea discursul pentru a vindeca orbii sau ologii; nu avem nicio astfel de relatare în Scriptură. Cu toate acestea, acest fost fariseu inteligent, convertit la credința în Isus, nu folosește „vorbirile înduplecătoare ale înțelepciunii", ci se laudă cu puterea Duhului care se revarsă asupra lui. De ce? Pentru ca cei din Corint să își întemeieze credința „pe puterea lui Dumnezeu", nu pe „înțelepciunea oamenilor". Mă întreb câți dintre noi, pastorii, avem acest scop de fiecare dată când deschidem Cuvântul sfânt al lui Dumnezeu.

Putere cu un scop

Și iată o veste minunată! Nu există niciun loc în Scriptură unde Dumnezeu să spună că acest tip de ajutor nu este disponibil pentru noi acum, după două mii de ani. Desigur, dacă nu credem în acest tip de ungere supranaturală și în manifestarea Duhului Sfânt, nu le vom experimenta niciodată. Unul dintre principiile de bază pe care le-a instituit Isus a fost „facă-vi-se după credința voastră" (Matei 9:29). Din nefericire, tradițiile și poziția cu privire la Duhul Sfânt a cultului din care facem parte ne împiedică deseori să așteptăm puternicele manifestări divine atunci când vorbim în numele lui Cristos. Fie ca să primim o credință nouă în Dumnezeu Duhul!

Dincolo de lipsa credinței, există și un alt motiv pentru care manifestarea plină de putere a Duhului Sfânt este deseori absentă din viețile și bisericile noastre. La începutul lucrării publice de slujire a lui Isus, în sinagoga din orașul Său natal, Nazaret, s-a întâmplat un lucru remarcabil. Fiind ales să citească un pasaj din Vechiul Testament pentru acea zi de Sabat, Domnul a citit aceste cuvinte:

> Duhul Domnului este peste Mine,
> pentru că M-a uns
> să vestesc săracilor Evanghelia.
> M-a trimis să tămăduiesc pe cei cu inima zdrobită,
> să propovăduiesc robilor de război slobozirea
> și orbilor, căpătarea vederii,
> să dau drumul celor apăsați
> și să vestesc anul de îndurare al Domnului.
> (Luca 4:18–19)

Apoi, după această lectură în public, Isus a rostit aceste cuvinte uimitoare: „Astăzi s-au împlinit cuvintele acestea din Scriptură, pe care le-ați auzit" (Luca 4:21). Acest pasaj binecunoscut din Isaia 61 vorbea despre Mesia, Cel așteptat de Israel. Isus S-a declarat pe Sine Cel promis. Prin acestea, El le-a explicat oamenilor din orașul Său că El era mult mai mult decât un simplu fiu de tâmplar, așa cum credeau ei.

Observați cu atenție de ce a fost uns Isus de Dumnezeu și de ce S-a pogorât Duhul asupra Lui cu putere. Scopul Său era acela de a vesti Evanghelia celor săraci, celor care aveau o slabă speranță pământească, de a proclama libertatea spirituală celor subjugați de păcat și de Satana, de a aduce mesajul mântuirii pe care Dumnezeu dorea ca fiecare să-l audă și să-l trăiască. *Iată de ce* Duhul Sfânt I-a dat o putere atât de mare lui Cristos – pentru a-i ajuta pe oamenii păcătoși, în nevoie, să găsească drumul înapoi către Dumnezeu. Și iată de ce Cristos, după ce S-a înălțat la cer, a trimis Duhul Sfânt ucenicilor care Îl așteptau în camera de sus. El nu a fost dat pentru ca noi, creștinii, să putem avea întâlniri emoționante, izolați de restul lumii și vorbind numai unul cu altul. El nu a fost promis pentru momente de extaz spiritual, oricât de minunate ar fi acestea.

Duhul Sfânt a fost trimis pentru a împlini multe scopuri divine, dar în capul listei a fost împuternicirea oamenilor lui Dumnezeu cu scopul de a atinge lumea cu Evanghelia lui Cristos. Observați cuvintele lui Cristos: „Ci voi veți primi o putere, când Se va pogorî Duhul Sfânt peste voi, *și-Mi veți fi martori* în Ierusalim, în toată Iudeea, în Samaria și până la marginile pământului" (Fapte 1:8, subl. aut.).

Ori de câte ori împărtășim vestea bună, putem să ne așteptăm ca, prin rugăciune, Duhul Sfânt să lucreze cu putere.

Dacă pierdem din vedere faptul că Dumnezeu are o inimă plină de iubire pentru această lume – inclusiv pentru propriile noastre orașe și cartiere – vom experimenta puțin din puterea Duhului lui Dumnezeu, deoarece dorim altceva decât ceea ce dorește Domnul. Însă, de câte ori facem ceva pentru a împărtăși vestea bună a mântuirii prin Cristos, ori de câte ori suntem hotărâți să-i ajutăm pe cei orbi spiritual să vadă și pe cei oprimați să fie eliberați, putem să ne așteptăm, dacă ne rugăm pentru acest lucru, ca Duhul Sfânt să lucreze cu putere, așa cum ne-a promis Isus.

Trupul și Duhul

Din nefericire, mulți dintre noi nu experimentează puterea Duhului Sfânt deoarece atât de rar facem ceea ce ne-a însărcinat Cristos să facem. Indiferent cât de întunecată spiritual ar părea lumea, indiferent cât de legată și oprimată ar fi de Satana, Cel care este în noi este mai mare decât cel care este în lume! Oh, dacă Biserica lui Cristos s-ar ridica la înălțimea chemării sale, dacă s-ar purta precum *Trupul lui Cristos*, continuându-și lucrarea și astăzi, atingând cu dragoste oamenii care au nevoie de Domnul!

Gândiți-vă la nevoile oamenilor din jurul nostru. Nu trebuie să avem toate răspunsurile. Nu trebuie să știm dinainte ce lucruri trebuie să spunem. Și, ceea ce este mai important, nu trebuie să ne fie teamă să ne apropiem de oamenii în suferință și de viața lor plină de probleme. Puterea Duhului a fost promisă exact pentru aceste situații. Duhul Sfânt a fost trimis pentru ca noi toți – fie că suntem implicați într-o lucrare sau nu – să putem să atingem oamenii din jur și să ne încredem într-o putere de dincolo de noi.

„Coincidențe" uimitoare par să se petreacă atunci când avem inima deschisă, plină de iubire și când îndrăznim să vorbim în numele lui Cristos. Vă amintiți de fata de 14 ani abuzată care era atât de înspăimântată de viitor, în timp ce mama ei și cu ea trăiau la un adăpost social? Ele au continuat să vină la biserica noastră în fiecare duminică și acolo au găsit o altă familie iubitoare de credincioși care le-a ajutat. În ciuda situației, fata era o elevă foarte bună; câteva săptămâni mai târziu, o vizitatoare din afara statului a venit la biserica noastră și le-a cunoscut. Vizitatoarea lucra în mediul universitar și, când femeia a aflat povestea fetei, a purtat o discuție personală cu fata timp de câteva momente, despre viața ei. Inima acelei femei a fost mișcată de Duhul lui Dumnezeu. Câteva minute mai târziu, ea i-a spus mamei adolescentei: „Nu te îngrijora! După ce termină liceul, voi găsi o cale ca ea să studieze la universitatea mea. Vom obține o bursă pentru ea, prin harul Domnului. Așteaptă și vei vedea ce va face Dumnezeu în viața ei."

Am fost prezent atunci când s-au rostit aceste cuvinte. Și încă pot vedea entuziasmul, fericirea și noua speranță care au răsărit atât pe chipul mamei, cât și al fiicei.

Nu-i așa că este uimitor să vedem Duhul lucrând prin oameni obișnuiți în moduri extraordinare? Cât de bogată și de frumoasă devine viața când Duhul Sfânt ne dă puterea să ne rugăm, să acționăm, să sfătuim, să ascultăm, să vorbim și chiar să ne trezim în toiul nopții pentru a ne ruga pentru ceilalți. Asemenea primilor ucenici, suntem oameni cu defecte. Dar Isus ne-a promis Duhul Sfânt care ne va da putere în moduri extraordinare, pentru a face lucrarea Sa pe pământ. Amintiți-vă din nou promisiunea pe care am redat-o mai devreme: „Deci, dacă voi, care sunteți răi, știți să dați daruri bune copiilor voștri, cu cât mai mult Tatăl vostru cel din ceruri va da Duhul Sfânt celor ce I-L cer!" (Luca 11:13).

Toată puterea de care avem nevoie este acolo, trebuie doar să o cerem.

Capitolul 12

Puterea iubirii: povestea Dianei

Dimensiunea este lucrul pe care majoritatea oamenilor îl observă la Diana Berrios. Este atât de scundă! Prima dată când am văzut-o, părea de înălțimea unui copil. Dar nu înălțimea ei m-a luat prin surprindere – ci puterea ei. Diana a demonstrat că posedă o putere dincolo de abilitatea ei umană; în cazul ei, nu era puterea Duhului Sfânt. Dar să nu o luăm înainte cu povestea...

Motivul pentru care Diana se afla în biserica noastră în seara în care a venit pentru prima dată a fost pentru că cineva ținea la ea atunci când ea era cel mai greu de iubit. Așa cum am menționat în capitolul precedent, Duhul acționează atunci când dorim să evanghelizăm, indiferent cât de încurcată sau imposibilă ar fi situația. Cineva avea o povară de la Dumnezeu pentru această mică domnișoară, ca o mică ghiulea de foc. Iar Domnul a onorat credința acelei persoane și a făcut din Diana un remarcabil trofeu al harului lui Dumnezeu.

Diana

Spun oamenilor că am 1,50 m înălțime, dar nu este adevărul adevărat. Am 1,47 m. Am fost întotdeauna scundă, și la fel a fost și mama mea. Poate de aceea îi era atât de ușor tatălui meu să o bată. Tata a fost alcoolic și, când se îmbăta, obișnuia să o lovească pe mama. Uneori o prindea de păr și o izbea de perete;

alteori lua pistolul și o amenința că o împușcă în cap. Noi n-am știut niciodată dacă era încărcat sau nu. Dar nu conta, teama era aceeași. Am crescut în cartierul spaniol și am fost a treia din cei cinci copii – trei surori și un frate. Niciunul dintre noi nu putea prevedea ce anume îl va scoate pe tata din pepeni.

Polițiștii erau mereu la noi acasă. Uneori, mama încerca să fugă. Fugeam acasă la mătușa sau la unchiul, și stăteam acolo câteva zile, sperând că tata se va calma. Totuși, întotdeauna ne întorceam acasă, iar el continua să o bată, deseori foarte rău. Era greu să privești așa ceva, iar aceasta a continuat ani de zile – toată copilăria mea. Tata îi bătea și pe fratele meu și pe surorile mele. Dar pe mine niciodată nu mă atingea. Nu știu de ce. Deși nu am fost niciodată rănită fizic, rănile emoționale erau uriașe. Uneori credeam că mi-ar fi fost mai ușor să fiu eu cea bătută decât să-i văd loviți pe cei pe care îi iubeam.

Surorile mele s-au căsătorit doar pentru a putea pleca din casă. La vârsta de treisprezece ani, eram furioasă și rebelă. Însă singurul loc în care mă puteam duce era pe stradă. Am început să pierd vremea cu niște fete foarte dure, fete cu care mă înțelegeam. Toate treceau prin aceleași lucruri acasă – cineva din familie obișnuia să bea sau să fie abuziv – sau proveneau dintr-o familie destrămată. Ne înțelegeam bine pentru că eram toate furioase și doream să ne răzbunăm pe lume. Așa că am format propria noastră clică și aceasta a devenit familia mea.

Asta îmi doream – să-mi petrec vremea cu cele mai dure fete. Ne băteam, înjuram și intimidam oamenii. Chiar și profesorilor le era teamă de noi. Dar eram foarte respectate. După ce am format acest grup, ni s-au alăturat și mai multe fete. Ne băteam cu oricine și cu toți. În cele din urmă, una dintre fetele mai în vârstă s-a gândit să formeze o bandă, și a numit-o Satan's Spades [n.tr.: Spadele lui Satan].

În curând, reputația noastră a ajuns atât de mare că am început să recrutăm tipi din liceu care doreau să ni se alăture. Acest lucru se petrecea pe la jumătatea anilor ′70 – băieții, de obicei, nu le tratau pe fete cu atât de mult respect – dar noi eram atât de dure, încât și băieții mai în vârstă doreau să facă parte din banda noastră. Apoi acei băieți au început să recruteze alți băieți și grupul a devenit atât de mare, încât a trebuit să ne despărțim în mai multe divizii. Am format trei divizii și, în cele din urmă, am preluat un loc de joacă de pe 118th Street. Acesta a devenit teritoriul nostru, teritoriul pe care eram gata să îl apărăm cu prețul vieții.

Când alte bande încercau să vină pe teritoriul nostru, ne băteam cu ele. Aceasta se întâmpla în fiecare zi. Am învățat să ascund lame în buclele din păr și îmi dădeam pe față cu ulei pentru ca, dacă celelalte fete încercau să mă zgârie, să le alunece degetele. Deși eram scundă, știam să mă bat.

Eram incontrolabilă. Mama era atât de îngrijorată, încât a rugat profesorii, consilierii și câțiva psihiatri să vorbească cu mine, dar nimic nu s-a schimbat. La școală aveam mereu probleme. Am fost mutată de la o școală la alta până ce, în cele din urmă, nu am mai fost primită în niciuna.

Cu toate acestea, din punctul meu de vedere, totul era în regulă. Acum puteam să stau în parc să mă bat. Și le făceam pe toate – fumam iarbă, luam pastile și inhalam substanțe. Am fost întotdeauna mână largă, nu îmi păsa câți bani trebuia să cheltuiesc ca să mă pot droga. Dacă aveam o pungă cu substanțe lângă mine, o inhalam pe toată. Așa ajunsesem. Deseori veneam acasă drogată sau cu ochiul vânăt și mă certam cu mama. Tatăl meu plecase deja demult de acasă, însă răul fusese făcut. Mama vedea semne de violență pe corpul meu după ce mă înhăitam cu cineva și nu știa ce să facă.

— Ești exact ca tatăl tău! îmi spunea ea în spaniolă. *„Hija del Diablo!"* Ești fiica Satanei.

Eram amândouă furioase una pe alta. Eu o învinovățeam că nu își apărase copiii și, mai ales, că nu se apărase pe sine. Ea mă învinovățea pentru că ajunsesem pe străzi și pentru că devenisem violentă ca tata.

Dar mama era o femeie curajoasă. Deși era scundă ca mine, nu-i era teamă să vină să mă caute dacă auzea că am intrat în necaz. Era singura mamă care avea curajul să bată la ușa casei unde își avea sediul banda noastră, și chiar în timpul unui schimb de focuri între bande, venea să mă caute dacă știa că am probleme.

Dar mama era o femeie curajoasă. Nu-i era teamă să vină să mă caute dacă auzea că am intrat în necaz.

Nu i se permitea să intre în casă, dar aceasta nu o împiedica. Deși gloanțele zburau peste tot și polițiștii împânzeau locul, tot mă căuta și, dacă mă găsea, încerca să mă târască acasă.

Eu o prindeam de haine și-i spuneam: „Trebuie să pleci de aici! Du-te acasă! Nu poți sta aici!"

Dar ei nu îi era teamă. „Ce glonț ar vrea să mă lovească?", întreba ea. Era dispusă să facă orice era nevoie pentru a mă lua de pe străzi.

Într-o zi, s-a dus la tribunalul de familie și a obținut un mandat pentru arestarea mea. Eram acasă la o prietenă, iar mama și-a dat seama unde mă aflam. A sunat la poliție, le-a dat mandatul de arestare, iar ei m-au arestat. În timp ce mă urcau în mașină, furioasă, înjuram și strigam la ea:

— Cum ai putut să-mi faci asta? Ești mama mea! am țipat eu.

Cu toată activitatea bandei mele, nu fusesem niciodată arestată, nu fusesem niciodată prinsă pentru nimic. Iar acum propria mea mamă era cea care a chemat poliția! M-au trimis la o închisoare pentru minori din Bronx, unde am stat șase luni. Când am ieșit, m-am dus direct pe străzi.

Mama căuta să obțină ajutor ori de câte ori putea. Prietena ei cea mai bună era implicată în Santeria, o religie latină satanică ce practica voodoo, spiritism, întâlniri cu persoane numite medium și prezicerea viitorului. Prietena ei mă cunoștea de când eram mică. I-a spus mamei să cumpere anumite uleiuri și plante și apoi să îmi facă o baie spirituală. Prietena ei i-a promis mamei că aceasta îmi va schimba viața. Mama era disperată, așa că a cumpărat lumânări și statui de sfinți; unele erau foarte mari. Și-a făcut un altar în camera ei și a pus uleiurile și lumânările pe altar, împreună cu statuile. Pe atunci, nu aveam nicio bănuială, deoarece mama era catolică și mulți catolici țineau statui prin casă.

Însă apoi a început să îmi facă băi. La început, m-am opus. Dar începea să plângă, așa că, în cele din urmă, am lăsat-o să îmi facă. Veneam acasă la trei sau patru dimineața, pentru că stătusem afară și mă drogasem toată noaptea, iar dimineața ea insista să intru în cadă. Îmi ungea părul și fruntea cu ulei, îmi tampona corpul cu plante și repeta rugăciunile pe care i le dăduse prietena ei. Uneori adresa rugăciunile Sfintei Barbara sau Sfântului Lazaro – întotdeauna către sfinți de care nu auzisem niciodată. Rugăciunile erau în spaniolă, deoarece mama nu vorbea engleză. Apoi lua o bucată de hârtie cu numele meu pe el, o vâra sub statuie și aprindea lumânări în jurul ei, rostind și mai multe rugăciuni.

Curând, am ajuns să fac băi în fiecare zi. În acea perioadă mă drogam și mai mult, și nu-mi păsa de băi atâta timp cât mă lăsa în pace. A continuat așa ani de zile. Chiar și când eram pe străzi, ea făcea practici ciudate acasă. La noi acasă au început să vină oameni, iar ea și prietena ei țineau ședințe de spiritism. Nu știu ce făceau la aceste întâlniri, deoarece nu am luat parte niciodată. Dar mama mea a devenit tot mai implicată. A început să ofere fructe în numele meu, ca sacrificiu. Veneam acasă la trei dimineața și găseam mere, portocale și banane peste tot în jurul statuilor. Dacă vreo portocală arăta bine, o mâncam. Am început să mă întreb dacă nu cumva mama o luase razna.

Când am mai crescut, umblam mai mult drogată. Încă mai umblam cu banda. Lucrurile nu se schimbaseră în cazul meu, dar se schimbaseră în cazul mamei. O altă prietenă a ei, o creștină născută din nou, îi vorbise despre Dumnezeu. Mama a început să frecventeze o biserică penticostală spaniolă în care L-a primit pe Isus Cristos ca Mântuitor al ei. A început să se roage pentru mine în fiecare seară. A început să îmi vorbească despre biserică și despre ceea ce învăța ea acolo,

Parcă ceva din mine, o forță spirituală întunecată, nu mă lăsa să mă duc.

dar eu nu doream să știu nimic despre acest Isus despre care ea vorbea într-una.

În următoarele câteva luni, a aruncat toate statuile. Într-o zi, când am ajuns acasă, am văzut-o spărgând cu ciocanul o statuie și spunând: „În numele lui Isus!" În altă zi, cei din biserica ei au venit la noi și ne-au sfințit casa. *De data asta mama chiar o luase razna.*

Încerca să mă ia cu ea la biserică, dar, de obicei, refuzam. Parcă ceva din mine, o forță spirituală întunecată, nu mă lăsa să mă duc.

Mama continua să mărturisească despre Dumnezeu și, de câteva ori m-am dus la biserică împreună cu ea, însă, de câte ori se făcea invitația de a-L accepta pe Isus ca Mântuitor, plecam. Nu puteam să stabilesc o legătură între mine și acest Isus.

Între timp, viața mea s-a înrăutățit. Foarte tare. Eram foarte furioasă, iar furia mea prelua controlul. Nu mai doream doar să mă bat în bandă, doream să rănesc oameni. Doream să văd sânge, să ucid. Doream să ucid pe toată lumea. Era doar o problemă de timp până aveam să explodez într-un atac de furie criminală.

Simțeam că ceva preluase controlul asupra mea, că nu mai eram eu însămi. Uneori aveam atacuri de violență în care încercam să sparg totul din casă. Deși nu o atingeam niciodată pe mama, luam veiozele și le trânteam de podea, smulgeam lucrurile de pe pereți, răscoleam și aruncam totul, rupând lucruri cu propriile mele mâini. Dădeam vina pe droguri și pe bandă pentru furia mea necontrolată, dar era mai mult un fel de putere, o putere întunecată care mă controla. Nu știam ce este sau ce îmi făcea.

Din cauza conexiunilor mele cu banda, eram cunoscută în școli, în cartiere și în Bronx. Când mama a auzit despre o fată de vârsta mea, Annie, care fusese mântuită, s-a gândit că poate Annie mă cunoștea. Așa că mama a sunat-o pe Annie, implorând-o să mă ajute. Și Annie se drogase înainte să-L găsească pe Isus, deci mă cunoștea și pe mine și știa ce stil de viață dusesem. A auzit disperarea mamei mele și a început să mă sune și, astfel, am ajuns să stăm de vorbă.

Annie îmi mărturisea despre Dumnezeu, îmi vorbea despre Isus și mă invita să vin la biserica ei, Brooklyn Tabernacle.

— Nu, nu vin la biserica ta, i-am spus lui Annie.

Însă ea a insistat.

— Mama ta mă sună în fiecare zi, spuse ea. În fiecare zi! Plânge și îmi spune că nu știe ce să facă cu tine. Vino să se roage biserica mea pentru tine. Vino să stai de vorbă cu pastorul meu.

Îi promiteam că mă duc cu ea, dar când venea momentul să mă duc, dispăream și nu mai putea să mă găsească. Am continuat așa luni de zile. Însă, în ciuda minciunilor mele, Annie îmi era o bună prietenă. Am început să îi spun despre lucrurile care se întâmplau în interiorul meu.

Într-o zi, am sunat-o când eram drogată și i-am spus:

— Annie, simt că ceva intră în mine.

— Ce vrei să spui prin „intră în tine?"

— Simt că ceva rău este în interiorul meu. Îmi este teamă. Cred că este din cauza drogurilor.

— Vino cu mine marți la biserică.

— Bine, voi veni cu tine.

Din nou, când a venit ziua de marți, am fugit pe străzi și m-am drogat. Ceva încerca să mă înfrângă în acea după-amiază, așa că am luat câte droguri am putut. Unora nici nu le cunoșteam numele – droguri pe care nu le văzusem niciodată în toți anii în care mă drogasem. Apoi, în acea seară, în timp ce traversam strada, o mașină a oprit lângă mine și Annie a sărit din ea.

— Vii cu mine la biserică! a spus ea.

Am început să ne certăm chiar acolo, pe stradă.

— Nu vin cu tine la biserică! am răspuns, în timp ce ea mă trăgea spre mașină. Nu vin!

Am încercat să mă lupt cu ea, dar eram atât de drogată, că nu m-am mai putut împotrivi.

— Hai! Vino la biserică cu mine! Ai spus că vii.

— Uite ce e, eu mă duc să mă droghez, o să vin la biserică altă dată, am spus eu, încă luptându-mă să scap de ea. Plec chiar acum să mă droghez.

— Dacă vii acum cu mine la biserică acum, îți dau bani.

— Îmi dai bani?

— Doar dacă vii la biserică.

— Dacă vin la biserică, îmi vei da bani? Vorbești serios?

— Da, și poți să faci ce vrei după aceea. Dar vino cu mine la biserică!

Deja parcursesem jumătate din drumul până la mașină. Știam că, dacă Annie îmi dădea bani, îi puteam folosi ca să mă droghez, așa că m-am urcat în mașină. Deși doream banii, am continuat să mă cert cu ea tot drumul până acolo.

Odată ajunse la biserică, ea m-a condus către un scaun din primele rânduri.

— Îmi vreau banii, am spus, înainte să înceapă serviciul.

— După slujba de biserică, a spus Annie.

— O să plec mai devreme!

— Dacă nu stai până la sfârșit, nu vei primi banii.

Am arătat către pastorul care se afla în față (pastorul Cymbala, după cum am aflat mai târziu).

— Vezi acel pastor? am zis. Nu vreau ca el să se roage pentru mine. Vreau doar să stau aici.

Serviciul religios a început. Au cântat ceva și apoi pastorul a vorbit. Annie obișnuia să cânte la cor duminica și, deși nu știam pe atunci, deja le spusese celor din cor că avea să mă aducă la biserică, iar cineva din cor îl anunțase pe pastor.

Pastorul a spus că știa că o tânără care avea mare nevoie de Isus fusese adusă la biserică în acea seară. El dorea ca Annie să o aducă în față, pentru ca întreaga biserică să se roage pentru ea.

— Nu mă duc în față, i-am spus eu lui Annie. Se poate ruga pentru mine în timp ce stau aici.

Dar, cumva, Annie m-a convins să merg în față cu ea. În timp ce mă duceam spre amvon, auzeam în capul meu voci care îmi spuneau că nu mă vor lăsa în pace, că le aparțineam lor. Apoi, am auzit o femeie din biserică rostind numele lui Isus în rugăciune și, deodată, m-am surprins înșfăcându-l pe pastor și atacându-l. L-am apucat de gât și l-am împins, izbindu-l de platforma care se afla în spatele lui. L-am scuipat în față. De două ori. Înnebunisem.

S-a pornit o luptă cruntă: auzeam vocile din capul meu, dar și oamenii rugându-se în biserică.

Deși pastorul era de două ori cât mine, se lupta să se elibereze din atacul meu. În cele din urmă, m-a aruncat de pe el și, căzând la podea, i-am prins gulerul cămășii și i l-am rupt ca și cum ar fi fost un șervețel. Nu-mi amintesc ce s-a întâmplat apoi – nu îmi mai puteam controla corpul – dar zeci de oameni mi-au povestit. În timp ce mă aflam pe podea, din gura mea au ieșit voci – dar niciuna nu era a mea. Era ca și cum veneau de undeva din interiorul meu. Acestea urlau: „Las-o în pace! Las-o în pace! Este a noastră, n-o vei avea niciodată! Niciodată!"

Vocile au continuat să urle în timp ce pastorul s-a aplecat asupra mea. Ochii mi se roteau în cap așa cum numai în filmele de groază poți vedea. Pastorul a spus duhurilor rele să tacă și le-a cerut să plece, în numele lui Cristos.

Apoi s-a terminat. Orice a fost acel lucru care avea control asupra mea, a plecat. Duhurile rele au fugit. Încet-încet, m-am ridicat și am început să plâng. Pastorul Cymbala mi-a ridicat ambele mâini, în timp ce biserica cânta despre sângele lui Isus Cristos.

Am știut că fusesem eliberată. O pace cum nu mai simțisem vreodată s-a lăsat asupra mea.

Aceea a fost noaptea în care am fost eliberată. Am știut că fusesem eliberată. Am simțit că fusesem curățată. O pace cum nu mai simțisem vreodată s-a lăsat asupra mea.

Atunci am realizat că fusesem posedată și că Isus izgonise duhurile rele din mine.

În acea seară, și în următoarele seri, am rămas cu oamenii din biserică. A fost atât de minunat că acei oameni m-au luat în casa lor ca să nu trebuiască să mă întorc în vechiul meu cartier. M-am simțit atât de iubită. Îmi erau greu să accept atâta iubire. Atât de mult timp, limbajul meu fusese ura, violența și suferința. Nu mi-a fost ușor să accept iubirea care venea din partea bisericii și a membrilor săi.

A doua zi, am sunat-o pe mama. Annie îi spusese deja ce se întâmplase cu o seară înainte. Mama a venit să mă viziteze și m-a îmbrățișat.

— Sunt atât de fericită, Diana! M-am rugat continuu! Nu știam ce se întâmpla cu tine.

În cele din urmă, am plecat la un program de tratament. Dar deja viața mea fusese schimbată total. Eram o persoană cu totul nouă. Eram plină de lumina și dragostea lui Dumnezeu. Am început să-L caut și doream să știu mai multe despre El.

Umblasem întotdeauna cu o bandă dură, dar seara aceea la biserică fusese cea mai mare luptă a vieții mele. Cred că diavolul știa că timpul său se apropia. Știa că va fi înfrânt și că voi fi eliberată din controlul lui. În acea marți am fost eliberată de mai mulți demoni. Am fost eliberată și de droguri, și de furie, de ură, de prejudecată și de rebeliune. Într-o secundă, Isus a declarat: „S-a terminat!" De atunci, merg cu Domnul și niciodată nu m-am mai întors înapoi. Din acea seară, nu m-am mai drogat niciodată. Deși încă mai fac greșeli și uneori mai sunt descurajată și singură, acum pot să apelez la Isus.

Diavolul este un mincinos. Niciodată nu renunță la a încerca să fure, să distrugă și să ucidă. Dar cred că Duhul Sfânt a orchestrat lucrurile în seara aceea pentru a mă aduce la Brooklyn Tabernacle. Oamenii s-au rugat pentru mine. Și oamenilor ca mama, Annie și pastorul Cymbala nu le-a fost teamă să lupte pentru mine și să mă iubească chiar și când a fost greu. Prin puterea Duhului Sfânt, viața mea a fost schimbată pentru totdeauna.

În cele din urmă, victoria Îi aparține lui Isus Cristos.

Partea a treia

Când ne predăm Duhului Sfânt

Capitolul 13

Îi iubim pe cei care sunt greu de iubit

Când se nasc bebelușii, personalul de la spital verifică imediat anumite semne vitale. Bebelușul respiră? Plânge? Este plânsul unul sănătos sau de-abia se aude? Cât cântărește nou-născutul? Așa cum respirația, plânsul și greutatea sunt indicatori ai sănătății fizice a copilului, există semne vitale spirituale care ne pot spune cât suntem de sănătoși. Iar semnul vital cel mai important este iubirea.

Când devenim credincioși în Isus Cristos și ne naștem din nou, primim o nouă inimă și un duh nou, promise nouă în noul legământ (Ezechiel 11). Aceasta înseamnă nici mai mult nici mai puțin decât că Duhul lui Cristos locuiește în noi. Fără El, nu există o experiență adevărată de convertire. „Dacă n-are cineva Duhul lui Hristos, nu este al Lui" (Romani 8:9). Dacă Duhul Sfânt din noi este Dumnezeu, și Dumnezeu este dragoste, atunci esența Celui care locuiește în noi este formată din dragoste divină. Nu este de mirare că Isus a spus: „Prin aceasta vor cunoaște toți că sunteți ucenicii Mei, dacă veți avea dragoste unii pentru alții" (Ioan 13:35). Dându-ne Duhul Său, scopul lui Dumnezeu a fost acela de a face posibilă o viață plină de dragoste.

Iubirea nu are favoriți

Când apostolul Pavel a scris bisericii din Colose, a menționat și că I-a mulțumit lui Dumnezeu când a aflat despre „dragostea pe care o aveau pentru toți sfinții" (Coloseni 1:4). Observați cât de mare era sănătatea spirituală a acelei biserici. Nu era măsurată în cifre referitoare la numărul participanților la slujbe sau în clădiri minunate, ci în ceea ce avea cu adevărat importanță înaintea lui Dumnezeu – dragostea. Și nu se referea la dragostea pentru oamenii ușor de iubit sau cu aceeași proveniență etnică. Nu, apostolul se bucura de reputația lor de oameni care îi iubeau pe toți credincioșii. Ce minunat să ai o astfel de reputație într-o lume de necredincioși!

Prejudecățile de cultură, etnie și rasă domină prea mult atmosfera din bisericile noastre, în locul iubirii divine, care nu pune preț pe culoarea pielii. Însă, unele grupuri știu că, pur și simplu, nu sunt în mod special bine-venite în anumite biserici și că de preferat este să rămână cu „cei ca ei." Alții au întâlnit biserici în care spumegă furia și resentimentele dincolo de fațada luminoasă. Se pare că multe biserici construiesc ziduri pentru a-i ține afară pe cei diferiți de ei, în loc să le ureze bun venit fraților și surorilor lor – așa cum a făcut Isus – în iubire. Ne place să vorbim despre iubire, însă rareori despre acea iubire divină care îi cuprinde pe „toți sfinții".

Odată, în timp ce mă aflam în străinătate, un prieten al meu a aranjat o întâlnire cu un mic grup de oameni de afaceri creștini. Acesta dorea ca eu să le împărtășesc o anumită dificultate financiară pe care o avea biserica noastră din cartierul Brooklyn, sperând că aceștia ne vor putea ajuta. Când mi-am terminat scurta prezentare neformală, aceștia și-au expus deschis poziția lor. Deși erau binecuvântați cu mari resurse financiare și deși sărăcia extremă rareori se putea întâlni în țara lor, au spus că ei îi ajutau doar pe cei din „neamul lor". Gândul de a apela, din iubire creștină, la oameni care nu erau ca ei, părea de neconceput.

Oare nu este acesta, deseori, și tiparul nostru subconștient de gândire? Dacă oamenii sunt „diferiți" – nu au culoarea sau etnia noastră, nu fac parte din biserica sau din denominațiunea noastră – problema lor de viață rareori ne atinge inimile. Dar iubirea lui Dumnezeu nu cunoaște astfel de parametri. Iubirea circulă liber și este nesfârșită. Nu recunoaște nicio distincție exterioară și înfrânge orice zid uman de despărțire. Aceasta este iubirea lui Dumnezeu, este chiar esența Lui. Dumnezeu L-a trimis pe Isus într-o lume care era foarte diferită, „opusă" propriei Sale naturi sfinte. Dar iubirea divină are un singur grup țintă – întreaga rasă umană! Iubirea lui Dumnezeu nu are favoriți. Nouă, urmașilor Săi pe pământ, ni s-a dat Duhul Sfânt ca să „urmăm pilda lui Dumnezeu…și să *trăim în dragoste,* după cum și Hristos ne-a iubit și S-a dat pe Sine pentru noi «ca un prinos și ca o jertfă de bun miros» lui Dumnezeu" (Efeseni 5:1–2, subl. aut.).[1]

Iubire ca a unei mame

Mai devreme am menționat acea dimineață petrecută într-o cameră de hotel din Londra în care Dumnezeu a făcut ca anumite pasaje din 1 Tesaloniceni să prindă viață pentru mine. Ca majoritatea pastorilor, îl studiasem pe apostolul Pavel cu speranța de a descoperi secretele unei lucrări atât de eficiente pentru Cristos. Cunoșteam deja mesajul său neschimbător – Evanghelia lui Isus Cristos. De asemenea, analizasem metodologia sa: el depindea total de Duhul Sfânt. În fiecare zi era condus și întărit de puterea Duhului.

Dar, acum, un al treilea adevăr a început să mi se pară evident în paginile Noului Testament – motivația lui Pavel. Amintindu-le credincioșilor de vizita sa în Tesalonic, care a dus la convertirea lor și la înființarea unei biserici creștine, Pavel a scris: „N-am căutat slavă de la oameni: nici de la voi, nici de la alții, deși, ca apostoli ai lui Hristos, am fi putut să cerem cinste. Dimpotrivă, ne-am arătat blânzi în mijlocul vostru, ca o mamă ce-și crește cu drag copiii" (1 Tesaloniceni 2:6–7).[2] Aici, imaginea din originalul grecesc este aceea a unei mame care își dă jos corsajul rochiei și își hrănește copilul la sân. Ce imagine tandră a iubirii și a devotamentului! Când o mamă își alăptează copilul, ea se gândește doar la copil, nu la ea. Pavel a declarat că așa s-a purtat și el în mijlocul lor – toată atenția și grija lui au fost pentru ei, nu pentru el. Motivația apostolului a fost o iubire fierbinte pentru credincioșii din Tesalonic, iubire care putea fi explicată doar prin faptul că însăși iubirea lui Dumnezeu îl stăpânea pe apostol.

Apoi, Pavel continuă: „Astfel, în dragostea noastră fierbinte pentru voi, eram gata să vă dăm nu numai Evanghelia lui Dumnezeu, dar chiar și viața noastră, atât de scumpi ne ajunseserăți" (1 Tesaloniceni 2:8).[3] Vă iubeam atât de mult, a scris Pavel, încât nu doream să vă împărtășim doar evanghelia, ci să vă dăm *propriile noastre vieți*! Nu-i de mirare că mesajele sale au ajuns la inimile oamenilor! Cuvintele sale nu veneau doar din gura sa, ci și dintr-o inimă plină de iubire. Oare ce ar determina un păstor să dorească să dea oamenilor nu doar predicile sale, ci și viața sa? Doar iubirea. El dorea să-și sacrifice viața pentru că acești oameni îi deveniseră atât de dragi, încât niciun cost sau sacrificiu nu era prea mare. Vedem aici un om motivat de cea mai puternică forță din univers – iubirea lui Dumnezeu reiterată în și prin el.

Stând pe podea cu Noul Testament pe genunchi, am plâns. Cât de departe eram de acel tip de slujire! Eram prea preocupat de mine și prea complexat pentru a renunța și a lăsa iubirea lui Dumnezeu să curgă prin mine. În nesiguranța mea, prea des încercam doar să termin predica fără a mă bâlbâi, sperând că, poate, voi primi comentarii favorabile din partea cuiva. Ca o mamă care își alăptează copilul? Gata să îmi dau viața pentru oi? În niciun caz. Îmi vedeam eforturile mecanice, lipsite de iubire, în lumina clară a lui Dumnezeu, iar aceasta m-a ținut mult timp înaintea Lui, în rugăciune. Nu aveam nevoie doar de baterii reîncărcate; aveam nevoie de o repornire spirituală, de un nou mod de viață.

Vedem în Pavel un om motivat de cea mai puternică forță din univers – iubirea lui Dumnezeu reiterată în și prin el.

De atunci, rugăciunea mea a fost întotdeauna ca Dumnezeu să mă ajute să văd oamenii așa cum îi vede El, să simt ceea ce simte El, indiferent de cost. Deși am eșuat de nenumărate ori, aceasta rămâne rugăciunea mea constantă la tronul harului.

O viață vrednică de iubire

Acel tip de iubire nu este rezervat câtorva credincioși aleși sau bărbaților ori femeilor speciale implicate în slujire. Este ceea ce Pavel numește „o viață vrednică de Domnul" (Coloseni 1:10) și este scopul lui Dumnezeu pentru fiecare dintre noi. Acum că prin iubirea Sa ne-a oferit mântuirea, cât de nedemne de El sunt viețile trăite în egoism, certuri și prejudecăți! Și, după toată mila Sa, cum putem să-i mai judecăm pe alții? Aceasta este experiența noastră cu Isus? Oare a sărit El la gâtul nostru când am dat greș? Ne-a pus El pe vreo listă a rataților din cauza greșelilor și a promisiunilor noastre încălcate? Nu, iubirea Sa dăinuiește și se dovedește a fi mai mare decât toate greșelile noastre.

O viață de iubire este modul în care Îi putem „fi plăcuți în orice lucru" (Coloseni 1:10). Deoarece Dumnezeu este o ființă emoțională, El simte bucurie și tristețe la fel ca noi. Cuvintele și faptele noastre zilnice Îi pot produce supărare sau Îl pot emoționa până la a Se bucura de noi cu cântece. Ce idee uimitoare! Astăzi, Îi putem fi plăcuți Dumnezeului Universului. Deși El este dincolo de înțelegerea noastră și este omnipotent, omniprezent și omniscient, inima Lui încă poate fi atinsă de faptele noastre de iubire, chiar și în activități obișnuite. Ce altceva decât iubirea Îl poate mulțumi pe un Dumnezeu al iubirii?

Iubirea este întotdeauna ținta. Iată de ce spune Biblia: „Căci, în Isus Cristos, nici tăierea împrejur, nici netăierea împrejur n-au vreun preț, ci credința care lucrează prin dragoste" (Galateni 5:6). Chiar dacă semnul legământului lui Dumnezeu cu Avraam a fost circumcizia copiilor de sex masculin, acum a răsărit o nouă zi, a fost încheiat un legământ mai bun. Circumcizia, rasa, talentul, banii, faima, educația sau orice altceva pe care noi punem un preț foarte mare devine irelevant în comparație cu iubirea.

Fiecare dintre noi, individual, și fiecare biserică creștină în parte am fost meniți de Dumnezeu să arătăm această iubire, ca semn indiscutabil că Îi aparținem lui Cristos.

Puterea iubirii

O persoană iubitoare sau, și mai bine, o biserică plină de iubire are o putere imensă de influențare a oamenilor pentru Dumnezeu. Acum câțiva ani, o familie mai în vârstă dintr-un stat din sud a vizitat biserica noastră. Aveam un prieten comun și familia a venit în biroul meu după serviciul religios pentru a ne cunoaște. Amândoi păreau puțin emoționați în timp ce discutam și în curând am aflat și de ce.

— Pastore, a spus bărbatul, aș vrea să-ți spun ceva înainte de a pleca. Noi frecventăm o biserică foarte conservatoare și serviciul la care tocmai am asistat a fost foarte diferit pentru noi. Însă a fost mai mult decât cântecele interpretate la un volum ridicat, mâinile ridicate și emoția evidentă a bisericii voastre. Înțelegem aceste lucruri și am fost binecuvântați de toate acestea. Dar, vedeți – continuă el după o pauză – cu vocea tremurândă, noi niciodată nu ne-am închinat împreună cu negri și latini, niciodată în viață!

Apoi a continuat:

— În plus, când i-ați îndemnat pe oameni să se salute între ei, tot felul de oameni necunoscuți m-au îmbrățișat ca și cum aș fi fost fratele lor.

Acum, ochii acestuia se scăldau în lacrimi:

— În dimineața aceasta, am simțit mai multă iubire din partea străinilor decât am simțit vreodată în biserica mea de acasă, în ultimii treizeci de ani!

Ce binecuvântare! N-a menționat deloc predica mea sau modul în care a cântat corul. Ceea ce i-a atins inima și i-a deschis ochii a fost iubirea lui Dumnezeu care se revărsa dincolo de toate opreliștile care fuseseră cu atenție (și religiozitate) ridicate în zeci și zeci de ani din viața sa. Iubirea pe care a simțit-o el în acea zi nu era o lecție pe care să o predai unei congregații: „Cât despre dragostea frățească, n-aveți nevoie să vă scriem, căci voi singuri ați fost învățați de Dumnezeu să vă iubiți unii pe alții" (1 Tesaloniceni 4:9). Dumnezeu este instructorul și decanul studenților la școala iubirii. Pentru noi, El face ca această lecție să fie uimitor de clară: „Dumnezeu este dragoste și cine rămâne în dragoste rămâne în Dumnezeu, și Dumnezeu rămâne în el" (1 Ioan 4:16). Iată un lucru la care trebuie să ne gândim toți.

Discuțiile (nu certurile) doctrinare au rolul lor. Însă nu calvinismul, penticostalismul sau evanghelismul nostru, și niciun alt „ism" nu dovedesc că trăim cu Dumnezeu. Ci iubirea. Mi se pare că așa-numitele conflicte culturale care au loc în numele lui Dumnezeu și al moralității pot deseori să nască mai multă amărăciune decât iubire. Aceasta încalcă scopul mesajului lui Isus: „Dragostea nu face rău aproapelui: dragostea deci este împlinirea Legii" (Romani 13:10). Desigur, nu suntem noi primii care au nevoie de o corectare a atitudinii. Când Pavel le-a scris corintenilor pentru a le răspunde dacă pot sau nu să consume mâncarea jertfită idolilor, el și-a început răspunsul cu comentarii asupra tonului conversației. „În ce privește lucrurile jertfite idolilor, știm că «toți avem cunoștință». Dar cunoștința îngâmfă, pe când dragostea zidește" (1 Corinteni 8:1).

Nu realizăm nimic atunci când ne certăm cu ceilalți într-un mod lipsit de iubire. Lumea exterioară privește și spune: „Dacă așa sunt creștinii, nu vreau să am de-a face cu ei!" Dacă dorim ca necredincioșii să fie atrași de creștinism, trebuie să ne purtăm cu iubire. Isus a fost prietenul păcătoșilor. Iubirea a fost cea care i-a atras pe oameni la El. Oamenilor le plăcea să stea în preajma Lui. Mă întreb câți necredincioși ar putea să spună același lucru despre noi. „Cine rămâne în dragoste" – acesta este examenul final pentru fiecare din noi. Dumnezeu să ne ajute să ne amintim mereu acest lucru.

„Cine rămâne în dragoste" – acesta este examenul final pentru fiecare din noi.

Dragoste în Duhul

Poate că cea mai dificilă întrebare la care trebuie să răspundem este modul în care au dezvoltat acei credincioși din Colose o dragoste puternică pentru toți credincioșii? Cum a ajuns Pavel să-i pese de oameni fără urmă de egoism, asemenea unei mame care alăptează, dornic de orice jertfă, dacă era necesară, pentru binele lor spiritual? Pavel ne dă răspunsul când explică faptul că un alt apostol i-a spus despre *„dragostea voastră în Duhul"*. Credincioșii din Colose nu aveau o iubire care să-și aibă rădăcinile pe pământ; era iubirea Duhului Sfânt, iubire care înlocuia limitările lor umane și tendințele lor firești. Era o iubire supranaturală, deoarece Îi aparținea lui Dumnezeu – Dumnezeu – Duhul Sfânt.

Aceasta este o lecție importantă pentru noi. Majoritatea știm că Cristos este modelul perfect de iubire. Cunoaștem mesajul din 1 Corinteni 13 despre superioritatea iubirii, și știm că Dumnezeu este iubire. Dar ceea ce facem noi este să ne străduim, în mod nesocotit, să iubim prin propriile noastre eforturi, cu puterile noastre. Facem încercări deliberate, bine intenționate, de a ne învinge obiceiurile egoiste și antipatia naturală pe care o simțim față de oamenii ciudați, respingători. Însă, când reacționăm fără bunătate și simțim că am dat greș, revenim iar la planul inițial, convinși că, dacă vom face eforturi mai mari, sau dacă citim mai mult Biblia, îi vom iubi mai mult pe ceilalți.

Dar Pavel a vorbit despre „dragostea în Duhul", total diferită de abilitatea noastră umană. Amintiți-vă de învățăturile sale date galatenilor: „Roada Duhului este dragostea" (Galateni 5:22). Dragostea este un rod care crește în interiorul nostru, dintr-o sursă supranaturală. Nu este dragostea care ne aparține nouă și totuși este, deoarece Duhul lucrează în noi atât pentru a ne da voința, cât și înfăptuirea unor lucruri pline de iubire pe care le gândește El. Nu veți auzi niciodată de un măr care se luptă să producă fruct. Atâta timp cât sevele curg prin măr, merele se vor forma și vor înflori. La fel este cu Duhul Sfânt și cu iubirea. El este viața noastră și El produce rodul – nu noi. De aceea a fost trimis să locuiască în noi.

Cum ar fi putut Ștefan să declare, în timp ce era omorât cu pietre: „Doamne, nu le ține în seamă păcatul acesta!" (Fapte 7:60)? Ce altceva îl putea face pe Pavel să compare iubirea sa pentru tesaloniceni cu aceea a unei mame care își alăptează copilul? Sau să spună că este gata să își dea viața pentru ei? Doar dragostea lui Dumnezeu putea să îl facă să îi iubească astfel.

Fără miracolul iubirii lui Dumnezeu, viața are modul ei de a ne împietri pe toți. Devenim niște bătrâni cinici, acri, fără strălucirea „primei iubiri" pe care am trăit-o la începutul vieții noastre în Cristos. Și acesta nu este un lucru negativ doar pentru noi, ci și pentru cauza lui Cristos într-o lume care ne privește. Dar nu este necesar ca lucrurile să fie astfel: „Ei aduc roade și la bătrânețe; sunt plini de suc și verzi" (Psalmul 92:14).

Să cerem un botez proaspăt cu iubirea lui Dumnezeu. Și să umblăm în acea iubire pentru ca oricine ne întâlnește să poată privi pentru o clipă în inima lui Dumnezeu.

Capitolul 14

Dorim comuniunea

Ați întâlnit vreodată un tată care nu îi mai vorbește fiului? Au fost apropiați cât timp fiul a fost la ei în casă, dar apoi s-au certat, s-au spus anumite cuvinte și nu și-au mai vorbit de atunci. Poate cunoașteți o femeie care nu se înțelege cu sora ei. Conversațiile dintre ele sunt reținute și încordate. Poate între cunoscuții dumneavoastră există familii în care soțul și soția, deși încă trăiesc sub același acoperiș, nu comunică și nu se bucură unul de compania celuilalt.

Aceste persoane au o relație și au chiar documente legale care să o dovedească: un certificat de naștere sau de căsătorie. Dar există *comuniune* între ei? Cum poate fi semnificativă o relație dacă nu există cel puțin un sentiment de camaraderie sau intimitate între părți?

Noi, creștinii, avem o relație cu Dumnezeu. El este Tatăl nostru și noi suntem copiii Lui. Dar doar pentru că avem o relație nu înseamnă neapărat că avem acel gen de relație pe care l-a planificat Dumnezeu pentru noi.

Importanța comuniunii

Când citim scrierile unor importanți lideri creștini de acum o sută de ani sau chiar mai vechi, observăm că au pus un accent puternic pe comuniunea reciprocă între Domnul și credincioșii Săi. Aceștia au scris nu doar despre a petrece timp în laudă și mulțumire, sau adresându-I cereri, ci și așteptând în prezența Lui, ascultându-I vocea. Comuniunea cu Dumnezeu înseamnă mai mult decât a veni la biserică duminica; înseamnă a petrece timp singur cu Dumnezeu.

Nu avem un model mai bun pentru aceasta decât pe Isus, care „Se ducea în locuri pustii și Se ruga" (Luca 5:16). Deși Fiu al lui Dumnezeu, Isus considera că este necesar să petreacă timp singur cu Dumnezeu în rugăciune, pentru a discerne ceea ce dorea Tatăl de la El. Cum altfel ar fi putut să știe cât timp să rămână în Capernaum sau în Ierusalim, dacă nu afla de la Domnul? Cu siguranță, Isus nu a vorbit și nu I-a adresat cereri lui Dumnezeu în orele în care rămânea singur. În schimb, asculta ce Îi spunea Tatăl, care Îl călăuzea și care Îi transmitea fiecare subiect al învățăturilor Sale: „Și cuvântul pe care-l auziți nu este al Meu, ci al Tatălui, care M-a trimis" (Ioan 14:24).

În timpul comuniunii cu Tatăl, Isus a fost îndrumat să aleagă doisprezece oameni care să fie urmașii Săi. „În urmă, Isus S-a suit pe munte, a chemat la El pe cine a vrut și ei au venit la El. A rânduit dintre ei doisprezece, ca să-i aibă cu Sine și să-i trimită să propovăduiască. Le-a dat și putere să vindece bolile și să scoată dracii" (Marcu 3:13–15). Este interesant de observat primul motiv pe care îl oferă Marcu pentru chemarea celor doisprezece. *Ca să-i aibă cu Sine.* Când Isus chema pe cineva, comuniunea venea înaintea lucrării de slujire.

Spre deosebire de apostoli, noi nu putem petrece timp cu Isus pe munte și nu ne putem întâlni cu El pentru a merge la pescuit. Pentru noi, acea comuniune poate avea loc doar prin persoana Duhului Sfânt.

În Efeseni, Pavel spune că, prin Isus, atât evreii, cât și neamurile „au intrare la Tatăl, într-un Duh" (Efeseni 2:18). Cu alte cuvinte, datorită jertfei lui Isus pe cruce, acum avem Duhul care ne aduce în prezența lui Dumnezeu. Lucrarea activă a Duhului Sfânt face ca părtășia cu Dumnezeu să fie o experiență reală, profundă, care ne întărește sufletele.

Cele mai rele zile din viața mea nu au avut loc pentru că mi-am pierdut relația cu Dumnezeu, ci pentru că nu mi-am făcut timp pentru comuniune – comuniune prin Cuvânt, comuniune în rugăciune. Comuniune așteptând prezența lui Dumnezeu, vorbind cu El sau ascultând vocea Lui. Când alergăm încolo și încoace neîncetat, devenim slabi; avem mai puțină credință, mai puțin har și mai mult stres. Însă, umblând cu Isus, stând în prezența Lui, suntem ajutați să avem mai multă pace și bucurie.

El îmi trezește urechea să ascult

Atunci când petrecem timp cu Dumnezeu, trebuie să ne dorim mai mult decât a-I prezenta o listă de cereri – trebuie să ascultăm vocea Lui. Odată, cineva a spus: „Ce este mai important? Ca noi să Îi adresăm lui Dumnezeu cererile noastre, pe care El deja le cunoaște mai înainte ca noi să I le spunem, sau să ascultăm vocea Lui, să auzim ce este în inima *Lui*?"

Știu că unii oameni nu cred că noi putem auzi vocea lui Dumnezeu. „Ceea ce avea de spus, El a spus deja în Biblie." A pretinde că auzim vocea lui Dumnezeu, susțin ei, este fanatism religios sau o formă de emoționalitate înfiorătoare. Dar istoria Bisericii creștine neagă total această părere. Cum altfel oameni ca misionarul britanic Hudson Taylor – care, petrecând timp cu Domnul, a simțit că El i-a pus pe inimă să plece în China – au putut duce Evanghelia la oamenii păgâni din Asia? De fapt, cum ar fi putut orice misionar să facă ceva măreț pentru Domnul dacă Dumnezeu nu le-ar fi comunicat mai întâi ce să facă? Nu există niciun verset în Biblie care să spună: „Du-te în Bangladesh!"

Deși știm toți că Biblia este completă, Dumnezeu încă vorbește.

Deși știm toți că Biblia este completă și că Dumnezeu nu vorbește pentru a înlocui doctrina sau a comunica la același nivel al Scripturii, El totuși vorbește.

Este posibil ca El să trimită cuvinte vitale de avertizare sau mesaje acuzatoare, cu aplicare personală. Uneori poate fi un cuvânt de călăuzire – legat de calea pe care trebuie să o urmăm. Acea cale poate fi auzită doar de o ureche ce știe să asculte și de o inimă deschisă.

Unul dintre pasajele mele preferate se găsește în Isaia:

> Domnul Dumnezeu Mi-a dat o limbă iscusită,
> ca să știu să înviorez cu vorba pe cel doborât de întristare.
> El Îmi trezește în fiecare dimineață,
> *El îmi trezește urechea, să ascult* cum ascultă niște ucenici.
> (Isaia, 50:4, subl. aut.)

Isaia spune că Domnul a fost Cel care l-a învățat ce să spună, în special cuvinte care-l înviorează pe cel doborât de întristare. Dar aceasta s-a întâmplat deoarece, dimineața, urechile lui spirituale erau gata să asculte. Deși Isaia a descris propria sa experiență, istoria a dovedit că oricine care Îi aparține Domnului – chiar și femeile casnice, învățătorii sau șoferii de camion – se poate bucura de binecuvântarea acestui tip de părtășie, dacă are o ureche gata să asculte.

Pe vremea când un alt profet, Samuel, era la vârsta tinereții, a crezut că a auzit vocea învățătorului său, Eli, strigându-l pe nume. De fapt, era Domnul, dar Samuel nu cunoștea încă vocea Domnului. După ce Samuel s-a dus la Eli de trei ori, Eli l-a învățat pe Samuel să spună: „Vorbește, Doamne, căci robul Tău ascultă!" Mai târziu, tot Israelul s-a strâns la Samuel pentru a auzi cuvântul Domnului pe care Samuel îl primise stând în părtășie cu El. În comuniunea cu Dumnezeu a primit Moise cele zece porunci și planurile de construcție a Cortului. Altă dată, ascultând vocea Domnului, David a primit instrucțiuni cu privire la construirea templului pe care fiul său Solomon avea să-l ridice. Dumnezeu vorbește celor care ascultă.

În era Noului Testament, un credincios simplu numit Anania a primit instrucțiuni de la Cristos să se ducă la Saul din Tars, recent convertit, și să-i propovăduiască Evanghelia. Anania nu era profet, iar ceea ce a auzit de la Dumnezeu nu era un mesaj despre o nouă doctrină, era un îndemn personal. De ce nu ar dori Duhul Sfânt să îl călăuzească pe credinciosul creștin și astăzi?

Petrecând timp ascultând vocea lui Dumnezeu, putem fi învățați ce să spunem și ni se pot da anumite cuvinte pentru acea zi. Uneori ni se transmite un sentiment general sau o secțiune dintr-un verset care ne pregătește inima pentru lucrurile cu care în curând ne vom confrunta. Alteori, Dumnezeu ne poate da un anumit verset, o frântură de înțelepciune sau un cuvânt de încurajare pe care îl putem da mai departe cuiva cu care ne întâlnim în acea zi. Dar urechea ascultătoare și limba instruită vin doar din momentele de comuniune cu Domnul. Vin atunci când ascultăm, nu atunci când vorbim.

Un om care știa să asculte

Timp de mai multe săptămâni, am observat un bărbat înalt, chipeș, participând la întâlnirile noastre de rugăciune de marți seara. Îl văzusem prin biserică în treacăt și auzisem câte ceva despre el. Știam că, în fiecare zi, el venea de la o distanță mare pentru a face voluntariat la biserică. La întâlnirile săptămânale de rugăciune îl vedeam ghemuit într-un colț pe podea, uneori sprijinit de un perete, alteori îngenuncheat, dar întotdeauna în așteptare. Chiar și după ce pleca toată lumea, el era tot acolo. Eu însumi mă rugam alături de ceilalți sau stăteam în așteptare să aud vocea lui Dumnezeu. Îl vedeam pe acest tânăr stând acolo, dar nu știam ce se întâmpla. Prin postura și atitudinea sa rugătoare, simțeam că este un om delicat, care știa să asculte. Ce asculta el? Ce căuta el? Apoi am aflat întreaga sa poveste și am înțeles că acesta era un tânăr a cărui inimă știa să asculte.

Todd Crews a crescut într-o familie iubitoare de baschet, într-un orășel din sudul statului Indiana. Pe aproape toată durata liceului, el a fost mai interesat de petreceri decât de religie, însă, când mama sa și-a predat viața lui Isus, aceasta a transformat întreaga familie. Todd a devenit și el creștin în ultimul an de liceu. Știa că vrea să meargă la universitate, dar, cu două luni înainte de absolvire, încă nu se decisese unde. S-a rugat cu privire la acest lucru și a simțit că Dumnezeu îl călăuzea către o universitate creștină. A făcut cerere de înscriere și a fost admis la Palm Beach Atlantic University din Florida.

În al doilea an de studiu la universitate, Todd a vizitat New York City. El a relatat: „Am auzit despre o biserică, Brooklyn Tabernacle, în jurul căreia se formau cozi de oameni care așteptau să intre. Nu auzisem niciodată despre așa ceva, așa că m-am dus să mă conving." În timp ce participa la slujbă, Todd a fost mișcat de închinare, de oamenii pe care i-a întâlnit și de iubirea pe care a simțit-o. „Am fost copleșit de prezența lui Dumnezeu și, în timp ce mă aflam acolo, am simțit că Dumnezeu îmi vorbea. Nu știam că Duhul lui Dumnezeu putea să fie atât de viu într-o biserică. Nu era producție. Nu era distracție. Erau, pur și simplu, oameni care se închinau și care erau însetați să-L cunoască mai mult pe Dumnezeu."

Todd a petrecut vara de dinaintea ultimului său an la facultate rugându-se și căutând voia lui Dumnezeu pentru viața sa. În timp ce prietenii lui se hotărâseră cu privire la slujbele lor, Todd nu era sigur ce o să facă sau unde o să se ducă. „Pe la jumătatea studiilor universitare, știam că Dumnezeu mă chema către o slujire cu normă întreagă, dar nu știam în ce calitate", a spus Todd. „Eram complet deschis și Îi spuneam lui Dumnezeu că voi face orice dorea El, că mă voi duce oriunde dorea El să mă duc sau că voi rămâne și voi lucra în lucrarea în care eram deja implicat." Încă o dată, cu două luni înainte de absolvire, Todd a auzit glasul lui Dumnezeu. Aceasta a avut loc în timpul unei căutări intense a voii lui Dumnezeu pentru viața lui, într-o rugăciune în care a plâns înaintea Domnului, pe plajă. Todd L-a auzit pe Dumnezeu spunând: „Du-te la Brooklyn și slujește!"

„Aceasta a fost tot", a spus Todd. „A fost foarte vag, și nu au fost alte detalii. Nu m-am putut abține să nu mă întreb dacă nu cumva eu am fost cel care am gândit acest lucru. Participasem la o singură slujbă la Brooklyn Tabernacle, în timpul vizitei mele în New York, cu trei ani în urmă, și știam că nu era genul de biserică dispusă să afișeze online slujbele disponibile. Așa că nu am spus nimănui ce am auzit și am continuat să mă rog și să Îl întreb pe Dumnezeu dacă mesajul fost cu adevărat de la El."

Câteva săptămâni mai târziu, Todd s-a întors în Indiana și a participat la un turneu de baschet împreună cu tatăl său. Tocmai se pregăteau de plecare, când cineva le-a oferit, întâmplător, bilete pentru meciul din seara aceea în care juca Indiana Pacers. Meciul începea peste cincisprezece minute. Au acceptat și au plecat către terenul de joc. După ce și-au găsit locurile, Todd a început o conversație cu bărbatul de lângă el. A aflat că numele acestuia era Richie McKay. Era antrenorul principal de baschet de la Universitatea din New Mexico, și era și creștin. În timpul meciului au discutat despre multe lucruri și, apoi, la un moment dat, Richie l-a întrebat pe Todd:

Nu am spus nimănui ce am auzit și am continuat să mă rog și să Îl întreb pe Dumnezeu dacă mesajul fost cu adevărat de la El.

— Ce vei face după ce termini facultatea?

— Păi... este o biserică în Brooklyn și m-am gândit să mă duc acolo să văd dacă pot ajuta cumva.

— Cum se numește biserica?

— Brooklyn Tabernacle.

— Serios? Am un prieten bun care lucrează acolo, și se află chiar acum în Indianapolis. Ar trebui să vă întâlniți.

A doua zi, Todd s-a întâlnit cu Craig Holliday, unul dintre membrii personalului nostru. „Pur și simplu i-am împărtășit ce era în inima mea", a spus Todd. „I-am spus că doream să fac parte din ceea ce făcea Dumnezeu acolo și că aș putea veni chiar să fac curat în toalete, dacă asta însemna să fac parte din lucrare."

— Minunat! a spus Craig, oferindu-i lui Todd cartea sa de vizită. Sună-mă când ajungi acolo.

„Știam că nu era o ofertă de angajare, dar era confirmarea de care aveam eu nevoie, că mesajul fusese de la Dumnezeu, nu ceva ce inventasem în mintea mea."

Reîntors în Florida, Todd a absolvit universitatea, după care, cu mașina ticsită de bagaje, s-a îndreptat spre New York City.

Părinții lui locuiau deja în West Point, în nordul statului New York, așa că s-a dus să locuiască cu ei. În ziua în care a ajuns, l-a sunat pe Craig și au stabilit o întâlnire pentru prânz, în Brooklyn. Era un drum de aproape nouăzeci de kilometri care îi lua două ore și jumătate doar dus. „M-am dus să iau prânzul cu el, dar nu era nicio oportunitate de a primi vreo slujbă. Însă Craig s-a oferit să mă prezinte mai multor persoane și m-a invitat să vin la un serviciu religios." Todd a fost dezamăgit, dar a acceptat oferta și, astfel, a cunoscut mai mulți membri ai bisericii noastre. În cele din urmă, a fost invitat să facă voluntariat la biblioteca centrului educațional al bisericii.

„Nu era chiar de făcut curățenie în toalete", a spus Todd, „dar trebuia să lipesc etichete pe fiecare carte din bibliotecă. Era o cameră destul de mare, plină de cărți, iar eu stăteam acolo singur, timp de opt ore pe zi, lipind etichete." Însă Todd petrecea timpul cu folos. Asculta predici pe computer, se ruga și aștepta ca Dumnezeu să-i vorbească. „Am început să cunosc oamenii, iar ei au început să îmi dea tot mai multe responsabilități." Todd a început să predea și ore, dar și să dea meditații elevilor în cadrul centrului.

După o navetă de trei luni, în care petrecea cinci ore dus-întors la volan, pentru o slujbă de voluntariat, Todd s-a descurajat. „M-am întrebat ce făceam acolo și dacă această slujbă avea să devină altceva." În acea perioadă, ginerele meu, Pastorul Brian Pettrey, a auzit despre slujirea lui Todd și l-a invitat să vină să locuiască cu familia lui. Todd a refuzat la început, nedorind să deranjeze pe nimeni. Dar Brian n-a acceptat refuzul lui și, în cele din urmă, Todd s-a mutat la ei.

„Am stat cu familia lui șapte luni", a spus Todd. „Aceasta s-a dovedit a fi una dintre cele mai frumoase experiențe din viața mea deoarece a însemnat o mare oportunitate pentru mine să învăț. L-am văzut pe Brian în rolul de pastor, tată și soț și am văzut cum funcționa o familie ce Îl are pe Cristos în centru ei."

Într-o zi, l-am chemat pe Todd în biroul meu pentru că aveam în cele din urmă o oportunitate pentru el. Doream ca el să lucreze cu fiica mea, Susan, ca să reorganizeze BT Kids – lucrarea noastră pentru copii. Am văzut dezamăgirea din ochii lui. Mai târziu, mi-a spus: „Îmi plăceau copiii, dar nu doream să mă implic în lucrarea cu ei. Nu credeam că am abilitățile necesare pentru așa ceva și, cu siguranță, dorința mea nu era să lucrez cu copiii."

Câteva săptămâni mai târziu, a venit la mine și m-a întrebat dacă nu ar putea să facă altceva. Dar nu aveam alte oportunități disponibile și vedeam deja impactul pe care îl avea implicarea lui, așa că l-am rugat să rămână acolo. Todd continua să Îl caute pe Domnul și să asculte vocea Lui. Din nou, prin așteptare și ascultare, Todd L-a auzit pe Dumnezeu vorbind. „Am simțit că El îmi spunea că trebuie să fac asta atât timp cât era nevoie, pentru că aceasta mă va face să fiu mai mult ca El." Dar altceva s-a întâmplat în acest proces; Dumnezeu i-a dat lui Todd o inimă pentru copii: „Am început să mă dedic cu toată inima și am devenit cu adevărat pasionat de copii."

În următoarele câteva luni, Todd s-a oferit voluntar și în lucrarea cu tinerii. „Această lucrare mă pasiona cu adevărat." Mai târziu, când pastorul care conducea această lucrare a plecat, l-am rugat pe Todd să preia conducerea. „Chiar m-a surprins", a spus Todd. „Era o lucrare pentru tinerii cu vârste între nouăsprezece și treizeci de ani, iar pe atunci eu aveam doar douăzeci și trei. Eram tânăr și neexperimentat, dar îmi plăcea să-i slujesc."

Todd se rugase, așteptase și ascultase mult timp înainte să descopere nișa pe care a creat-o Dumnezeu pentru el. Dar, pentru că el petrecea timp ascultând glasul Domnului și pentru că asculta de glasul Său, speranțele lui s-au realizat. „Au fost atâtea momente în care am fost descurajat, dar Dumnezeu mă făcea să înțeleg că trebuie să rămân acolo unde sunt. «Aici te vreau Eu, nu te îngrijora, totul se va aranja.»" Acum Todd vă va spune că acele experiențe de așteptare, deși grele la acel moment, au fost unele dintre cele mai prețioase experiențe pe care le-a avut. „În timp ce predam acele ore, am cunoscut oameni minunați. Timpul în care stăteam la volan cinci ore zilnic îmi oferea ocazia de a mă gândi la întâlniri, de a mă ruga pentru oameni și de a plânge pentru problemele prin care treceau ei."

Duhul a putut să realizeze lucruri mari prin el deoarece avea o inimă răbdătoare și un duh care putea fi învățat.

Pe măsură ce aflam mai multe despre Todd și priveam povestea sa desfășurându-se, înțelegeam de ce stătea atât de târziu la întâlnirile de rugăciune. Avea nevoie de comuniune cu Dumnezeu, avea nevoie să aștepte, să-i asculte vocea Sa liniștită, tăcută. După ce a slujit cu smerenie și credință din umbră, Todd Crews a fost acum înălțat la un rol de conducere strategică în biserica noastră. Duhul a putut să realizeze lucruri mari prin el pentru că avea o inimă răbdătoare, un duh care putea fi învățat și care I-a permis Domnului să-i pregătească inima pentru ceea ce avea să vină.

Iubirea Tatălui

Lui Martin Luther, preotul din secolul XVI care a inițiat Reforma Protestantă, îi era la început teamă de Dumnezeu deoarece credea că El este un judecător sfânt, dar furios. Iată ce îl învăța legalismul din zilele lui să gândească. Indiferent cât de tare a încercat Martin să Îl mulțumească pe acest Dumnezeu sfânt, dădea greș, se simțea mereu vinovat. Unii dintre noi au aceleași lupte – ne imaginăm că luptăm cu un zeu care este un fel de rege dur și auster ce se bucură să ne pedepsească. Dar Dumnezeu nu este așa. El este un Tată iubitor, plin de milă și răbdare. Fără o înțelegere corectă a ceea ce este El, viața de comuniune intimă cu El este imposibilă.

Îmi place să-mi petrec timp cu nepotul meu, Levi. Îmi place să-l țin pe genunchi și să stau cu el. Nu trebuie să facă nimic; nu este nevoie să îmi spună vreo poezie sau să cânte ca să mă bucure. În mod asemănător, Domnul este acel gen de Tată care Se bucură de familia Lui. El vrea ca noi să venim în prezența Lui deoarece ne iubește și dorește să petreacă timp cu copiii Lui.

În Romani 8, Pavel spune: „Şi voi n-aţi primit un duh de robie, ca să mai aveţi frică, ci aţi primit un duh de înfiere, care ne face să strigăm: «*Ava*!», adică «Tată!» Însuşi Duhul adevereşte împreună cu duhul nostru că suntem copii ai lui Dumnezeu" (v. 15–16). Ce pasaj important! Pavel ne spune că Duhul mărturiseşte, împreună cu duhul nostru – cu fiinţa noastră cea mai intimă – că *noi suntem copiii lui Dumnezeu,* iar El este *Tatăl nostru*. Prin lucrarea Duhului Sfânt, putem *şti,* prin experienţă, că Dumnezeu ne iubeşte. Nu trebuie să ne fie teamă. El nu este doar creatorul omnipotent şi conducătorul universului. El este şi *Abba,* Tatăl, cel mai tandru şi mai iubitor Tată pe care îl poate avea cineva.

Duhul ne asigură că Dumnezeu este Tatăl nostru iubitor. El nu simte nicio furie cu privire la noi, deşi am păcătuit şi L-am dezamăgit de atâtea ori. Pedeapsa noastră bine meritată a fost purtată de Isus pe cruce o dată pentru totdeauna. Din punctul Lui de vedere, nu mai există nicio pată a păcatului care să fie împotriva noastră. Ca orice Tată iubitor, El *Îşi va disciplina* copiii, dar *nu într-un mod judecătoresc*. El ne va disciplina cu iubire, pentru binele nostru, pentru ca noi să devenim precum Cristos în fiecare domeniu al vieţilor noastre.

În timpul momentelor liniştite de comuniune, Duhul Sfânt face ca iubirea lui Dumnezeu să fie vie, nu doar în minţile noastre, dar şi în inimile noastre. Când Duhul lui Dumnezeu acţionează, avem odihnă şi pace. Ştim că nu trebuie să ne străduim pentru a deveni neprihăniţi şi a câştiga acceptarea lui Dumnezeu. Suntem siguri de lucrarea lui Isus Cristos pentru noi pe cruce şi ne putem apropia de Dumnezeu cu îndrăzneală.

Comuniune întreruptă

Există momente, totuşi, când nu mai suntem pe aceeaşi lungime de undă cu Dumnezeu – când nu avem acel tip de relaţie pe care El o doreşte şi de care noi avem nevoie. În acele momente, gândurile mele se îndreaptă către biserica din Laodiceea. Isus le-a spus: „Iată Eu stau la uşă şi bat. Dacă aude cineva glasul meu şi deschide uşa, voi intra la el, voi cina cu el, şi el cu Mine"

(Apocalipsa 3:20). Când Isus a vorbit despre a lua cina împreună, El se referea la dorința Lui de comuniune cu biserica din Laodiceea, dar, dintr-un anumit motiv, El a rămas *în afara ușii*, așteptând să intre. Imaginați-vă tragedia lui Cristos închis afară și separat de credincioșii pentru care a murit pe cruce! Care era remediul pentru ei și pentru noi? Cristos le-a spus să se pocăiască de toate lucrurile care constituiau un zid între ei și El. Aceasta le dădea posibilitatea de a-și deschide inimile în mod liber și a se bucura de o dulce comuniune cu Salvatorul lor.

Îmi place foarte mult acest scurt fragment dintr-un vechi volum care se află în biblioteca mea. Autorul descrie dorința lui Dumnezeu de comuniune și modul în care putem pierde acea intimitate dacă permitem inimilor noastre să se îndepărteze și să se răcească:

> Biserica este slava, coroana, bucuria și deplinătatea lui Cristos; mai presus de orice, El este Domnul ei; în ea Își găsește El plăcerea să locuiască, ca și cum ar fi în „propria Sa casă"; și când oricare din pietrele vii care compun acest templu spiritual se întâlnesc în numele Lui, acolo este și El – „acolo sunt și Eu, în mijlocul lor."
>
> Dar, tot așa cum în mod individual putem să ne purtăm astfel încât să Îl întristăm, și deci, să pierdem sentimentul prezenței Lui în inimile noastre, tot așa Îl putem dezonora în mod colectiv, prin neglijarea cuvântului Său și prin neîncrederea în Duhul Său Sfânt, făcând ca adunările noastre să fie lipsite de putere, moarte; prezența vie a lui Cristos nu poate fi experimentată și comuniunea cu El se poate pierde în totalitate.
>
> Putem fi siguri că, dacă dorim să avem conștiința prezenței Domnului alături de noi atunci când ne întâlnim, trebuie să cultivăm fiecare comuniunea cu El în inimile și în casele noastre. Vom descoperi că cel mai bun mod de a asigura o întâlnire fericită cu sfinții este de a fi fericit cu Domnul Însuși în viața noastră privată.
>
> Așadar, atunci când descoperim că micile noastre adunări sunt reci și lipsite de duh, să ne întrebăm dacă nu cumva

propriile noastre inimi s-au rătăcit departe de Domnul; căci, dacă majoritatea dintre noi vine cu inimi reci, robite firii pământești, întâlnirea noastră va avea parte de monotonia fiecărei persoane care o compun în particular.[1]

Dacă dorim o relație mai intimă cu Dumnezeu, suntem încurajați să ne amintim povestea fiului risipitor. După ce a întrerupt părtășia cu tatăl său și a irosit banii pe o viață desfrânată, fiul s-a întors acasă umil și a cerut să fie doar un slujitor și să locuiască în hambar. Dar tatăl nici n-a dorit să audă. În schimb, l-a îmbrăcat cu o robă, i-a pus un inel pe deget și sandale în picioare. Tatăl nu a dorit să-și mai amintească de greșelile trecute ale fiului; El dorea doar să îl primească în casă, să îl așeze la masa banchetului și să mănânce cu el. Iată ce dorește inima lui Dumnezeu pentru noi astăzi. El L-a trimis pe Fiul Său pentru a ne spăla păcatele și acum Duhul a fost trimis pentru a ne aduce invitația Tatălui: „Vino în casa Mea, așează-te la masa Mea și ia masa cu Mine."

Imaginați-vă că stați la masă cu Domnul nostru – ce seară intimă și slăvită ar fi aceea! Robert Murray M'Cheyne, un pastor din Biserica Scoției din prima jumătate a secolului XIX a spus: „O oră liniștită cu Dumnezeu valorează mai mult decât o viață cu omul." Nu trebuie să ne imaginăm cum ar fi acea masă. Acel tip de comuniune ne este disponibil în orice moment din zi prin Duhul. Tot ce trebuie să facem este să cerem.

Capitolul 15

O viață cuprinsă de teamă și dorința de părtășie: povestea lui Terry

Terry Khem a avut nenorocul de a se naște în Cambodgia la începutul anilor 1970, chiar în momentul în care regimul Khmerilor Roșii era în plin apogeu și ucidea o mulțime de oameni, așa cum a fost reprezentat în filmul *Câmpiile morții*. Vreau să vă avertizez că anumite părți din povestea ei sunt foarte greu de citit; îmi pot doar imagina cât de greu i-a fost să le trăiască. În cele mai grele momente ale vieții ei, Terry tânjea să fie iubită de un tată, dar, pentru că mediul ei era atât de otrăvit de atrocitățile din jur, niciodată nu a găsit acest tip de iubire. Totuși, Duhul a continuat să o atragă către lumină, în ciuda propriilor ei proteste, până ce a experimentat o nouă viață în Cristos și acceptarea pe care a dorit-o întotdeauna. Este impresionant că Terry a putut să ierte atrocitățile comise împotriva ei și, prin puterea Duhului, ea a depășit toate temerile. Astăzi dorește să folosească iubirea și părtășia pe care le-a găsit în Cristos pentru a-i ajuta pe alții care sunt în situații similare.

Terry

Războiul din Cambodgia începuse doar de un an când tatăl meu a dispărut. S-a îmbolnăvit, iar anumite persoane au spus că îl vor duce la spital, dar nu l-au dus. Fie l-au ucis, fie l-au lăsat în junglă să moară. Nu știu ce s-a întâmplat, pentru că nu l-am mai văzut niciodată. Eu m-am născut între anii 1970 și 1972. În țara mea, oamenii nu-și cunosc data nașterii, decât dacă provin dintr-o familie foarte bogată. Dar eu știu că era anul 1975 când a dispărut tatăl meu.

Autoritățile au venit și au luat mulți copii din orașul nostru. Au spus că, dacă un copil poate să mănânce, să meargă și să vorbească, atunci este capabil și să muncească. Într-o zi, au venit și au luat cât de mulți copii au putut și i-au dus în munți, într-o tabără de muncă forțată. Din fericire, mama a fost foarte inteligentă. Când au venit forțele militare, ne-a ascuns pe mine și pe surioara mea ca să nu putem fi luate.

În timpul zilei, în timp ce adulții erau la muncă, inspectorii veneau să verifice dacă cineva ascundea hrană. Sora mea și cu mine ne ascundeam în pod. Stăteam liniștite acolo aproape întreaga zi. După ce inspectorii plecau, ne dădeam jos din pod și ne jucam. Serile eram libere să cutreierăm satul – nu eram descoperite dacă ne amestecam cu ceilalți copii care nu fuseseră luați.

Bărbații și femeile trebuiau să muncească de la ora patru dimineața până aproape de miezul nopții. Între anii 1975 și 1979, n-a fost zi în care oamenii din orașul nostru să doarmă suficient. Și niciodată nu era hrană suficientă. Muncitorii primeau un bol mare de apă, niște orez și un bulgăre de sare. Însă cei care nu munceau, nu primeau mâncare. Sora mea și cu mine trebuiam să o așteptăm pe mama să vină acasă și să ne dea nouă mâncarea ei.

Seara, după ce muncitorii se întorceau acasă, autoritățile țineau, de obicei, o ședință. Dacă în timpul inspecțiilor oficialii descopereau că cineva furase hrană, ascunsese aur sau nu ascultase ordinele, acea persoană era dată drept exemplu negativ.

Autoritățile îi strângeau pe toți în centrul orașului, inclusiv pe copii, și ne obligau să privim în timp ce îi crucificau pe oameni – îi crucificau pur și simplu, băteau cuie în mâinile lor și îi țintuiau pe cruci. Îmi amintesc că am privit cum au crucificat un cuplu pentru că cei doi au refuzat să se căsătorească. La vârsta mea era greu de privit, dar aceasta nu era cea mai rea formă de execuție. Cea care mă îngrozea cel mai tare era când obligau oamenii să sape o groapă și apoi îi împingeau în ea, sau răsturnau un camion cu oameni în ea și îi îngropau de vii. Aceștia se prindeau cu mâinile și râcâiau pământul încercând să se salveze de ceea ce era inevitabil.

Ni se spunea că nu aveam voie să plângem și nici să arătăm compasiune. Dacă ți se făcea rău în timp ce priveai tortura, te ucideau pe loc. Dacă un bebeluș plângea, îl luau de lângă mama lui. În cel mai bun caz, părinții nu mai vedeau niciodată copilul, iar în cel mai rău caz, soldații îl ucideau pe copil chiar în fața mamei. Pe străzi se găseau mereu cadavre. Moartea stăpânea pretutindeni. Dar noi am devenit indiferente pentru că ne antrenam să nu simțim nimic.

Am văzut alți copii, prieteni de-ai mei, murind de foame. Fetița care era vecina noastră mânca din ea însăși pentru îi era foame. Era atât de slabă, încât își mesteca glezna. În cele din urmă, a mâncat din propria gleznă până aceasta i-a adus moartea. Am văzut cum oamenii își ucideau soțiile sau fiicele doar pentru a le mânca. Știam că destinul nostru era moartea, așa că ce importanță avea dacă venea mai devreme sau mai târziu? Nu deplângeam niciodată pierderea unei vieți; singura durere pe care o simțeam era durerea cauzată de foame.

Nu deplângeam niciodată pierderea unei vieți; singura durere pe care o simțeam era durerea cauzată de foame.

La un anumit moment, soldații ne-au forțat să ne părăsim casele și să trăim în junglă. După trei luni, întregul guvern și toți oficialii militari au dispărut brusc. Ne-am întors acasă, dar toți oficialii dispăruseră și de acolo. Am realizat că războiul se terminase. Eram liberi!

Dar și hrana se terminase. Dacă doream să supraviețuim, trebuia să ajungem în oraș. Oamenii veneau din oraș cu căruțele pentru a-și lua membrii familiei și a-i duce cu ei. Noi am putut să plecăm împreună cu prima soție a tatălui meu. Cumva, mama rămăsese prietenă cu ea după ce tata se recăsătorise cu mama.

În ziua în care am plecat din casă, pe stradă au rămas grămezi de trupuri. Când m-am uitat mai atent, am văzut că unii dintre acei oameni nu erau morți. Erau pur și simplu incapabili să meargă; erau atât de bolnavi și răniți că nu mai puteau merge. Urcându-mă în căruță, am auzit un copilaș. Era o fetiță care plângea întinsă pe marginea drumului. Era atât de mică!

— Mamă, putem să luăm fetița? am întrebat.

— Nu, draga mea. Nu este căruța noastră. Trebuie să plecăm de aici, iar căruța este deja plină. Poate că mama se va întoarce după fetiță.

În timp ce căruța se îndepărta, o ură și o furie incredibile m-au invadat, realizând cât de lipsit de speranță era viitorul acelui copil și cât de neputincioasă eram eu dorind să fac ceva pentru ea. Copilul a continuat să plângă. Ceva în interiorul meu a murit. Din acel moment, am încetat să mai vorbesc. Oamenii credeau că sunt mută. În următorii ani, am răspuns numai cu „da", „nu" și „bine".

Când am ajuns în oraș, am aflat că războiul de terminase de trei luni și, totuși, nimeni nu avea lucrurile sub control. Oamenii se deprinseseră să gândească atât de josnic, încât continuau să ucidă. Orașul era în complet haos. Nu se găsea hrană. Femeile și copiii care nu aveau un bărbat lângă ei să îi protejeze, riscau să sufere de foame. Erau multe femei singure și văduve cu copii; soții lor fuseseră fie uciși, fie exterminați prin muncă de către regimul comunist. Așa că cei rămași o luaseră razna. Își luau câte patru sau cinci soții. „Dacă nu te căsătorești cu mine, îți voi ucide copiii", amenințau ei femeile.

Într-o zi, în timp ce mama era în oraș în căutarea hranei, un bărbat s-a apropiat de ea:

— Vrei mâncare?

— Da! a răspuns mama. Am doi copii pe care trebuie să-i hrănesc.

— Dacă te căsătorești cu mine, te voi lăsa în viață. Dacă nu, te voi ucide și pe tine, și pe copiii tăi.

— Nici măcar nu știi unde locuiesc.

— Stai fără grijă, voi afla.

Mama a fugit de el. Însă, mai târziu în aceeași zi, a apărut acolo unde locuiam. Mama n-a avut de ales decât să se „căsătorească” cu el. La început, sora mea și cu mine eram entuziasmate. Tatăl nostru fusese luat de lângă noi, iar acum aveam din nou un tată! Tata fusese bun și milos, iar eu am știut întotdeauna că eram iubite. Nu-mi venea să cred ce noroc dăduse peste noi! Însă, în curând am aflat că tatăl nostru vitreg nu era deloc ca tata. O bătea pe mama, pe sora mea și pe mine și lua tot ce putea de la noi ca să își satisfacă pofta de băutură. Aducea bețivi acasă la noi la orice oră și mai avea o altă soție care locuia altundeva.

După o vreme, tatăl vitreg a intrat în conflict cu noua guvernare. Era căutat pentru a fi trimis la închisoare. După câteva zile, am observat cum mama și tatăl vitreg au început să împacheteze lucrurile. La mijlocul nopții, mama ne-a trezit:

— Plecăm. Luați-vă lucrurile; să mergem!

Am făcut o legătură cu lucrurile pe care le puteam lua și am părăsit casa. Planul era să traversăm jungla ca să ajungem în Thailanda. Auzisem despre un adăpost al Crucii Roșii pentru refugiații de război, situat în partea thailandeză a graniței. Nu aveam pantofi sau haine călduroase și era sezonul ploios, așa că, deseori, noaptea, eram uzi leoarcă și ne era frig. Uneori mergeam printr-o apă adâncă până la genunchi; alteori era până la gât. Și mai erau zile când nu aveam hrană sau apă.

Cu cât înaintam mai mult, cu atât ne întâlneam cu tot mai multe grupuri, iar oamenii se înmulțiseră. Părea că toată lumea fugea din țară. Și erau atât de multe mine terestre! Aproape la fiecare zece minute cineva călca pe o mină și auzeam o explozie puternică.

Uneori mă trezeam și vedeam părți de corp omenesc răspândite peste tot în zonă. Într-o zi, mergeam în spatele unei familii care avea o căruță trasă de o vacă. Deodată, tot angrenajul a explodat. Vaca, oamenii, căruța – totul a explodat în aer și a căzut peste noi în bucăți ca o ploaie. După explozie, am auzit focuri de armă din spatele convoiului. „Trag cu pușca! Trag cu pușca!”

strigau oamenii. Deoarece ne aflam la mijloc, am avut timp să fugim într-un tufiș și să ne ascundem de trăgători.

Cumva am reușit să ajungem la tabăra din Thailanda. Am rămas acolo timp de trei zile, sub un copac, până ce am fost transferați la o a doua tabără. Apoi, din nou, după ce locul s-a umplut de oameni, am fost transferați din nou. În a treia tabără, am primit o colibă de ciment pe care o împărțeam cu altă familie. Era doar o cameră mare, pătrată, construită direct pe sol. Solul era folosit pentru gătit. Acea tabără avea și o școală pentru copii. Nu era cine știe ce, dar îi învăța pe copiii cambodgieni alfabetul și numerele. Deși nici acum nu vorbeam, aveam deja doisprezece ani și eram disperată să învăț. Doream să fiu jurnalistă, ca să dezvălui tot ceea ce se petrecuse în țara mea. Ura și furia încă mai clocoteau în mine și, m-am gândit că, dacă aș putea să-mi scriu povestea, aș putea să fac cunoscută multor generații viața pe care am dus-o.

Dar mama a născut un alt copil, așa că nu am fost lăsată să mă duc la școală. Trebuia să stau acasă și să ajut la îngrijirea bebelușului.

Directorul școlii locuia în casa de vizavi. Era un om foarte educat și toată lumea îl respecta. Și, spre deosebire de tatăl meu vitreg, era bun cu familia lui. Seara, acasă, le dădea lecții copiilor lui. Așa că, în fiecare zi, fără a fi invitată, mă duceam acolo și îl ascultam cum preda familiei lui. El ne permitea, mie și surorii mele, să luăm parte la lecții; a fost singurul educator pe care l-am avut.

M-am gândit că, dacă aș putea să-mi scriu povestea, aș putea să fac cunoscută multor generații viața pe care am dus-o.

Într-o seară, în tabără s-a jucat o piesă de teatru și majoritatea adulților și copiilor s-au dus să o vadă. Eu eram singură acasă, ca și directorul care locuia vizavi. M-am dus acasă la el pentru că doream să învăț. El m-a întrebat:

— Vrei să simți cum este să ai un tată? Cum își iubește un tată fiica?

Eu încă nu vorbeam, așa că am încuviințat din cap. Eram disperată după iubirea unui tată. El m-a luat în casă:

— Îți voi arăta, dar va fi secretul nostru. Va fi doar între mine și tine.

Am intrat în casă, iar el a început să mă folosească sexual. De atunci, el căuta mereu ocazii ca să nu fie nimeni acasă la el. Când nu era nimeni acolo, venea să mă caute. Și, de vreme ce nu vorbeam, nu am spus nimic nimănui. Iar el știa că eu n-o să spun. Se întâmpla atât de des, încât a devenit o parte normală din viața mea până ce familia lui a fost sponsorizată să plece din tabără și să se mute în America.

Mai târziu, pe măsură ce tabăra se apropia de limita capacității, o altă familie s-a mutat în coliba noastră. Camerele erau separate doar de o pânză agățată din tavan, dar, chiar și așa, auzeam când acel om își bătea soția. Într-o zi, eram singură acasă și nu mi-am dat seama că bărbatul era de cealaltă parte a pânzei. Făceam curățenie în camera noastră, când acesta m-a înșfăcat și m-a tras în partea lui de colibă. Mi-a îndesat o bomboană în gură și mi-a șoptit la ureche: „Dacă faci zgomot, te omor!" Și știam că m-ar omorî. Știam ce va urma, iar în mintea mea persista doar gândul: *Termină mai repede!* Coșmarul meu de abuzuri sexuale a continuat.

După ce a terminat, am fugit în templul budist pe care îl construiseră în tabără. Am intrat și m-am apropiat de zeu – o statuie a lui Buddha – și am spus: „Nu știu ce am făcut să merit o viață ca aceasta." Am ridicat pumnul și am continuat: „Nu voi mai accepta niciodată că există un zeu în această lume, și nu mă voi supune niciunui zeu. De azi înainte, viața mea este numai a mea, și voi avea singură grijă de mine." A fost pentru prima dată, după atâția ani, când am rostit vorbe cu voce tare.

Uram bărbații. Îl uram pe tata pentru că mă abandonase. Îl uram pe tatăl meu vitreg și pe alții care s-au folosit de mine. Uram viața. Am devenit împietrită și rece și nu mai răspundeam nici cu da, nu sau bine. Tatăl meu vitreg mă lovea, iar eu stăteam nemișcată și îl lăsam să mă bată. Nici măcar nu plângeam, ceea ce mă făcea să fiu și mai furioasă. Pe măsură ce mă lovea, amărăciunea mea creștea.

În 1985, ne-am mutat în mai multe tabere, apropiindu-ne întotdeauna de centrele populate, până ce, în cele din urmă, am fost transferați în New York. Eram entuziasmată de venirea în America; era un vis devenit realitate. M-am gândit: *Acum voi avea o șansă să fiu educată și să fac tot ceea ce doresc!* Însă totul era atât de diferit! Limba era diferită, vremea era diferită. Văzusem câțiva albi înainte, dar niciodată atât de mulți, și niciodată nu mai văzusem un negru. Toți erau atât de înalți și de încrezători, încât mă speriau. Și niciodată nu erau bătuți. În țara mea, când mergeam pe străzi, vedeam bărbații lovindu-și soțiile și copiii, dar în America nimeni nu făcea așa ceva.

La școală, a trebuit să vorbesc dacă doream să învăț, așa că, pentru prima dată după atâția ani, am răspuns la întrebări. Tot atunci am fost înscrisă și la un curs de sănătate, unde ne-au învățat despre abuzul sexual. Pentru prima dată am învățat despre ceea ce mi-au făcut acei bărbați. Fusesem *violată.*

Acasă, tata a continuat să bea și să o bată pe mama. Singurul mod prin care puteam să scap era să mă căsătoresc, pentru că, în cultura mea, acesta era un motiv acceptabil să plec de acasă. Așa că am căutat un băiat cambodgian cu care să mă căsătoresc și am găsit unul. Era drăguț, în felul lui, și când i-am spus că doream să plec de acasă, el mi-a spus că se va căsători cu mine.

Aveam în jur de cincisprezece ani când am fugit cu el. Odată ce m-am culcat cu el, familiile noastre au recunoscut acest lucru ca fiind o căsătorie, chiar dacă nu am făcut niciodată nuntă. În timp ce eram plecați la școală, mama era în continuare bătută de tatăl meu vitreg. Uneori veneam acasă și o găseam plină de sânge de la bătăile pe care le luase. Soțul meu și cu mine nu știam ce să facem. În cultura noastră, nu obișnuiam să chemăm poliția. Așa că păstram tăcerea, dar ne-am mutat acasă pentru a o ajuta pe mama.

În cele din urmă, am renunțat la liceu și am început să lucrez pe piața neagră a muncii, fiind plătită cu bani gheață. Acum că aveam banii mei, am putut să închiriez un loc mai mare pentru soțul meu, mama și surorile mele. Dar tatăl meu vitreg tot ne găsea și venea să o bată pe mama, pe mine și chiar pe soțul meu. Nu am putut niciodată să înțeleg de ce. Simțeam că nu am nicio putere să opresc asta.

Apoi am rămas însărcinată și lumea mea s-a destrămat.

Pe patul de spital, după ce am născut, sora medicală mi-a spus:

— Felicitări, ai un fiu!

— Nu, nu am un fiu. Am o fiică.

— Nu, draga mea. Ai o...

— Nu vreau un fiu. Dați-mi o fiică. Nu vreau un fiu! Nu mă puteam gândi decât la ceea ce însemna să am un fiu. *Am un monstru. O să crească și o să violeze pe cineva. O să abuzeze de cineva. Trebuie să-l ucid.* Gândurile negre îmi copleșeau mintea.

Desigur, sora medicală nu mă putea înțelege, ea dorea doar să mă facă să văd lucrurile în mod pozitiv.

— Mă duc să-l aduc ca să-l vezi.

Sora l-a adus și l-a pus în brațele mele. Însă, în ciuda amărăciunii mele, simțeam iubire pentru el și am trăit euforia de a fi mamă pentru prima oară. Dar, în același timp, cumva, îl uram; nu puteam accepta că era băiat, deoarece eu uram bărbații. Apoi m-am hotărât că singura soluție era ca eu să ne iau viața amândurora.

Nu la mult timp după nașterea lui, am început să aud voci în minte. Îl auzeam pe tata vorbindu-mi, iar gândurile negre s-au înmulțit. Vedeam imagini din trecut și îmi aminteam fețe explodând, cadavrele și bărbații care m-au dus în paturile lor. Gândurile și vocile veneau și plecau. Habar nu aveam că era vorba despre stresul posttraumatic. Credeam că singura mea scăpare era să mă sinucid și mă uram suficient de mult pentru a o face.

Credeam că singura mea scăpare era să mă sinucid și mă uram suficient de mult pentru a o face.

M-am dus la farmacie și am cumpărat somnifere care se vindeau fără rețetă. Am luat cincizeci. Familia mea m-a găsit și m-a dus la urgențe. Am fost internată într-un spital psihiatric o perioadă, și apoi eliberată. A doua oară când am încercat să mă sinucid am luat o sută de pastile. Dar tot nu au fost suficiente.

Soțul meu era cel mai bun om de pe pământ. Era foarte blând, niciodată nu mă lovea. Niciodată nu se certa cu mine și, deși eu mă certam cu el, el niciodată nu-și ridica măcar vocea. Cu toate acestea, tot simțeam că nu mai puteam continua să trăiesc.

Cam la fiecare șase luni încercam din nou să mă sinucid. Deseori încercam în jurul Zilei Mamei. Întotdeauna deveneam deprimată în luna mai. Ultima oară când am încercat am luat trei sute de somnifere. Când m-a găsit mama, îmi curgea sânge din ochi, nas, gură, urechi – de peste tot. Credea că sunt moartă. M-au dus la spital și peste trei zile m-am trezit. Nu-mi venea să cred că încă eram în viață.

Am rămas trei luni în spital. Doream să mor, dar nu eram lăsată. De ce eram atât de urâtă de toți? Nu înțelegeam America. Ce era în neregulă cu țara asta? În țara mea, dacă cineva spunea că vrea să moară, toți ar fi spus: „Ce mai aștepți? Nu știi cum să o faci? Te vom ajuta noi." Aici, însă, te duceau imediat la spital. Credeam că este o țară liberă, dar ce libertate aveai dacă nu puteai muri atunci când doreai?

Nici moartea nu părea să mă vrea. Trebuia să încerc altceva. În perioada aceea, am aflat de la televizor despre epidemia de SIDA, așa că m-am gândit: *Dacă aș putea să mă infectez cu boala aceasta, aș putea muri.*

Așa că am devenit infidelă soțului meu.

Am început să mă culc cu oricine se nimerea. Când rămâneam însărcinată, făceam avort. Dar tot nu am luat nicio boală.

Până a împlinit fiul meu patru ani, încercasem să mă sinucid de șase ori și făcusem nouă avorturi. După ultima încercare, fiul meu, Ricky, m-a întrebat:

— Mami, de ce te urăști? De ce vrei să mori?

— Nu știu, am spus. Nu știu.

— Mami, tu frumoasă. Iubește-te; apoi vei vrea să trăiești.

După aceasta, am renunțat la încercarea de a mai lua supradoze, dar am continuat cu infidelitățile. Și nu eram o mamă iubitoare pentru Ricky. Eram rece, aproape lipsită de emoție. Nu știam cum să dau sau să primesc iubire și afecțiune. Într-o zi, i-am spus soțului meu:

— Nu cred că te iubesc. Chiar dacă te iubesc, nu știu cum. Nu sunt bună și nu știu cum să schimb asta. Trebuie să ne despărțim.

El nu a fost de acord, dar a spus:

— Te iubesc și dacă asta vrei, atunci ne vom despărți.

Nu îmi permiteam să plătesc singură chiria așa că am închiriat o cameră unei femei din Mexic, cu coi copii mari. Ricky locuia cu mine, dar se ducea și la tatăl său. După opt luni, am cunoscut un bărbat căsătorit și am început să ne întâlnim.

Familia mexicană căreia îi închiriasem camera era creștină, așa că am decis să încerc să îi convertesc la budism, tradiția religioasă în care crescusem eu. Dar femeia îmi tot vorbea despre Isus. Cunoștea situația dintre mine și soțul meu și știa că mă întâlneam cu un bărbat căsătorit. Deși era foarte bună și blândă, îmi spunea: „Ceea ce faci tu este greșit."

Nu am înțeles-o, consideram că nu avea niciun drept să se bage în viața mea. De atunci am încercat să o evit, dar era greu, pentru că lucram împreună.

Într-o duminică după-amiază, m-am târât cu greu acasă după ce fusesem plecată toată noaptea. Când am ajuns, femeia cu familia ei era în bucătărie, vorbeau și cântau.

— Unde ai fost? m-a întrebat mama copiilor.

— Am ieșit undeva. Voi ce faceți?

— Am fost la biserică și a fost foarte frumos.

Apoi mi-a întins o invitație.

— Trebuie să vii la biserică cu noi. Nu faci mai nimic; de ce nu vrei să vii? Dacă nu îți place, nu mai vii.

— Foarte drăguț din partea voastră, dar nu, mulțumesc! am răspuns eu și m-am grăbit să intru în camera mea, unde am jurat că voi face tot ce pot să îi evit.

Dar același lucru s-a întâmplat miercuri seara. Când am intrat în casă, ei erau în bucătărie. Fuseseră la un serviciu religios și încă Îl mai lăudau pe Dumnezeu. Mi-am pregătit cina și apoi am mâncat.

— La revedere! am spus, când ei s-au ridicat să se ducă în camera lor. Ăăă, apropo, vreau să merg la biserică cu voi duminică.

De ce am spus asta? Am încercat să retrag spusele, dar nu am putut. Imediat ce femeia m-a auzit, a început să sară de bucurie.

— Aleluia!

Am fugit în camera mea și am început să mă învârt în jurul camerei. *De ce ai făcut asta*?

De unde locuiam, ne-a luat două ore să ajungem la biserica lor din Queens. Când am intrat, ei doreau să stea în față, dar eu am insistat să stau în spate. Tremuram ca o frunză. Nu doream să fiu acolo. *Dacă budiștii ar ști că ești aici, ai fi într-un mare necaz. Deja ai destule probleme.*

Am decis să mă rog lui Buddha. *Buddha, eu te iubesc cu adevărat. M-am născut budistă și voi muri budistă.* Dar m-am hotărât să vorbesc și cu Isus. *Isus, nu știu cine ești. Vreau să știi că nu sunt aici pentru că eu caut ceva. Sunt aici pentru că sunt plictisită. Nu am altceva de făcut. Sunt aici ca să-mi pierd timpul. Nu sunt aici ca să Te caut. Dar văd că sunt atâția oameni care spun că Tu ești Dumnezeu. Dacă ești, va trebui să îmi demonstrezi.*

După slujbă, familia cu care locuiam mi-a spus:

— Te luăm cu noi la un grup de părtășie.

— Nu putem să mergem acasă?

Toți acești oameni spun că Tu ești Dumnezeu. Dacă ești, va trebui să îmi demonstrezi.

Dar au insistat. La grup, toată lumea a fost foarte drăguță, dar probabil că nu arătam bine, deoarece oamenii veneau și spuneau:

— Trebuie să ne rugăm pentru ea; pare bolnavă.

Imediat ce s-a terminat, am ieșit în fugă pe ușă.

— Așteaptă! a strigat fiica femeii. Mama e bătrână, nu poate merge repede.

Dar trebuia să ies afară de acolo.

Am fost tăcută tot drumul până acasă. Eram furioasă pe ei și furioasă pe mine. Iar ei erau atât de fericiți. Nu înțelegeam. De ce se duc oamenii la biserică, ascultă muzică și cuvintele pastorului și apoi își dau banii câștigați din greu? Mi-am amintit ce spunea mama, că oamenii de la biserică nu fac altceva decât să-ți ia banii.

În miercurea următoare, a avut loc aceeași scenă. Am intrat în casă, iar ei stăteau toți în bucătărie lăudându-L pe Dumnezeu. M-am auzit spunând:

— Că veni vorba, vin și eu cu voi la biserică duminica asta.

Bine, Terry, am gândit eu, *taci din gură! Nu vrei să te duci la biserică.*

— O, îmi pare atât de rău, a spus femeia, nu putem merge la biserică duminică.

— Nicio problemă, m-am auzit spunând. Spuneți-mi doar cum să ajung acolo.

A venit ziua de sâmbătă și mi-am spus: *nu mă duc!* Totuși, m-am trezit, m-am îmbrăcat și m-am dus la biserică. De data aceasta am simțit nevoia să stau pe scaunele din față. M-am așezat chiar în momentul în care au început să cânte. Apoi, dintr-un anume motiv, mi-am amintit de acel copil din Cambodgia rămas pe stradă, în timp ce noi ne îndepărtam în căruță. Am început să plâng. Nu mai plânsesem din ziua în care lăsasem copilul în stradă, de peste douăzeci de ani. *Tu nu plângi, Terry. Tu nu poți să plângi. Ai un moment de slăbiciune!* Dar nu am putut controla plânsul. Am continuat să suspin.

Simțeam o rană adâncă în inima mea. Simțeam că inima mea era ruptă într-un trilion de bucăți. *De ce mă simt atât de goală? Atât de singură? Atât de rănită?*

Deodată, am simțit că Isus stătea lângă mine. M-am aplecat pe umărul Lui și mi-am vărsat toată durerea acolo, în timp ce brațele Lui păreau să se înfășoare în jurul meu. Am plâns tot timpul cât au cântat și cât a predicat pastorul. Nu am dat nicio atenție lucrurilor care se petreceau în jurul meu. Doream doar să îmi țin capul îngropat în umărul Lui.

Pastorul a rostit ultima rugăciune și toți au cântat. Apoi slujba s-a terminat și oamenii au început să plece. Dar viața mea se schimbase. Aveam pace – o pace cum nu mai avusesem niciodată. Lacrimile îmi încetară, iar în inima mea nu mai era durere. Totul dispăruse.

Oamenii din jurul meu habar n-aveau ce se întâmplase în inima mea. Ei doar zâmbeau și spuneau: „Domnul să te binecuvânteze!" sau „Să ai o zi frumoasă!"

Când am ajuns acasă, familia se afla în camera ei. Am bătut la ușă și am întrebat cu voce tare:

— Ce mi s-a întâmplat?

— Calmează-te! a spus femeia. Ce s-a întâmplat?

I-am explicat totul. Apoi mama și fiica mi-au vorbit despre Isus și despre iubirea Lui pentru mine.

În seara aceea, în patul meu, am simțit, cumva, că în trupul meu fusese conceput un copil în urma unuia dintre contactele mele sexuale. Zece zile mai târziu, aveam să aflu că avusesem dreptate. Însă, în seara aceea am auzit o voce în interiorul meu care îmi spunea: „Terry, sunt aici, și te-am iubit dintotdeauna." Aceasta mi-a dat alinare.

Următoarea duminică m-am trezit și m-am dus la biserică. La fel și duminica următoare. Și duminica de după aceea. Mă duceam la biserică având un sentiment de vid și mă întorceam acasă plină. Niciodată nu m-am simțit atât de în siguranță și alinată, deoarece niciodată nu cunoscusem iubirea lui Isus. În ianuarie L-am mărturisit pe Isus ca Mântuitorul meu și, un an mai târziu, am fost botezată. Viața mea a început să se schimbe. Acum, în loc să-mi doresc să mor, îmi doream să trăiesc.

Însă, timp de aproape un an, am ascuns de familia mea faptul că mă duceam la biserică. Nu doream ca ei să afle despre toate schimbările care avuseseră loc în interiorul meu. Dar nu am putut să-mi ascund sarcina. Deja făcusem nouă avorturi și mă gândeam să scap și de acest copil, dar, dintr-un anume motiv, nu am putut s-o fac. Femeia care locuia cu mine m-a încurajat să-l păstrez.

— Nu, nu poți face un avort. În interiorul tău crește un copil!

Am decis să păstrez copilul. Patru luni mai târziu, am dat naștere unei frumoase fiice.

Pe măsură ce înțelegeam tot mai multe despre Isus și despre modul în care lucrează El, am început să am grijă de viața mea și să înțeleg cum fusese prezent Dumnezeu, protejându-mă chiar în timpul celor mai rele momente din viața mea – chiar și când am încercat să-mi iau viața. Dar erau multe lucruri de care trebuia să mă vindec pentru că suferisem atât de mult! În cele din urmă, eu și soțul meu am divorțat și fiecare a pornit pe drumul lui.

M-am mutat cu mama. Acum eram singura creștină dintr-o casă plină de budiști și aceasta reprezenta o presiune asupra mea. Deseori, singura părtășie creștină pe care o aveam era cea cu Dumnezeu. Am început să frecventez Brooklyn Tabernacle și, în cele din urmă, și fiica mea L-a primit pe Domnul.

Dumnezeu a ușurat inima mea zdrobită și a luat orice durere pe care am simțit-o vreodată. Nu sunt perfectă, dar Domnul mă schimbă, pe măsură ce depind de El în fiecare zi. Am descoperit că sunt o bună bucătăreasă, iar acum lucrez ca bucătar privat pentru o familie din Manhattan. La biserică sunt bucătar șef într-o lucrare pentru oamenii străzii și Dumnezeu îmi folosește abilitatea de a găti pentru slava Lui.

Prin harul lui Dumnezeu, i-am iertat pe cei care m-au rănit când eram tânără și acum, prin puterea Duhului, doresc să evanghelizez tinerele fete din Cambodgia și Thailanda care sunt victimele comerțului sexual. M-am rugat și am lucrat ca să strâng bani. Sper să revin într-o zi și să dau mărturie despre lucrarea pe care Isus a făcut-o pentru a mă schimba și a mă vindeca. Cicatricile mele nu mai sunt amintiri ale unei vieți dureroase, ci săgeți care, în fiecare zi, îmi arată direcția către Isus. Nu mi-aș schimba trecutul pentru nimic în lume, pentru că, dacă nu aș fi avut trecutul acela, nu L-aș fi iubit pe Domnul meu așa cum Îl iubesc acum.

Capitolul 16

Învingem frica

M-am deplasat împreună cu o echipă de filmare la Brooklyn Heights Promenade, un loc de promenadă cu priveliște către East River din centrul Brooklynului, pentru a înregistra DVD-ul care va însoți această carte. Aveam ceva timp liber, în timp ce așteptam să se întunece și să devină vizibile luminile din partea de sud a Manhattanului. În timp ce echipa de filmare aranja luminile și punea camerele pe poziție, am observat că un mic grup de oameni se opriseră să privească. Probabil se gândeau că filmam o reclamă sau se întrebau dacă eram vreo personalitate. În timp ce noi ne pregăteam să filmăm următorul segment, oamenii stăteau să privească, iar unii savurau înghețată din conuri.

Centrul Brooklynului a devenit un loc foarte căutat și, așa cum se întâmplă de obicei cu locurile căutate, nu este tocmai un loc evlavios. Unii ar putea să-l numească păgân, din cauza ostilității multor cartiere față de bisericile creștine și față de mesajul lor. În timp ce așteptam să-mi spun replica, știam că următoarele propoziții se vor referi la faptul că viața nu are valoare dacă nu Îl cunoaștem pe Isus Cristos ca Mântuitor și pe Duhul Sfânt – Cel care ne dă putere. Am fost născut și crescut în Brooklyn și simțeam cu tărie că acești spectatori nu vor fi prea încântați de ceea ce aveam să spun.

Doar pentru că sunt pastor nu înseamnă că sunt diferit de ceilalți. Am aceeași dorință să fiu plăcut și să mă înțeleg cu toată lumea. Nu sunt imun la ispită și la teamă. În acel moment, gândindu-mă la ceea ce voi spune și la cât de mult îi va displăcea mulțimii, m-am simțit cuprins de o presiune tăcută, însă puternică. Pentru că nu doream să fiu luat în batjocură, lașitatea mă ispitea. Dar m-am opus acestui sentiment. I-am cerut ajutor lui Dumnezeu: „Doamne, nu mă lăsa să tac asupra lucrurilor pe care vreau să le spun pentru Tine din cauza unei posibile ostilități din partea acestor oameni."

Luminile camerei s-au aprins, regizorul a numărat: „Trei, doi, unu!" și mi-a făcut semn să încep. Am început să vorbesc.

Replicile mele au durat doar două minute, dar reacția mulțimii a durat și mai puțin. Imediat ce am menționat numele lui Isus, unii oameni și-au lăsat capetele în jos și s-au îndepărtat. Când am menționat mântuirea, alții s-au holbat la mine cu tupeu, ca și cum ar fi spus: „Ți-ai ieșit din minți?" Până am terminat de vorbit, nicio persoană din mulțime nu a mai rămas în preajmă. Dar eu am spus ceea ce trebuia să spun. Am vorbit cu îndrăzneală despre Isus Cristos – Mântuitorul lumii.

Înfruntarea fricii

Frica își face apariția în multe moduri – frica de respingere, de opoziție, de suferință sau de eșec – ca să numim doar câteva. Dar, indiferent de modurile sub care se prezintă frica în viețile noastre, Duhul Sfânt ne poate ajuta să o înfrângem.

Frica de respingere

Partea centrală a Brooklynului nu este singurul loc care se opune Evangheliei. Creștinii pot găsi ostilitate oriunde se duc. Această opoziție ne poate face să devenim temători și timizi. Uneori, ne temem de respingere. Ne este teamă că, dacă susținem cauza lui Cristos, dacă vorbim pentru Cristos, este posibil să nu ne mai înțelegem cu familia, cu prietenii sau cu colegii. De aceea Scriptura ne avertizează despre importanța mărturisirii în public a credinței noastre în Cristos. Nu le putem avea pe amândouă – fie întoarcem spatele lui Isus pentru a scăpa de ridicol, fie ne declarăm credința indiferent de reacția altora. „Căci de oricine se va rușina de Mine și de cuvintele Mele, se va rușina și Fiul omului de el, când va veni în slava Sa și a Tatălui și a sfinților îngeri" (Luca 9:26). Ce lucru important, că Isus ar putea fi *rușinat* de unii dintre noi când Se va întoarce pe pământ!

Această nevoie de îndrăzneală se aplică chiar și copiilor care cresc într-o familie creștină. Ei merg la biserică, participă la lecțiile de la școala duminicală sau la taberele creștine și au prieteni credincioși. Pot vorbi despre lucrurile spirituale fără a experimenta prea multă opoziție. Dar lucrurile se schimbă atunci când ajung la liceu și apoi la facultate. Deodată, ei descoperă că, dacă vorbesc despre Dumnezeu Creatorul sau, mai rău, despre Isus care a murit pentru păcatele lumii, li se pune o anume etichetă. Profesorii îi numesc ignoranți; colegii îi consideră intoleranți. Studenții creștini află repede că a vorbi despre credința lor îi poate face foarte nepopulari în societate, așa că păstrează tăcerea, temându-se de respingerea semenilor lor.

Când studenții creștini termină facultatea și intră în câmpul munci, se confruntă cu o ostilitate similară. Aceștia descoperă că, dacă vorbesc despre Isus la locul de muncă, aceasta poate duce la pierderea unor oportunități în carieră. Din nou, din cauza fricii, unii devin treptat creștini ascunși.

Trăim într-un mediu spiritual ostil și nu trebuie neapărat să fim tineri pentru a ne confrunta cu presiunea de a ceda fricii sau timidității. Aceasta li se întâmplă atât pastorilor, cât și credincioșilor de pe băncile bisericii. Iată de ce este atât de importantă pentru noi această promisiune din Biblie: „Căci Dumnezeu nu ne-a dat un duh de frică, ci de putere" (2 Timotei 1:7). Prin Duhul Sfânt, Dumnezeu a promis să ne dea curajul și chiar îndrăzneala de a înota împotriva curentului și de a vorbi pentru Cristos, chiar dacă am putea fi batjocoriți.

Prin Duhul Sfânt, Dumnezeu a promis să ne dea curajul și chiar îndrăzneala de a înota împotriva curentului.

Frica de opoziție

Avem mulți credincioși în congregația noastră care, în trecut, au dus vieți destul de nebunești. Au fost implicați în activități delincvente, au luat droguri sau au avut alte comportamente autodistructive. Ceea ce este interesant este că poveștile lor de viață par să conțină un model repetitiv. Deși au avut un stil de viață distructiv, familiile lor au fost lângă ei să îi sprijine. Dar, odată ce aceștia și-au pus credința în Isus și au devenit creștini născuți din nou, deseori familiile lor s-au întors împotriva lor. Când nu trăiau pentru Dumnezeu, când se drogau, risipeau banii, erau arestați, sau cine știe ce altceva făceau, familiile lor nu îi deranjau niciodată. Dar, odată ce au început să Îl urmeze pe Cristos și să se ducă regulat la biserică, familiile lor au început să exercite o presiune emoțională asupra lor.

„Cum? Crezi că ești mai bun decât noi?"

„Biserica vrea doar banii tăi."

„În ce te-ai băgat, în vreo sectă?"

Un mare pastor dintr-o altă parte a orașului a fost odată un burghez desfrânat care se droga, până ce Cristos i-a transformat viața. Ce surpriză pentru el când, entuziasmat, i-a spus unui unchi: „L-am găsit pe Isus!", iar unchiul lui a replicat cu cinism: „Serios? Nu știam că S-a pierdut."

În capitolul precedent, Terry Khem ne-a spus povestea sa dramatică în urma căreia a devenit creștină. Ea a crescut într-o familie budistă și, în primul an de credință, a ascuns acest lucru de familia ei. I-a fost teamă de respingerea lor. Apoi și-a învins teama și le-a spus. A întâmpinat multă împotrivire, deoarece era singura creștină într-o casă plină de budiști. Uneori rămânea în mașină pentru a se ruga, doar pentru a evita certurile cu care se confrunta în propria ei casă.

Dar nu trebuie să fim emigranți budiști sau foști dependenți de droguri pentru a ne confrunta, în casa noastră, cu opoziție față de credința pe care o avem. Se întâmplă în fiecare zi chiar și în cămine stabile, altfel iubitoare, din această țară. Și aceasta nici nu se compară cu opoziția care ne așteaptă în afara căminelor noastre. Fără curaj și îndrăzneală de la Duhul Sfânt, lupta nu poate fi câștigată. Puterea invizibilă, dar vie a Duhului ne va ajuta să trăim o viață vrednică de Domnul nostru.

Cu ajutorul Duhului Sfânt, putem avea același curaj pe care l-a dat Dumnezeu primilor credincioși. Aceștia au fost amenințați chiar de autoritățile care au pus la cale crucificarea lui Isus. La eliberarea lor din închisoare, ei s-au adunat împreună cu alți credincioși pentru rugăciune (întotdeauna o idee bună atunci când ne confruntăm cu un atac la adresa credinței noastre). „După ce s-au rugat ei, s-a cutremurat locul unde erau adunați; toți s-au umplut de Duhul Sfânt și *vesteau Cuvântul lui Dumnezeu cu îndrăzneală*" (Fapte 4:31, subl. aut.). Slavă Domnului! Ei aveau dorința de a vesti Cuvântul, dar prin rugăciune, aceștia au trăit o umplere proaspătă cu Duhul și o nouă îndrăzneală.

Frica de suferință

Dar, să fim onești – în afară suferința emoțională cauzată de respingere și opoziție, nu există o suferință profundă pentru Cristos în America de Nord. Cel puțin nu genul de suferință cu care s-a confruntat Biserica primară. Dar, în alte părți ale lumii, situația stă altfel.

Recent, am fost invitat să particip la o conferință de conducere în Hong Kong. Sute de lideri ai bisericii de pe teritoriul Chinei au participat la conferință. A fost un eveniment unic în multe privințe, iar participanții au primit încurajare, învățătură din Cuvântul lui Dumnezeu și lecții privind tehnicile apologetice.

Regimul comunist a încercat de mult timp să distrugă creștinismul; de fapt, a încercat să șteargă orice menționare a lui Dumnezeu. Dar, în urmă cu mai multe decade, mișcarea religioasă din China a început să crească în mod miraculos. În ciuda amenințărilor și a pericolului, trupul lui Cristos de acolo a crescut puternic și viu. În prezent, în China există sute de milioane de creștini.

A conduce o biserică din China necesită mult curaj și îndrăzneală. Mi s-a spus că probabil jumătate din participanți fuseseră în închisoare pentru credința lor în Cristos! În timp ce îi auzeam cântând și rugându-se, m-am simțit nevrednic să fiu acolo.

Într-o dimineață, înainte să predic eu, și-au înălțat vocile în limba mandarină, cântând laude lui Dumnezeu. I-am privit vărsându-și inimile în cântec, după care interpretul meu mi-a tradus o parte din versuri. Esența refrenului era cam așa:

Pentru că Tu ai murit pentru noi,
Noi acum ne oferim să murim pentru Tine.
Pentru că Tu Te-ai sacrificat pe cruce,
Cum am putea noi să facem mai puțin decât
să ne sacrificăm pe noi înșine pentru Tine?
Așa că, fie ce-o fi,
Fie că trăim, fie că murim pentru Tine,
Noi Îți aparținem Ție.

Acesta nu este un cântec tipic de laudă și închinare pe care îl cântăm noi în America de Nord în fiecare duminică, nu-i așa? Să cânți aceste cuvinte cu intenția de a le împlini necesită un mare curaj. A fost cântat de liderii creștini care au cunoscut sensul suferinței pentru Cristos. Unii dintre cei mai curajoși credincioși de astăzi se găsesc în Asia și în țările musulmane unde suferința pentru Isus este o realitate. Gândiți-vă la acei credincioși pakistanezi menționați mai devreme care trăiesc zilnic sub amenințări și ură. Cum fac creștinii care trăiesc în această opoziție să rămână atât de curajoși pentru Domnul Isus Hristos? O fac doar prin Duhul Sfânt, care a fost dat Bisericii pentru a se aduce o mărturie plină de curaj pentru Cristos, indiferent de consecințe.

Frica de eșec

Mulți ne simțim îndemnați să facem ceva pentru Dumnezeu, dar ne abținem pentru că ne este teamă de eșec.

Teama de eșec ne oprește să începem chiar lucrul pe care ni l-a pus Domnul pe inimă. Am putea să ne implicăm într-o lucrare din biserică (sau chiar să începem una), să împărtășim cuiva un pasaj din Biblie la telefon, sau poate să începem un grup de rugăciune.

Știm că este un îndemn de la Domnul. Dar aceasta înseamnă să ne părăsim zona de confort și să pășim în ape neexplorate.

Gândiți-vă la clădirea Templului din Ierusalim. Regele David a dorit să înalțe o clădire măreață pentru Dumnezeu, dar Domnul i-a spus că nu el va fi cel care o va ridica. În schimb, Domnul l-a ales pe fiul său, Solomon. Toți conducătorii din Israel s-au strâns în Ierusalim, iar David a anunțat planul lui Dumnezeu. „Dintre toți fiii mei – căci Domnul mi-a dat mulți fii – a ales pe fiul meu Solomon ca să-l pună pe scaunul de domnie al împărăției Domnului peste Israel. El mi-a zis: «Fiul tău Solomon Îmi va zidi casa și curțile, căci l-am ales ca fiu al Meu, și-i voi fi Tată»" (1 Cronici 28:5–6).

Mulți ne simțim îndemnați să facem ceva pentru Dumnezeu, dar ne abținem pentru că ne este teamă de eșec.

Alegerea lui Dumnezeu a fost clară. Pare simplu, nu-i așa? David deja primise planurile clădirii de la Dumnezeu Însuși și strânsese majoritatea materialelor necesare. Tot ceea ce trebuia să facă Solomon era *să înceapă*. Dar chiar el este cel căruia îi este teamă de eșec. David a înțeles provocarea pe care o simțea fiul său. În tot capitolul, îl vedem pe David cum îl încurajează pe Solomon: „Întărește-te și lucrează" (1 Cronici 28:10). Și „David a zis fiului său Solomon: «Întărește-te, îmbărbătează-te și lucrează; nu te teme și nu te înspăimânta. Căci Domnul Dumnezeu, Dumnezeul meu, va fi cu tine. El nu te va lăsa, nici nu te va părăsi până se va isprăvi toată lucrarea pentru slujba Casei Domnului»" (1 Cronici 28:20).

În ciuda faptului că Solomon a fost ales de Dumnezeu și în ciuda faptului că acesta avea instrucțiuni complete și toate materialele necesare, acesta trebuia să-și învingă teama care ne paralizează să acționăm. *The Message*, o traducere contemporană a Bibliei, redă versul 10 astfel: „Și fă-o!". Nimeni nu spune că nu vom avea parte de opoziție sau de probleme, dar, prin Duhul Sfânt care ne dă credință și îndrăzneală, putem fi curajoși, putem înainta în lucrarea pe care ne-a chemat Dumnezeu să o facem.

Dumnezeu ne-a chemat pe toți să facem ceva. Vă amintiți ce a spus Isus despre momentul în care Se va întoarce? „Luați seama, vegheați și rugați-vă, căci nu știți când va veni vremea aceea. Se va întâmpla ca și cu un om plecat într-altă țară, care își lasă casa, dă robilor săi putere, *arată fiecăruia care este datoria lui* și poruncește portarului să vegheze." (Marcu 13:33–34, subl. aut.). Dar, din cauza fricii, nu am ieșit întotdeauna *să facem lucrarea*. Doar pentru că fiecare știe „care este datoria lui", nu înseamnă că aceasta va fi în mod automat îndeplinită. Și nu înseamnă că va fi ușor de îndeplinit.

Fie că este vorba despre construirea unui templu, conducerea unei biserici secrete într-o țară în care guvernul se opune, sau pur și simplu a spune adevărul în fața unei mulțimi din Brooklyn, toți ne confruntăm cu probleme cauzate de teamă. Dar Duhul Sfânt are o putere mai mare decât sfiala sau timiditatea noastră. El este mai mare decât teama noastră de respingere sau eșec. Puterea Sa face ca cel mai slab să fie îndrăzneț ca un leu (Proverbe 28:1).

Fii îndrăzneț în Duhul!

Pavel a scris unui pastor tânăr pe nume Timotei despre promisiunea unui creștinism plin de îndrăzneală, lipsit de teamă, prin Duhul Sfânt care locuiește în el. Timotei provenea dintr-o familie de credincioși. Atât bunica, cât și mama lui, deveniseră creștine înaintea lui (2 Timotei 1:5). Așadar, Timotei provenea dintr-un mediu credincios. El era fiul spiritual al apostolului Pavel și, în cele din urmă, a intrat în lucrarea de slujire. Desigur, Timotei s-a bucurat de mari privilegii spirituale încă din ziua convertirii sale.

Însă, în ciuda tuturor acelor avantaje timpurii și a exemplelor sfinte pe care le avea, ceva lipsea din lucrarea lui Timotei. Iată cum l-a încurajat Pavel: „De aceea îți aduc aminte să înflăcărezi darul lui Dumnezeu care este în tine prin punerea mâinilor mele. Căci Dumnezeu nu ne-a dat un duh de frică, ci de putere, de dragoste și de chibzuință" (2 Timotei 1:6–7).

Pavel îi reamintește lui Timotei și nouă, tuturor, că putem fi în același timp sinceri în credință și totuși să alunecăm dintr-o poziție spirituală plină de îndrăzneală la teamă și timiditate. Chiar și creștinii care Îl iubesc pe Domnul și studiază Biblia pot fi temători și complexați atunci când apar oportunități de a vorbi pentru cauza lui Cristos. Din nefericire, în unele situații, se pare că putem vorbi despre orice altceva decât despre Salvatorul nostru.

Deci, ce i-a spus Pavel să facă? I-a spus să facă eforturi mai mari, să ajungă la o profunzime mai mare?

Nu.

Pavel i-a spus lui Timotei că Duhul Sfânt era singurul antidot pentru virusul fricii din viața lui. Focul Duhului trebuia să fie ințețit – trebuia hrănit, trebuia să i se acorde atenție – căci dacă Duhul lui Dumnezeu era ințețit, atunci înclinația aparent naturală a lui Timotei către timiditate avea să fie înlocuită de îndrăzneală. Iar acum, după două mii de ani, istoria Bisericii ne-a arătat cu claritate că, atunci când acționează Duhul lui Dumnezeu, când credincioșii și bisericile se întâlnesc cu Dumnezeu într-un mod nou, oamenii devin îndrăzneți și radicali pentru Isus Cristos. Nu este o lecție care poate fi predată de un pastor creștin. Curajul spiritual vine direct de la Duhul Sfânt.

Fii curajos!

Curajul spiritual este cea mai mare nevoie a noastră de astăzi. Poate că am auzit învățături foarte utile și am citit multiple traduceri ale Bibliei. Dar ceea ce avem nevoie este să „înflăcărăm" lucrarea Duhului din noi. Trebuie să ne dedicăm din nou lui Dumnezeu în rugăciune, citirea Bibliei și să ne predăm din nou Duhului Sfânt. De asemenea, trebuie să ne detașăm de gândurile, de cuvintele și de acțiunile care împiedică revărsarea Duhului. Conform cuvintelor Scripturii: „Apropiați-vă de Dumnezeu și El Se va apropia de voi" (Iacov 4:8).

Dacă ne apropiem cu smerenie de Dumnezeu pentru o nouă intimitate cu El, oare El ne va refuza? Oare ne va refuza binecuvântările pe care I le cerem? Dacă El ni L-a dat pe Isus pe când eram păcătoși, acum, ca Tatăl nostru ceresc, va respinge cererile noastre de a avea mai multă îndrăzneală și curaj de la Duhul? Ar însemna o negare a tot ceea ce știm despre El din Scriptură!

Câți credincioși nu ajung la sfârșitul vieții lor și simt că, într-un fel, au ratat plinătatea planului lui Dumnezeu pentru viețile lor? Aceștia cred că, poate, Dumnezeu a avut un plan mai mare pentru ei, dar i-a omis. Este un gând trist. Însă, dacă Îi permitem Duhului să acționeze prin noi, vom vedea planurile și scopurile Sale împlinite. Nu vom ajunge la finalul vieților noastre regretând atâtea oportunități pierdute de a face mai mult pentru Cristos.

Viitorul nostru va fi determinat de modul în care Îi permitem lui Dumnezeu Duhul Sfânt să lucreze în și prin noi. Putem să ne trăim viețile într-o ezitare plină de teamă, anticipând posibilele probleme, sau putem să „renunțăm și să Îl lăsăm pe Dumnezeu". Planul Lui pentru noi nu are de-a face cu cine suntem noi sau cu ce talente aducem noi pe masă. Are de-a face cu resursele și harul pe care ni le-a promis El.

„Așa că putem zice plini de încredere:
«Domnul este ajutorul meu, *nu mă voi teme.*
Ce mi-ar putea face omul?»"
(Evrei 13:6, subl. aut.)

Capitolul 17

Putem cutremura împărăția cu rugăciunile noastre

Imaginați-vă o dimineață rece în Palestina, acum circa două mii de ani. Ucenicii lui Isus dormeau profund, extenuați după activitățile din ziua precedentă – se luptaseră cu mulțimea mare care îi îmbulzise, încurajaseră ascultătorii să creadă în cuvintele Învățătorului, chiar încercaseră să se roage pentru câțiva oameni bolnavi sau apăsați de poveri. Însă, în timp ce ei se bucurau de odihna necesară, altcineva se agita. Deși soarele nu răsărise încă, Isus S-a sculat și a ieșit din satul în care rămăseseră peste noapte. S-a îndreptat către un loc pustiu din apropiere ca să Se roage.

Ce scenă măreață! Scena aceasta s-a repetat de multe ori în cei trei ani în care ucenicii au rămas cu Isus: Fiul Dumnezeului Cel viu nu putea să înceapă ziua fără rugăciune!

De obicei, Isus făcea rugăciuni, uneori cu „cereri cu strigăte mari și cu lacrimi" (Evrei 5:7). Rugăciunile Sale Îl ajutau să ia decizii și să înfrunte problemele și atacurile demonice cu care Se confrunta zilnic. Și nu vorbim despre un nou credincios în Cristos; vorbim despre Isus Cristos, despre Însuși Cel Sfânt! Dacă El a simțit nevoia să vorbească cu Tatăl Său, pentru noi acest lucru ar trebui să fie mult mai necesar – numai de ne-am da seama de lucrul acesta!

Samuel Chadwick, un mare predicator metodist care a trăit spre sfârșitul sec. XIX și începutul sec. XX, a scris: „Dumnezeu și rugăciunea sunt inseparabile. Învățătura Vechiului Testament abundă în subiectul rugăciunii. Peste tot sunt porunci și îndemnuri la rugăciune, iar marile istorisiri despre eliberare și victorie, despre experiență și viziune, sunt toate exemple în care rugăciunea a avut prioritate. Există multe probleme legate de rugăciune, dar acestea sunt în afara actului și experienței rugăciunii și, *în afară de rugăciune*, nu există nicio altă soluție la ele."[1]

Cel care se roagă nu vede o contradicție între suveranitatea lui Dumnezeu și rugăciunile noastre fierbinți. Din nou, amintiți-vă că Scriptura declară: „Nu aveți, pentru că nu cereți" (Iacov 4:2). Nu înseamnă că Dumnezeu nu a dorit să dea un răspuns sau că ni s-a împotrivit vreun decret divin. Dacă nu am primit răspuns a fost pentru că nu am avut credința, timpul și starea spirituală pentru a vorbi cu Tatăl.

Rugăciunile noastre insistente îi pot salva pe ceilalți

Vă amintiți povestea lui Avraam și a nepotului său Lot? Aceștia se separaseră în Canaan deoarece turmele lor mari nu puteau fi păscute și hrănite pe aceleași pământuri. Avraam l-a lăsat pe bărbatul mai tânăr să aleagă primul pământul pe care îl dorea. Lot a decis repede să se îndrepte către est, spre câmpiile bogate de lângă Sodoma și Gomora. Lot ar fi trebuit să se roage pentru a vedea care era voia lui Dumnezeu în această privință, dar ochii săi l-au trădat. Avea să descopere curând că aparențele frumoase pot fi înșelătoare.

După un timp, Avraam s-a întâlnit cu Îngerul Domnului și a aflat de la acesta că vestea despre desfrânarea cumplită a Sodomei a ajuns la ceruri. Judecata părea inevitabilă, iar Avraam, în inima lui, s-a gândit imediat la situația dificilă în care se afla nepotul său Lot. Apoi, într-una dintre cele mai surprinzătoare părți din Biblie (Geneza 18:16–33), Avraam, acest mare om al credinței, a început să negocieze cu Domnul (Îngerul Domnului este identificat în Vechiul Testament cu divinitatea) ca Sodoma să fie cruțată de la distrugere. Desigur, se gândea la Lot, dar nu a menționat niciodată numele lui: „Vei nimici Tu oare și pe cel bun împreună cu cel rău? Poate că în mijlocul cetății sunt cincizeci de oameni buni: îi vei nimici oare și pe ei și nu vei ierta locul acela din pricina celor cincizeci de oameni buni, care sunt în mijlocul ei?" (Geneza 18:23–24). Domnul a auzit rugămintea lui Avraam căci a fost de acord să cruțe orașul dacă se găseau cincizeci de oameni buni.

Dar Avraam nu terminase. „Poate că din cincizeci de oameni buni vor lipsi cinci [...]". Apoi a început să pledeze ca Sodoma să fie cruțată dacă se găseau patruzeci de oameni buni. De ce nu i-a spus Domnul că deja hotărâse viitorul Sodomei și al lui Lot împreună cu ea? În schimb, Îngerul Domnului l-a lăsat pe Avraam să-și continue rugămintea insistentă. În cele din urmă, Avraam a redus numărul la zece oameni buni. Acest tip de rugăciune insistentă pare puțin exagerată, nu credeți? Dar Domnul a părut încântat mai degrabă decât dezgustat de argumentarea lui Avraam.

Totuși, era prea târziu pentru Sodoma. Doi îngeri au fost trimiși acolo și au descoperit cât de urâte și necontrolate deveniseră lucrurile (Geneza 19:1–13). Înțelegători, îngerii l-au avertizat pe Lot și pe familia lui să plece imediat din oraș. Nu mai era timp de pierdut; judecata era iminentă. Însă Lot a început să șovăie și să ezite. Era dificil pentru el să lase toate lucrurile bune pe care le adunase. Ființele angelice au fost forțate să-l ia de mână pe Lot, pe soția sa și pe cele două fiice și să îi scoată cu hotărâre din zona periculoasă. Familia lui Lot avea să fie în siguranță în cetatea învecinată, Țoar, dar trebuia să se grăbească să fugă în ea, pentru că îngerii nu puteau face nimic până nu ajungeau acolo (Geneza 19:22).

Sfârșitul poveștii este trist, dar iată partea bună a lucrurilor: „Avraam s-a sculat a doua zi dis-de-dimineață și s-a dus la locul unde stătuse înaintea Domnului. Și-a îndreptat privirile spre Sodoma și Gomora și spre toată câmpia și iată că a văzut ridicându-se de pe pământ un fum, ca fumul unui cuptor. Când a nimicit Dumnezeu cetățile câmpiei, *Și-a adus aminte de Avraam și a scăpat pe Lot din mijlocul prăpădului,* prin care a surpat din temelie cetățile unde își așezase Lot locuința" (Geneza 19:27–29, subl. aut.).

De ce au scos îngerii cu forța familia lui Lot din Sodoma cea blestemată? De ce comanda de distrugere nu a putut fi dată până ce Lot nu a fost în siguranță? Cu siguranță, nu pentru că Lot și familia lui ar fi fost foarte credincioși și devotați rugăciunii; omul acesta aproape că s-a luptat cu doi îngeri care au încercat să-l salveze! Nu, lecția acestei povești ciudate este aceasta: Dumnezeu Și-a amintit de rugăciunile lui Avraam pentru nepotul său și le-a onorat și, datorită acestora, El l-a salvat pe Lot dintr-o catastrofă. Familia lui Lot a fost cruțată pentru un singur motiv: un bătrân s-a rugat pentru el și rugăciunea lui L-a convins pe Dumnezeul Cel Atotputernic.

Rugăciunea ne dă putere

Această povestire pare foarte diferită de ceea ce credem cei mai mulți dintre noi despre rugăciune. Din nefericire, ne-am format ideile nu din Scriptură, nu iluminați de Duhul Sfânt, ci mai degrabă din ceea ce am văzut și experimentat în bisericile noastre. Și, deseori, acestea nu reprezintă un model care să ne inspire foarte mult credința. Așa cum neglijăm persoana Duhului Sfânt, la fel neglijăm sau minimalizăm importanța ideii că rugăciunea poate asigura răspunsul lui Dumnezeu. „Este un concept care vine dintr-o altă epocă, din alte timpuri", spunem noi. Și totuși, când ne gândim la viața de rugăciune a lui Isus și la uimitoarea eliberare oferită prin intervenția lui Avraam, înțelegem cu ușurință de ce Satan are ca țintă rugăciunea de grup și cea individuală. Nu îi place când ne strângem să cântăm laude, când studiem Cuvântul lui Dumnezeu și când avem părtășie. Dar, dacă ne hotărâm să ne dedicăm *rugăciunii adevărate*, acelei rugăciuni care mută munții, ei bine, atunci artileria grea a dușmanului va fi îndreptată asupra noastră. Până la urmă, rugăciunea ne pune în legătură cu promisiunile și cu puterea Celui Atotputernic.

Rugăciunea ne pune în legătură cu promisiunile și cu puterea Celui Atotputernic.

Această armă puternică în războiul nostru spiritual este menționată pentru prima dată în Geneza, când „au început oamenii să cheme Numele Domnului" (Geneza 4:26). Mii de ani mai târziu, apostolul Pavel a declarat că Domnul „este bogat în îndurare pentru toți cei ce-L cheamă. Fiindcă «oricine va chema Numele Domnului va fi mântuit»" (Romani 10:12–13). Când Îl chemăm pe Dumnezeu, regatul Satanei este amenințat, deoarece aceasta aduce binecuvântările cerești pe pământ și mântuire celor păcătoși.

Oswald Chambers a spus: „Rugăciunea celui mai slab sfânt care trăiește în Duhul și duce o viață dreaptă de credință este o teroare pentru Satana. Puterile întunericului sunt paralizate de rugăciune; nicio ședință spiritistă nu poate avea succes în prezența unui umil sfânt care se roagă. Nu-i de mirare că Satana încearcă să ne țină mințile ocupate cu diferite treburi până ce nu ne mai putem gândi la rugăciune."

Este ușor de înțeles cum pot fi oprite rugăciunile în școlile publice pline de elevi și învățători atei. Dar, când oamenii lui Dumnezeu și bisericile au puțin sau nu au deloc timp pentru rugăciune, aceasta este o altă poveste. Probabil că îngerii plâng atunci când văd dezinteresul nostru față de rugăciune! Oare ne dăm seama că pierdem ajutorul și puterea promise de un Dumnezeu credincios celor care pur și simplu își fac timp să ceară?

Biserica primară s-a devotat rugăciunii (Fapte 2:42) și chiar l-a scos pe Petru din închisoare, prin rugăciune, în noaptea de dinaintea execuției sale (Fapte 12). Prima dată când au fost persecutați credincioșii, aceștia au făcut o rugăciune de grup și „și-au ridicat glasul toți împreună" (Fapte 4:24). Dumnezeu a răspuns dându-le o umplere nouă cu Duhul Sfânt și îndrăzneala de a-L mărturisi pe Cristos.

După ce Saul a fost orbit de întâlnirea cu Isus pe drumul Damascului, a fost vizitat de Anania. Printr-o viziune, Domnul l-a informat pe Anania că Saul, vechiul dușman al Bisericii, se convertise la creștinism. Dar lui Anania încă îi era teamă, așa că Dumnezeu i-a dat o dovadă definitivă a mântuirii lui Saul, spunând: „Iată, el se roagă" (Fapte 9:11). Uneori se pare că

Dumnezeu împarte omenirea în două categorii simple: oameni care se roagă Lui și oameni care nu se roagă.

Să ne înălțăm inimile către un Dumnezeu în care ne putem încrede

Cred că majoritatea știm că Isus a insistat ca ucenicii Lui „să se roage necurmat și să nu se lase" (Luca 18:1). Și, deși ucenicii Lui nu I-au cerut niciodată lecții cu privire la felul în care să predice, totuși I-au cerut lecții cu privire la rugăciune: „Doamne, învață-ne să ne rugăm" (Luca 11:1). Ei erau conștienți de ceea ce am putea numi „secretul spiritual" din spatele vieții și lucrării lui Isus. Când I-au cerut ajutorul pentru a învăța să se roage, cred că doreau să știe nu numai cum să fie rugăciunea – ce anume să spună – ci și cum ar putea fi inspirați să o facă și să stăruie în ea. Doreau să practice rugăciunea zilnică, întocmai ca Învățătorul lor. Este mult prea ușor să admiri de departe puterea rugăciunii și să înțelegi promisiunile care vin odată cu ea, fără a experimenta vreodată realitatea ei în viețile noastre.

În esența sa, rugăciunea nu se rezumă la cuvintele care se spun. Ea înseamnă mai degrabă a ne înălța inimile către un Dumnezeu în care putem avea încredere. Ea nu se rezumă doar la fraze care sună cât mai religios, pentru că lacrimile și suspinele deseori primesc cele mai puternice răspunsuri. Ea este simplă și vine din străfundurile inimii, de aceea este atât de greu de acceptat de mulți credincioși rafinați și mândri de intelectul lor, și de bisericile care promovează așa ceva. În forma sa cea mai pură, rugăciunea este o ardoare neprefăcută, o credință ce are trecere la Dumnezeu și care asigură răspunsuri care altfel ar fi considerate imposibile.

Așa cum am aflat: „Iubiți-vă unul pe altul!" și „Bucurați-vă întotdeauna!" se pot aplica doar prin puterea Duhului Sfânt. Andrew Bonar, un pastor din Scoția din secolul XIX, a spus odată cu măiestrie: „Tot meritul se datorează Fiului; toată puterea se datorează Duhului." Acceptarea și mântuirea noastră sunt prin harul lui Cristos și al crucii Lui, dar, în același timp, toată ascultarea de Dumnezeu este posibilă doar prin intermediul Duhului. De asemenea, acest lucru este adevărat și pentru tipul de rugăciune pe care îl vedem în Scriptură – Duhul Sfânt îl face posibil. Pentru a înțelege acest lucru, trebuie doar să comparăm obiceiurile noastre superficiale de „a ne spune rugăciunile" cu cererile îndrăznețe ale lui Ilie, intervențiile lui Moise pentru israeliți sau travaliul lui Pavel asemănător unei mame care dă naștere.

Când dăm mărturie în fața unui necredincios, mulți dintre noi se bazează pe puterea Duhului pentru a-i deschide mintea și inima ascultătorului, așadar, de ce nu ne bazăm pe același Duh atunci când ne rugăm? „De ce credeți că se pune atât de puțin accent pe influența Duhului în rugăciune, deși se vorbește atât de mult despre influența Sa în procesul de convertire?", a întrebat Charles Finney. „În mod surprinzător, mulți oameni se tem că influența Duhului va fi lăsată la o parte. Ei pun mare accent pe influența Duhului în convertirea credincioșilor. Dar cât de puțin se vorbește, cât de puțin se scrie despre influența Sa în rugăciune! Nu prea se plânge nimeni că oamenii nu înțeleg ce mare influență are Duhul în călăuzirea creștinilor de a se ruga conform voii lui Dumnezeu! Să nu uităm niciodată că niciun creștin nu se roagă corect dacă nu este călăuzit de Duhul."[2]

Rugăciunea făcută prin Duhul

Apostolul Pavel, cel care a scris mare parte a Noului Testament, a făcut o declarație extraordinară în Romani: „Și tot astfel și Duhul ne ajută în slăbiciunea noastră, căci nu știm cum trebuie să ne rugăm. Dar Însuși Duhul mijlocește pentru noi cu suspine negrăite" (Romani 8:26). Observați frazele cheie:

- „...nu știm cum trebuie să ne rugăm." Este o propoziție scrisă la persoana întâi plural - Pavel s-a inclus pe sine! Cel mai puternic apostol din istorie nu știa cum să se roage corect?

- „...Duhul ne ajută în slăbiciunea noastră..." Suntem oare toți atât de fragili din punct de vedere spiritual, încât avem nevoie de ajutor din partea lui Dumnezeu pentru a ne ruga în mod corect?
- „...Duhul ne ajută." Toată puterea este în Duhul Sfânt, inclusiv harul de a ne ruga corect, pentru ca Dumnezeu să ne audă și să ne dea un răspuns.

Duhul ne ajută să *facem rugăciuni,* să evităm agitația vieții și să rămânem singuri cu Dumnezeu. Ne dezvăluie nevoia noastră foarte importantă de a avea har zilnic, punând în contrast puterea lui Dumnezeu cu fragilitatea noastră umană. Ne aduce aminte cu tandrețe de vulnerabilitatea noastră firească față de ispită, de lașitatea noastră și de reacțiile noastre lipsite de bunătate față de oameni și situații. El ne atrage cu blândețe către Sursa noastră, ne ajută inimile să se plece cu sinceritate, să creadă și să vină cu cereri la tronul lui Dumnezeu. Duhul ne rearanjează prioritățile pe baza valorilor eterne; și, ajutându-ne să ne concentrăm asupra lucrurilor spirituale, ne convinge de nevoia noastră copleșitoare de a vorbi cu Tatăl.

Cu toții știm că sunt lucruri pe care nu trebuie niciodată să le aducem în rugăciune, pentru că acestea Îl dezonorează pe Dumnezeu sau nu se conformează îndrumărilor Sale sfinte. Ar fi curată nebunie să te rogi astfel: „Doamne, să dau sau nu informații false în declarația de venit? Călăuzește-mă ce cale să urmez." Dar întrebările complexe care nu au răspunsuri în Scriptură? De multe ori ne confruntăm cu situații în viață care sunt foarte complicate și nu suntem siguri cu privire la lucrurile pentru care să ne rugăm – nu există o alegere evidentă care să fie bună sau rea. Poate se ivește oportunitatea de a face o scurtă călătorie de misiune, un copil rebel are probleme cu legea sau un pastor al bisericii se confruntă cu posibilitatea de a muta biserica într-o clădire mai mare, ceea ce implică strângerea a milioane de dolari. Care este voia lui Dumnezeu în aceste situații? Cum ar

Duhul ne rearanjează prioritățile pe baza valorilor eterne.

trebui să ne rugăm? Aici intervine Duhul Sfânt și ne ajută dezvăluindu-ne voia lui Dumnezeu, dându-ne credința de a cere în rugăciune lucruri după voia Lui.

Rugăciunea făcută cu credință poate muta munții (Marcu 11:23–24; Iacov 5:15). Doar Duhul face ca puterea lui Dumnezeu să fie atât de vie pentru noi, încât putem cere, căuta și bate cu siguranță și îndrăzneală în rugăciunea noastră. Acesta este un alt motiv pentru care cele mai profunde adevăruri și secrete referitoare la rugăciune nu pot fi învățate niciodată prin prelegeri, casete cu lecții biblice sau cărți (inclusiv aceasta!). Rugăciunea se învață prin rugăciune, iar inima, de obicei, învață mai repede decât capul. „Astfel, credința *vine* în urma auzirii, iar auzirea vine prin Cuvântul lui Hristos" (Romani 10:17, subl. aut.). Duhul Sfânt este cel care aduce rugăciunea și credința în sufletele noastre, iar rezultatele ne schimbă viața.

Să sufle Duhul

Duhul Sfânt *este* duhul adevăratei rugăciuni; în El își are adevărata rugăciune originea, El este sângele care dă viață rugăciunii. Iată de ce trebuie să fim atenți, atât personal cât și în grup, să nu Îl îndurerăm.

Cu ceva timp în urmă, am vorbit la o mare conferință creștină la care s-au adunat bărbați și femei sinceri pentru a-și reîncărca bateriile spirituale. Am simțit ungerea lui Dumnezeu în timp ce am vorbit din Cuvântul Său și apoi am încheiat chemându-i în față pe toți cei care doreau un har proaspăt care să-i ajute să-și îndeplinească chemarea. Sute de persoane au răspuns și în curând s-a creat o atmosferă sfântă, plină de prezența Duhului. Cereri fierbinți, sincere și smerite se amestecau cu lacrimi și strigăte tari se ridicau spre cer. Era genul de rugăciune care a adus înnoire spirituală bisericilor de-a lungul secolelor, acea rugăciune care a înlocuit starea de a fi căldicel cu dorința fierbinte de a fi precum Cristos și de a sacrifica totul pentru El. Duhul Sfânt venise să ne ajute să ne rugăm! Nimeni nu s-a uitat la ceas să vadă cât era, pentru că, în prezența lui Dumnezeu, într-un anumit sens, timpul stă în loc.

În cele din urmă, a trebuit să plec de pe platformă pentru a vorbi cu un coleg pastor care fusese foarte bolnav. Eu am plecat, dar oamenii rămaseră acolo, unii așezați pe scaune, alții în genunchi, alții în picioare sau prosternați pe podea – postura fizică este irelevantă când inima se întâlnește cu Dumnezeu în rugăciune. Însă, în mijlocul acelor rugăciuni fierbinți, cineva a luat deodată microfonul și le-a ordonat tuturor să revină la locurile lor. „Înainte ca serviciul să se încheie, corul și orchestra vor încheia cu două imnuri care vă vor copleși de emoție!" Era o intervenție a elementului uman în lucrarea blândă a Duhului. Trebuie să fi fost resimțit ca un pumn în stomac de cei care erau pierduți în dulcea prezență a lui Isus. Imnurile, cântecele de laudă și predicile își au toate locul lor, dar nu în momentul în care Duhul îi ajută pe copiii lui Dumnezeu să se roage pentru a primi o putere proaspătă. *Există un timp* pentru totul sub soare, dar înțelepciunea trebuie să ne ajute să discernem de ce este nevoie într-un anumit moment.

Am observat că serviciile de la biserică și conferințele sunt tot mai mult (și cu mândrie) reglementate de „timpul limitat", în încercarea de a imita modelul corporatist american. Un cântec aici, anunțuri acolo, să trecem la asta, să respectăm programul, vă rog! Dar, mai ales, să evităm pauzele în care nu este nimeni la microfon. Ferească cerul să îndrăznim vreodată să încredințăm serviciul sau conferința vântului Duhului Sfânt și să nu știm ce să facem în continuare! Biblia ne avertizează să nu Îl îndurerăm pe Duhul Sfânt – să nu Îl jignim, să nu Îl facem să sufere, să nu Îl mâhnim, să nu Îl întristăm. La acea conferință de lideri la care am vorbit, cu siguranță ni s-a părut multora dintre noi că Duhul Sfânt a fost întristat de faptul că programul unei conferințe în care trebuia să se cânte imnuri de către cor a fost o prioritate mai mare decât a se respecta lucrarea blândă, suverană a Duhului Sfânt, atât de necesară nouă.

Rugăciunea făcută în Duhul

Pavel a spus efesenilor: „Rugați-vă întotdeauna în Duhul, cu tot felul de rugăciuni și cereri" (Efeseni 6:18, NTR). Ce îndemn interesant – rugăciune *în* Duhul. Rugăciune în, prin și cu ajutorul Duhului Sfânt care este Dumnezeu Însuși! Acesta este un adevăr vital și probabil unul dintre cel mai puțin abordate subiecte din Noul Testament. Pe lângă această referință din Efeseni, există multe altele: „Ce este de făcut atunci? Mă voi ruga cu duhul, dar mă voi ruga și cu mintea; voi cânta cu duhul, dar voi cânta și cu mintea" (1 Corinteni 14:15). Observați că Pavel se roagă nu numai cu mintea, ci și cu duhul său, inspirat și îndemnat de Duhul lui Dumnezeu.

Unde altundeva va lucra Duhul mai întâi dacă nu în duhul nostru omenesc? De asemenea, pentru a-i combate pe cei care dezbină trupul lui Cristos, pe cei care își urmează „pornirile lor firești și nu au Duhul", Iuda le-a spus liderilor săi: „Zidiți-vă sufletește pe credința voastră preasfântă, *rugați-vă prin Duhul Sfânt*" (Iuda 20, subl. aut.).[3]

Toate aceste directive cu privire la rugăciunea inspirată de Duhul Sfânt ar putea părea unora fanatism emoțional. Aceștia simt că ea este potrivită pentru „alții", pentru cei care întotdeauna cântă prea tare și își ridică mâinile în biserică la fiecare șase secunde. Ei spun: „Nu așa am fost eu crescut în biserică." Oare are vreo importanță cum am fost crescuți și ce am văzut fiecare în culturile noastre denominaționale? Oare nu ne-a dat Dumnezeu Biblia ca să căutăm, prin rugăciune și cu smerenie, în profunzimile ei și să experimentăm ceea ce promite ea? Oare puterea Duhului Sfânt de a inspira rugăciunea s-a evaporat cumva la secole distanță de la evenimentele din cartea Faptele apostolilor? Oare Duhul ne va ajuta azi mai puțin, în special când avem nevoie de El mai mult? Acesta nu pare a fi comportamentul unui Dumnezeu plin de milă față de noi.

Deseori, când țin un discurs la vreo conferință de pastori, prezentarea mea este urmată de o sesiune de întrebări și răspunsuri. Cea mai frecventă întrebare, de departe, sună cam așa: „Cum poate deveni biserica mea mai mult o casă de rugăciune?"

Pentru a le răspunde, încerc să-i ajut pe ascultătorii mei să înțeleagă că a fi o adevărată „casă de rugăciune" are direct legătură

Doar dacă Duhul ne călăuzește și ne inspiră ne vom ridica la un nou nivel, unul în care rugăciunea predomină în viața noastră.

cu gradul în care este onorat Duhul Sfânt. Cum ne vom ruga cu îndrăzneală în credință dacă Duhul Sfânt nu ne ajută? Nu este oare uimitor că unele dintre cele mai bune biserici în care se dă învățătură din Biblie sunt de fapt biserici nededicate rugăciunii? Fără o înțelegere și fără o foame după Duh, rugăciunea nu va deveni niciodată o forță dinamică care să asigure binecuvântările lui Dumnezeu.

Același lucru este adevărat pentru voi și pentru mine, ca indivizi. Doar dacă Duhul ne călăuzește și ne inspiră ne vom ridica la un nou nivel, unul în care rugăciunea predomină în viața noastră.

Atunci întăriturile *vor* cădea, cei iubiți *vor* fi vizitați de harul lui Dumnezeu și oamenilor din jurul nostru li se *va* reaminti că Cristos este un Mântuitor viu, nu un simplu concept teologic. Samuel Chadwick a scris, cu mult timp în urmă: „Nu vom deveni niciodată oameni ai rugăciunii în cel mai bun sens al cuvântului până nu vom fi «umpluți cu Duhul Sfânt»".[4]

Recent, am cunoscut o fată aflată în perioada de preadolescență, în cadrul programului nostru BT Kids. Deși este drăguță și inteligentă, de-abia m-a privit când i-am fost prezentat.

— Ce s-a întâmplat? am întrebat.

Mi-a dat răspunsul dintr-o suflare, fără să se oprească nici măcar o secundă:

— Sunt supărată pe mama, pe tata, pe școală, pe Dumnezeu, pe Isus – sunt supărată pe toată lumea!

Am aflat că membrii unei bande încercau să o racoleze pe această scumpă fată care se împotrivea deja foarte mult acestei influențe. Ea trăia într-un cartier dur care pur și simplu înghițea copii ca ea. În plus, avea o viață dificilă, cu multe probleme acasă. Nimeni nu vorbea cu ea și nici nu încerca să înțeleagă ce simțea. I-am vorbit despre dragostea lui Isus și despre planul Lui pentru viața ei cât de bine am putut, dar părea că nu rezolv nimic.

Deși am vorbit și m-am rugat cu zeci de oameni în acea duminică, nu mi-am putut-o scoate din minte și din inimă pe acea fată. Chiar fără intenție, m-am surprins rugându-mă zilnic pentru ea cu o mare îngrijorare, ca și cum ar fi fost propria mea nepoată.

Cu atâtea cereri de rugăciune în biserica noastră, cum credeți că a devenit acea preadolescentă un subiect principal al cererilor și mijlocirilor mele în rugăciune? Putea Satana, firea mea pământească sau duhul acestei lumi egoiste să fie în spatele acestui lucru? Nici vorbă. Dintr-un anume motiv, Duhul Sfânt a aranjat ca eu să o cunosc și apoi a pus pe inima mea povara rugăciunii, pentru ca eu să lupt pentru o fată pe care Cristos o iubește și pentru care a murit. Nu eu am cerut asta. Nu căutam un alt proiect personal de rugăciune. Dar, deși lupta ei este departe de a fi încheiată, am început deja să văd răspunsurile la cererile mele.

Dar voi? Aveți o îngrijorare pentru o persoană iubită care locuiește prea aproape de Sodoma? Avraam a mijlocit între Dumnezeu și nepotul său Lot, pe care îl iubea. Ce eliberare minunată au adus rugăciunile lui Avraam! Aveți o rudă sau un prieten care stă în fața veșniciei fără un Mântuitor? Poate că știți un părinte sau un copil care pare să devină tot mai dificil pe zi ce trece și vă întrebați ce să faceți. Haideți să încercăm să urmăm indicația lui Dumnezeu – *rugăciunea*!

Dumnezeu ne reamintește că *nimic* nu este prea greu pentru El. Doar că e nevoie de credincioși predați influenței Scripturii astfel încât rugăciunea care mișcă împărăția întunericului să poate fi oferită spre slava lui Cristos.

Doamne, învață-ne să ne rugăm și fie ca rugăciunea noastră să fie rugăciune în Duhul Sfânt!

Capitolul 18

Un răspuns la rugăciune: povestea lui Annes

Cu ceva timp în urmă, biserica noastră a început o nouă lucrare pentru copiii cu nevoi speciale și pentru părinții lor. Annes Mogoli a fost cea a cărei pasiune a stat în spatele acestei lucrări: a investit energia, timpul și entuziasmul necesare pentru a porni lucrarea și a-i da continuitate. A făcut o treabă remarcabilă, cu puține resurse, într-o lucrare ce aduce noi provocări fizice și emoționale în fiecare săptămână. Dar Annes pleacă în fiecare duminică întrebându-se ce poate face pentru a-i sluji pe acei copii și pe familiile lor. Este un lucru remarcabil, având în vedere că Annes are o slujbă cu normă întreagă și este o mamă singură care crește șase copii.

Pasiunea neobosită a lui Annes vine dintr-o revărsare a recunoștinței față de Dumnezeu. El a răspuns rugăciunilor ei, dar și rugăciunilor membrilor bisericii noastre, atunci când ea și copiii ei aveau nevoie cel mai mult.

Annes

Aveam douăzeci și patru de ani, eram singură și însărcinată și nu doream să îmi cresc copiii în aceleași influențe negative în care crescusem eu. Aceasta însemna că trebuia să plec din Grenada.

Părinții mei erau amândoi alcoolici. Tata chiar mă obliga să îi cumpăr alcool, când eram la școală. Deseori îmi adresa cuvinte dure, iar eu nu protestam. Eram cea tăcută din familie, nu mă apăram.

Însă pentru copilul meu îmi doream mai mult decât genul de viață în care am crescut eu. Am decis să mă mut în America, sperând că aceasta va oferi copilului meu un nou început.

Cineva mi-a cumpărat un bilet de avion spre New York, iar vărul meu și un alt prieten m-au ajutat să îmi găsesc o slujbă și o casă. Câteva luni mai târziu, am dat naștere unui fiu și i-am pus numele Alex. Am găsit un apartament și mi-am luat o slujbă ca infirmieră. Eram decisă să fac tot ceea ce era nevoie ca viața mea să fie mai bună pentru fiul meu și pentru mine.

În apartamentul de sub mine locuia Roses, o asistentă medicală creștină. Vorbeam deseori despre serviciu, iar ea a început să îmi vorbească și despre Domnul Isus. Ea și fiica ei mă întrebau deseori dacă doresc să merg la biserică cu ele. La început am refuzat. Dar, când fiul meu s-a făcut mai mare, am decis că ar fi bine pentru el să meargă la școala duminicală. Ne-am dus la o bisericuță de pe Linden Boulevard, în Queens. La prima mea vizită acolo, mi-am predat viața lui Isus. Aș vrea să vă pot spune că de atunci am mers numai cu Domnul, dar nu pot spune asta. Mergeam o perioadă la biserică, după care nu mai mergeam, apoi iar mă duceam, după care iar renunțam.

Cam în acea perioadă, am cunoscut un bărbat chipeș din Nigeria și am început să ies cu el. În cele din urmă, el s-a mutat la mine. Au urmat repede două sarcini. Am născut un fiu pe care l-am numit Melvin și apoi o fiică pe care am numit-o Ngozi. Prietena mea Roses m-a vizitat imediat ce s-a născut Ngozi. „Nu scapi de mine", a spus ea. „Nu-mi pasă cât de frig este afară. Înfășoară-l bine pe bebeluș duminică, vin să vă iau și să vă duc la biserică."

Deși era neobișnuit de rece pentru o duminică de noiembrie, în biserică era cald – cald de la iubirea oamenilor. Am început să merg iar regulat la biserică.

Pe măsură ce învățam mai multe din Biblie, realizam că eu și prietenul meu aveam o relație păcătoasă. Pe lângă asta, uneori mă abuza verbal. Deseori îmi spunea lucruri ca: „Ești așa de urâtă și grasă!" Cuvintele lui îmi trezeau amintiri legate de tatăl meu și de abuzurile lui verbale constante care mă făcuseră să îmi pierd stima de sine. Dar la biserică totul era diferit – oamenii mă îmbrățișau și mă iubeau. Și, odată cu vârsta, am știut că este timpul să fac o schimbare. M-am rugat la Dumnezeu să mă ajute să scap de viața pe care o trăiam.

Dar, înainte de a face o schimbare, am rămas din nou însărcinată și am dat naștere celui de-al patrulea copil, o fiică pe care am numit-o Ije. Știam că acum nu îl mai pot părăsi pe prietenul meu. În plus, cine m-ar fi dorit? Roses a văzut cât de descurajată eram și mi-a sugerat să participăm la întâlnirile de rugăciune de la Brooklyn Tabernacle. Eu lucram lângă biserică așa că în zilele de marți o plăteam pe bonă mai mult ca să stea cu copiii în timp ce eu mă duceam la întâlnirea de rugăciune. La acele întâlniri, mi-am deschis inima față de Domnul și am strigat la El pentru viața mea. Duminicile mă duceam la serviciile regulate și luam copiii cu mine ca să participe la întâlnirile pentru copii din cadrul BT Kids. Știam și acum că modul în care trăiam nu era pe placul Domnului și că trebuia să fac ceva în legătură cu asta. M-am gândit că, poate, dacă l-aș convinge pe prietenul meu să facă un angajament, aceasta va rezolva lucrurile.

— Nu mai pot trăi astfel, i-am spus. Nu este bine pentru mine să trăiesc cu un bărbat fără să fiu căsătorită cu el.

— Bine, ne vom căsători, a spus el.

Eram entuziasmată că, în sfârșit, voi îndrepta lucrurile înaintea lui Dumnezeu. Și chiar credeam că, odată ce ne vom căsători, lucrurile între noi se vor îmbunătăți, însă nimic nu s-a schimbat. Chiar dacă era acum soțul meu, a continuat să mă disprețuiască și să-mi adreseze cuvinte de ocară.

Într-o zi a venit acasă și mi-a spus că a găsit o slujbă în New Jersey. Dorea să locuiască acolo în timpul săptămânii ca să fie mai aproape de birou, iar la sfârșit de săptămână să vină acasă.

Eram îngrijorată. Nu era un lucru normal, iar eu, cu patru copii acasă și o slujbă cu normă întreagă, depindeam de ajutorul lui în rarele ocazii în care el mi-l oferea. Dar el se hotărâse deja, iar eu nu puteam decât să fiu de acord cu decizia lui. Așa că, în timpul săptămânii, lucram și aveam grijă singură de copii.

Cel puțin eram încă aproape de biserică. Doar credința a fost cea care m-a susținut în timpul acelor zile extenuante. Dumnezeu mi-a dat putere interioară și m-a ajutat să fiu o mamă bună, chiar dacă eu niciodată nu am avut în familie o mamă care să îmi fie model și de la care să învăț.

De exemplu, Duhul Sfânt m-a călăuzit să le citesc copiilor din Biblie și să le spun despre Isus. Și, de fiecare dată când ușa de la biserică era deschisă, noi eram acolo. Dumnezeu S-a folosit de oamenii de la Brooklyn Tabernacle pentru a mă binecuvânta spiritual și, ocazional, financiar.

Doar credința a fost cea care m-a susținut în timpul acelor zile extenuante. Dumnezeu mi-a dat putere interioară.

Am rămas din nou însărcinată și, de data aceasta, ceva nu a decurs bine în timpul travaliului. L-am sunat pe soțul meu și acasă, și la biroul lui din New Jersey, dar nu l-am putut găsi nicăieri, așa că m-am dus la spital singură. Simțeam că ceva nu este în regulă, și totuși doctorii mi-au indus travaliul. Copilul era mare și, când a coborât, a coborât atât de jos că nu au mai putut face operația cezariană. Era înțepenit – era prea mare ca să treacă singur prin canalul nașterii. Eram întinsă pe masa de nașteri, mă rugam și strigam la Isus.

În momentul acela, cântecul care se auzea în camera de travaliu s-a terminat și a început un altul. Era *Venim cu bucurie* și era cântat de corul de la Brooklyn Tabernacle! Era un semn. *Doamne, știu că ești aici cu mine*. Continuam să mă rog cu voce scăzută. În cele din urmă, l-am auzit pe doctor spunând:

— Avem o urgență. Nu putem scoate copilul!

— Isuse! A fost tot ce am putut să spun, iar durerea a devenit tot mai puternică.

Cu colțul ochilor, am văzut o figură pe hol. Un bărbat a intrat în cameră și a cerut o pereche de mănuși. M-am cutremurat de durere dar, cumva, doctorul a intervenit și a poziționat copilul în așa fel încât acesta să iasă. Elijah a avut cinci kilograme. Dar ceva nu a decurs bine în timpul nașterii pentru că, imediat ce copilul a ieșit, a început să aibă atacuri. Cineva m-a întrebat dacă obișnuiam să mă droghez. „Nu! Nu m-am drogat niciodată," le-am spus eu. Dar ei nu au voit să asculte și l-au luat pe Elijah de lângă mine.

Acasă aveam patru copii care stăteau cu o bonă, soțul meu nu putea fi găsit, iar acum doctorii insinuau că mă drogam! Am făcut singurul lucru pe care știam să îl fac: m-am rugat. *Tată, Tu îmi cunoști inima, Tu ești Eliberatorul meu. Am nevoie de Tine chiar acum. Doamne, Îți voi dedica acest copil Ție. Când mi-l vor pune în brațe, Ți-l voi consacra Ție chiar aici în spital.*

Îl luaseră pe Elijah ca să facă teste de depistarea drogurilor, și, în scurt timp, au revenit. Testele fuseseră toate negative. „Acum îți poți vedea copilul", mi-a spus o asistentă.

Când l-am văzut pe Elijah pentru prima dată, arăta ca un jucător de fotbal american. Era uriaș! I-am atins capul și m-am rugat pentru el. I-am dedicat capul, mâinile și picioarele – tot ce era al lui – Domnului.

În acel moment, nu erau siguri ce anume cauzase atacurile. Mai târziu, am aflat că nașterea sa neobișnuită îi cauzase o traumă. Umărul lui fusese rănit în timpul nașterii și toată partea stângă a corpului părea afectată. Câteva luni mai târziu, un doctor l-a diagnosticat cu paralizia lui Erb.

Cineva de la spital m-a sfătuit să sun un avocat înainte să plec din spital. „Sunt multe lucruri necurate aici", m-au avertizat ei. Nu am avut idee pe cine să sun, dar Duhul Sfânt m-a îndemnat să sun la biserică. Cei de la biserică mi-au recomandat să vorbesc cu o femeie care cânta în Corinteni Numele ei era Esther și era avocat.

Esther a dat în judecată spitalul și a durat mult timp până s-a dat o sentință. Între timp, am continuat să mă rog pentru fiul meu. În primii cinci ani din viață, nu a scos un cuvânt; scotea doar sunete și saliva. Mâinile lui erau întoarse invers și nu își putea întinde degetele. M-am rugat și i-am rugat și pe alții să se roage pentru Elijah. Iar Dumnezeu a răspuns rugăciunilor noastre. Duhul Sfânt a folosit alți oameni pentru a mă îndruma către centrul medical Mount Sinai, unul dintre cele mai bune spitale din lume. După multă terapie, o operație și multă rugăciune, defectul său a fost reparat. Astăzi, Elijah este un băiat sănătos de doisprezece ani care nu se mai oprește din vorbit! Este în clasa a șaptea, ia note foarte bune și se dezvoltă în toate privințele. Acum când privesc înapoi, văd cum Dumnezeu a folosit acel timp cu Elijah pentru a mă pregăti pentru ceea ce avea să vină.

Din nou, am rămas însărcinată. Dușmanul se juca cu mintea mea și-mi șoptea lucruri ca: „Nu poți să păstrezi acest copil. Uite câte probleme ai deja. Gândește-te cum te tratează soțul tău. Cum poți să mai ai un alt copil?"

La biserică, într-o dimineață, am intrat la slujbă cu capul plecat. *Nu pot să spun nimănui că sunt din nou însărcinată.* Dar, în timpul mesajului, dintr-odată, pastorul Cymbala a spus: „Este o femeie aici pe care dușmanul o atacă în mintea ei cu privire la sarcină. Dar Domnul vrea ca tu să știi că, dacă vei face acest copil, vei fi binecuvântată." Acesta a fost semnul de care aveam nevoie. Plecând de la biserică, mi-am ținut capul sus. În loc să îmi pară rău pentru mine însămi, am petrecut chiar mai mult timp în rugăciune, deseori plângând și strigând către Domnul în baie, cu ușa încuiată.

La puțin timp după ce Elijah a împlinit un an, am dat naștere celui de-al șaselea copil, Joel. Dumnezeu a continuat să folosească biserica pentru a mă binecuvânta. Într-o seară am dorit să vin la întâlnirea de rugăciune cu orice preț, dar nu aveam bani să ajung acasă. Am decis să merg pe jos, să îl pun pe Joel în cărucior și pe Elijah în picioare în spatele căruciorului. Așa as fi putut ajunge până acolo, dar cum mă întorceam acasă? Ar fi fost prea periculos să merg pe jos atât de mult, la o oră atât de târzie. Tot drumul spre biserică m-am rugat: „Doamne, vreau să merg la biserică. Te rog să mă ajuți să ajung acasă."

În acea seară, pastorul a spus: „Știu că sunt oameni aici care sunt într-o disperată nevoie financiară. Dacă ești în nevoie, ridică-te pentru ca biserica să se roage pentru tine." M-am ridicat și mi-am ridicat mâinile. O doamnă din cealaltă parte a sălii a venit la mine și mi-a dat douăzeci de dolari.

Am plâns de bucurie, pentru că Dumnezeu a răspuns rugăciunii mele.

— Domnul mi-a spus să vin și să îți dau acești bani, a spus ea.

Am plâns de bucurie, pentru că Dumnezeu a răspuns rugăciunii mele.

Nu o cunoșteam pe acea femeie și nici măcar nu i-am aflat numele în acea seară. Dar am observat că avea o coadă împletită, care îi atârna lung pe spate.

Timpul a trecut, iar noi ne descurcam prin harul lui Dumnezeu. Joel avea aproape doi ani, iar Ngozi, fiica mea cea mare, avea nouă ani când, într-o dimineață de ianuarie, Ngozi m-a strigat din dormitorul ei.

— Mami, mami, vino repede! Nu pot să merg!

Am intrat în fugă și am încercat să o ridic de pe podea. Dar tot nu putea să meargă. Cu o seară înainte fusese în regulă, iar de dimineață era complet paralizată. Ce se întâmplase? Ce trebuia să fac acum? Deja mă simțeam copleșită. Doctorii încă încercau să îl ajute pe Elijah, Joel fusese diagnosticat cu astm și fusese chiar aproape de moarte o dată, iar soțul meu nu era de niciun ajutor. Iar acum Ngozi nu mai putea merge. Am luat telefonul și am sunat la biserică. Întotdeauna sunam la biserică înainte să sun la doctor.

Am sunat-o și pe Esther, care acum era ca un membru al familiei noastre. Era și o incredibilă luptătoare în rugăciune. Ea l-a sunat pe pastorul Cymbala și, împreună, au încercat să găsească un doctor care să o ajute pe Ngozi. Era o afecțiune fizică? Sau poate vreo problemă emoțională? În casa noastră se resimțise mult stres în ultimul timp.

Am făcut o programare la un reumatolog de la spitalul Mount Sinai, centrul care l-a ajutat pe Elijah atât de mult, și i-au făcut o serie completă de teste. I s-a făcut chiar și o scanare completă a corpului, dar nu au găsit nicio cauză pentru paralizia ei. Doctorii erau nedumeriți.

Ngozi a început să lipsească mult de la școală. În cele din urmă, direcțiunea școlii a început să pună întrebări, la fel și serviciile de protecție a copilului. Nimănui nu-i venea să creadă ce i se întâmpla lui Ngozi. Fusese perfect sănătoasă și, deodată, nu mai putea merge. Deoarece starea ei s-a înrăutățit, școala a trebuit să asigure un autobuz pentru copiii cu handicap care să o ducă și să o aducă de la școală. În timpul zilei, au numit o persoană din personalul auxiliar care să o mute dintr-o sală în alta și să o ducă la baie atunci când avea nevoie.

Stresul bolii lui Ngozi a început să-mi afecteze căsnicia. Soțul meu a început să îmi spună lucruri precum: „De ce am mai făcut toți acești copii?" Nu înțelegeam ce era în mintea lui. În tot acest timp, a început să vină acasă tot mai rar. În cele din urmă, s-a mutat de tot la New Jersey și a divorțat de mine.

M-am rugat: *Doamne, am nevoie disperată de Tine! Acum sunt pe cont propriu. Trebuie să mă ajuți să fiu o mamă bună! Tu trebuie să fii Tată pentru copiii mei acum. Și va trebui să o vindeci pe Ngozi. Trebuie să o vindeci!* Nu știu cum de am devenit atât de îndrăzneață în rugăciune, singura explicație este că eram disperată. *Doamne, mă bazez pe Tine, știu că Tu o poți face.* L-am implorat pe Dumnezeu să ne ajute cu toate problemele cu care ne confruntam.

Am continuat să venim la biserică, chiar dacă a fost mai greu din cauza incapacității lui Ngozi de a merge. În timpul săptămânii, mă zgârceam și făceam economie, iar diminețile de duminică, după ce îi îmbrăcam pe copii, luam banii economisiți și sunam un taxi să vină să ne ia. Taxiul ne lăsa la biserică, iar un bărbat din biserică, Big Willy, ne aștepta la ușă, o lua pe Ngozi în brațe și o ducea în zona pentru copii. Când era ora de plecare, Willy chema un taxi, o lua pe Ngozi din zona pentru copii, o aducea jos și o punea ușor în taxi. Duhul Sfânt mi-a trimis întotdeauna exact oamenii de care am avut nevoie.

Însă, cu timpul, am obosit. Am obosit foarte tare. Lucram cu normă întreagă ca infirmieră și o duceam pe Ngozi la programările pentru terapie de la Mount Sinai de două ori pe săptămână. Era important să continuăm terapia pentru ca picioarele ei să nu se atrofieze. Mușchii care nu sunt folosiți pot face ca tălpile să se îndrepte spre interior și asta începea deja să se întâmple. Totuși, terapia nu părea să o ajute mult, iar doctorii încă nu știau ce îi cauzase paralizia. Lucrătorii sociali încă bănuiau că avusese loc o traumă ascunsă. A avea grijă de ea era extenuant emoțional și fizic.

În luna iulie, într-o dimineață de vineri, Esther a sunat și mi-a spus:

— Va merge din nou! Va fi vindecată!

— Sunt atât de obosită, Esther, am spus eu, încercând să îmi înăbuș lacrimile. Trecuseră șase luni de când paralizase Ngozi și simțeam cum credința mea slăbea. Petrecusem nesfârșite ore în baie, plângând și rugându-mă ca Ngozi să fie vindecată.

Esther a simțit încordarea mea și mi-a zis:

— Nu te pot lăsa singură astăzi. Se simte din vocea ta cât de obosită ești.

Duhul Sfânt a îndemnat-o să-și sune toți clienții și să anuleze toate programările din ziua aceea.

— Te voi duce eu cu mașina la spital azi.

Câteva ore mai târziu, Esther ne-a luat cu mașina ei și ne-a dus la centrul medical. Îmi dădeam seama că, în timp ce șofa, se ruga fierbinte pentru Ngozi. Când am intrat în parcare, Esther a zis:

— Simt că Domnul vrea ca eu să parchez și să o plimb pe Ngozi prin împrejurimi.

Pur și simplu m-am holbat la ea, dar eram prea obosită pentru a mă împotrivi. Esther s-a dat jos din mașină și a deschis ușa din spate. A luat mâinile lui Ngozi și, spre uimirea mea, am văzut că piciorul ei s-a mișcat puțin.

— Esther! A mișcat piciorul!

Esther a dat slavă lui Dumnezeu. Apoi, ținând-o pe Ngozi de mână, a plimbat-o încet în jur cu pași mici. Apoi am dus-o sus la reumatolog. I-am spus ce s-a întâmplat, dar acesta nu a avut nicio explicație.

După programarea de la doctor, ne-am urcat iar în mașina lui Esther și ne-am dus la biserică. Doream să mă întâlnesc cu echipa de rugăciune, un grup dedicat de bărbați și femei care se întâlnesc la biserică și se roagă zilnic pentru nevoile membrilor bisericii.

— Annes, a zis Esther, Dumnezeu o va vindeca.

— Știu, am spus eu. Și am crezut că o va face.

La biserică, am dus-o pe Ngozi în camera unde se strânsese echipa de rugăciune. Pastorul Ware era acolo. Acesta a pus mâinile pe ea și a spus: „În numele lui Isus, mergi!" Apoi s-a uitat la mine și a zis: „Nu știu ce a fost, dar este eliberată. Lanțurile s-au rupt. Orice a încercat să facă Satana, astăzi s-a rupt!"

Membrii echipei de rugăciune și-au pus mâinile pe picioarele lui Ngozi și au strigat la Dumnezeu să îi vindece trupul. Era o rugăciune atât de fierbinte, încât m-am emoționat foarte tare. M-am uitat la Ngozi și, pentru prima dată, am observat speranță în ochii ei. Deși nu a fost vindecată atunci, în urma rugăciunilor lor, credința mea a crescut. Avea să meargă din nou, însă nu știam când.

Lanțurile s-au rupt. Orice a încercat să facă Satana, astăzi s-a rupt!

Marți am dus-o pe Ngozi la întâlnirea de rugăciune a copiilor. În timp ce eram acolo, liderul le-a explicat copiilor că Ngozi nu putea merge. „Credeți că, dacă ne rugăm în seara aceasta, Ngozi va veni duminică la biserică pe picioarele ei?" a întrebat aceasta. Copiii au izbucnit în urale, după care și-au plecat capetele și s-au rugat pentru fiica mea. Am fost mișcată de credința lor scumpă. Poate că Ngozi nu a arătat nicio îmbunătățire, dar rugăciunile lor m-au întărit pe mine.

A doua zi dimineața, în timp ce pregăteam copiii pentru școală, Ige, fiul meu de cinci ani a venit lângă mine și mi-a zis: „Mami, trebuie să ne rugăm pentru Ngozi chiar acum."

De undeva din interiorul meu, am simțit că Duhul Sfânt dorea să ne rugăm *chiar atunci*. Eram obosită și încercam să îi pregătesc pe copii pentru școală. Ne rugam de luni de zile, și în ultimele șase zile ne rugasem și mai intens și nimic nu se întâmplase. *Doamne, de ce vrei să mă rog din nou acum?*

I-am chemat pe toți copiii în sufragerie și am spus: „Isuse, am obosit! Și știu că planul Tău este să o vindeci pe Ngozi. Poți să o faci acum?"

Ceva în mine m-a îndemnat să o iau pe Ngozi de mâini și să o ajut să se ridice. M-am întins și am prins-o de mâini.

Când Ngozi și-a dat seama că doream să o ajut să se ridice a zis:

— Nu, mami, nu pot!

— Ba da, poți! O să mergi!

Știam că este un lucru stupid să spun asta. Mușchii ei erau slabi și picioarele ei se suciseră spre interior. Chiar dacă ar fi mers, ar fi avut nevoie de multă terapie pentru a i se corecta poziția tălpilor. Dar am spus din nou:

— O să mergi *astăzi*!

Deodată, talpa ei s-a întors și s-a îndreptat! Nu-mi venea să cred! Copiii se holbau uimiți în timp ce eu o țineam de mână, iar ea se ridica ușor. Deodată, copiii au început să chicotească bucuroși: „Ngozi se ridică!", strigau ei.

Dar Ngozi a căzut pe spate. I-am luat din nou mâinile și le-am ținut iar în timp ce ea încerca să se ridice. De data aceasta s-a ridicat singură. Copiii au început să râdă și să sară de bucurie. Apoi Ngozi a început să meargă singură. Tălpile ei erau perfect drepte și punea un pas înaintea altuia. Copiii nu-și mai puteau stăpâni bucuria: Melvin sărea pe canapea și toți strigau și râdeau de bucurie. Eu plângeam; nu-mi venea să cred că o vedeam mergând! Am luat telefonul și am sunat-o pe Esther: „Merge! Merge cu adevărat!" La celălalt capăt al firului, o auzeam pe Esther plângând. Știam că este o minune. Apoi am sunat la biserică și le-am spus ce s-a întâmplat. În acea duminică, Ngozi a mers la biserică la întâlnirea copiilor pe propriile ei picioare. Să văd entuziasmul pe fețele copiilor care se rugaseră atât de fierbinte a fost un moment pe care nu îl voi uita niciodată.

Dar binecuvântările mele nu s-au terminat atunci. Ngozi pierduse aproape două luni de școală dar, după ce a revenit, a recuperat totul foarte repede. A fost testată pentru a fi inclusă în programul copiilor supradotați și a fost acceptată la una dintre cele mai bune școli generale din Brooklyn. Acolo a excelat și a devenit șefă de promoție. Când a absolvit, a primit un cec de trei sute de dolari! Un consilier de la școala ei a nominalizat-o pentru un program de burse și Ngozi a reușit să se califice între primii treizeci de copii. A fost acceptată la Emma Willard, una dintre cele mai vechi și mai prestigioase școli pentru fete, unde a primit o bursă completă de peste 34 000 de dolari pe an! Vara trecută a petrecut două săptămâni jucând baschet în cadrul unui program de leadership de la Earth University din Costa Rica. Ea, o fată care odinioară nu putea merge, să îi conducă pe alții și să joace baschet! Acum este studentă la Universitatea St. Lawrence și are o bursă completă.

Ceilalți copii sunt și ei fericiți și au succes, dar poate că cele mai mari schimbări s-au petrecut cu mine. Nu mai lucrez ca infirmieră; acum fac parte din personalul auxiliar al unei școli, ajut copiii cu nevoi speciale. La biserică, fiind implicată în lucrarea cu copiii, am fost atrasă de cei care aveau nevoie de o atenție specială și care aveau probleme în grup. Cu timpul, am strâns lângă mine alte persoane care m-au ajutat să facem un program pentru copiii cu nevoi speciale. Părinții extenuați pot acum să se simtă liniștiți când își lasă copiii cu noi, în timp ce ei participă la slujbă pentru a fi împrospătați de Domnul.

Adulți și copii, în număr egal, am fost martorii multor lucruri minunate care s-au întâmplat. Într-un an, am jucat povestea Crăciunului și, în timp ce părinții au privit, un băiețel care nu putea vorbi, a spus primul său cuvânt: „Aleluia!”

Îi iubesc pe acești copii. Îi iubesc în special pe cei care fac probleme, pentru că știu că ei au nevoie de Duhul Sfânt cel mai mult. Uneori îi sun pe părinți acasă și le spun: „Înțeleg prin ce treceți. Nu știu de ce Dumnezeu a vindecat copilul meu și nu l-a vindecat pe al vostru sau de ce Dumnezeu nu l-a vindecat pe al vostru încă. Dar mă voi ruga împreună cu voi și vă voi sprijini." Rugăciunile și sprijinul multor oameni m-au ajutat să trec prin acele zile dificile când eram atât de obosită. Acum am o chemare în viață, să îi ajut pe alții.

Într-o zi, în timp ce mă pregăteam să plec la biserică, o femeie pe nume Carol implicată în lucrarea cu familiile, a trecut pe lângă mine. Văzându-i coada împletită lungă atârnând pe spate, mi-am amintit deodată de o seară, cu mult timp în urmă.

— Carol! am strigat-o eu.

S-a întors și m-a privit:

— De ce plângi, Annes?

Acum ne cunoșteam bine, dar niciodată nu făcusem legătura între seara aceea și întâlnirea de rugăciune.

— Domnul tocmai mi-a amintit de ceva. Îți amintești cu ani în urmă, când i-ai dat unei femei o bancnotă de douăzeci de dolari?

— Da, cu siguranță îmi amintesc. Ce s-a întâmplat cu acea femeie? O cunoști?

Eu deja plângeam atât de tare, încât a trebuit să-mi înghit lacrimile ca să rostesc cuvintele din gură:

— Eu eram acea femeie!

Dumnezeu răspunde unor rugăciuni mari, cum ar fi vindecarea unui copil, și rugăciunilor mici, ca de exemplu banii de taxi pentru a ajunge acasă. Deseori Duhul Sfânt îi îndeamnă pe alții să ofere ajutor. Acum, speranța mea este că voi fi un răspuns la rugăciunea părinților care sunt obosiți și se luptă să facă tot ceea ce le stă în puteri pentru copiii lor.

Capitolul 19

Nu mai suntem spectatori

Majoritatea nu suntem conștienți de un anumit eveniment din Biblie care, după câte se pare, a schimbat istoria Bisericii creștine. A înțelege ce s-a întâmplat în acel moment ne va ajuta să înțelegem mai multe despre Duhul Sfânt. Povestea se găsește în Faptele apostolilor, iar locul în care s-a petrecut este Antiohia. După convertirea lui Saul pe drumul Damascului, el a făcut o scurtă călătorie până la Ierusalim, la apostoli, înainte de a reveni în orașul său de baștină, Tars. Mai târziu, Barnaba s-a dus la el și l-a convins pe Saul să i se alăture în ajutorarea bisericii din Antiohia, unde harul lui Dumnezeu lucra cu putere (Fapte 11:19–26). Cei doi s-au alăturat altor profeți și învățători pricepuți și au slujit acolo timp de mai multe luni, întărind credința creștinilor în Isus.

Apoi s-a produs acel moment esențial. În timp ce liderii bisericii din Antiohia se apropiau de Dumnezeu (prin închinare și post), Dumnezeu Se apropia de ei așa cum a promis (vezi Iacov 4:8). Luca spune povestea într-un mod obiectiv, ceea ce ne oferă informații despre practicile spirituale ale primilor lideri creștini. Este posibil ca ei să fi avut vreo descoperire profetică prin care au aflat că Domnul plănuia schimbări în mijlocul lor. Ei au devenit atenți la vocea Lui și Dumnezeu a răspuns.

„Pe când slujeau Domnului și posteau, Duhul Sfânt a zis: «Puneți-Mi deoparte pe Barnaba și pe Saul pentru lucrarea la care i-am chemat». Atunci, după ce au postit și s-au rugat, și-au pus mâinile peste ei și i-au lăsat să plece" (Fapte 13:2–3).

Credincioșii au auzit Duhul îndemnându-i să I-i „pună deoparte pe Barnaba și pe Saul" pentru a fi trimiși să facă o anumită lucrare pentru Domnul. Nu suntem siguri cum a fost transmis acest mesaj. Oare printr-un dar profetic al Duhului? Detaliile sunt omise, dar a fost un mesaj dramatic și inconfundabil. Nimeni nu a părut prea surprins de îndrumarea Duhului pentru Pavel și Barnaba de a se dedica acelei chemări destul de vagi. Duhul Își dezvăluise intenția, iar liderii bisericii au răspuns. Au postit și s-au rugat, și-au pus mâinile pe cei doi bărbați și i-au lăsat să plece (Fapte 13:3).

Așadar, ce este atât de semnificativ în legătură cu acel moment? Aceea a fost prima călătorie misionară a lui Saul. Călătoriile sale au schimbat întregul curs al Bisericii creștine. De fapt, în timpul primei sale călătorii, numele lui Saul a fost schimbat în Pavel. El a devenit lider, iar Dumnezeu l-a folosit într-un mod chiar mai măreț decât pe compatriotul său mai în vârstă, Barnaba. Din acel moment, cartea Faptele apostolilor își schimbă direcția. Nu se mai concentrează asupra faptelor lui Petru, Iacov și Ioan din jurul Ierusalimului, ci se concentrează asupra lui Pavel și a călătoriilor sale. Deși el nu era unul dintre primii apostoli, a devenit cel mai mare dintre ei. De asemenea, a devenit modelul de slujire pentru liderii creștini de-a lungul secolelor, deoarece acesta a predicat, a dat învățătură și a înființat biserici în toată lumea.

Pus deoparte pentru o chemare absurdă

Când Duhul Sfânt acționează, începe un proces continuu de punere deoparte a credincioșilor și de trimitere a lor pentru a lucra pentru Cristos. Și acest proces nu îi include doar pe cei implicați într-o slujire formală. Uneori, ni se cere să plecăm de acasă, să mergem în cartier și să încurajăm un vecin în suferință, sau poate să ne implicăm într-o lucrare de slujire pentru instruirea copiilor din biserica noastră. Poate că va trebui să plecăm în călătorii misionare pe termen scurt sau să ne dedicăm rugăciunii de mijlocire care ne transformă viețile. Când Duhul Sfânt acționează, iar noi de predăm influenței Sale, viața devine atât incitantă, cât și plină de provocări pe care numai Dumnezeu le poate soluționa. Nimeni nu este lăsat să fie doar un spectator.

Conform definiției contemporane a bisericii, pare că totul este la latitudinea clerului profesional în timp ce restul se dă la o parte și privește. Dar acest lucru este împotriva planului lui Dumnezeu, conform căruia facem toți parte din același trup, iar El are un scop specific pentru fiecare membru (1 Corinteni 12:12–27). Creștinismul nu ar trebui redus la umplerea minții noastre de cunoștințe biblice pe care să nu le aplicăm niciodată. Înseamnă a auzi chemarea Duhului, a te preda Lui și apoi a ne dedica în totalitate lucrării pe care El ne-o pune în față. Aceasta implică eforturi mari, credința de a depăși descurajarea și perseverența de a continua indiferent ce ar veni.

Este ciudat, însă lui Dumnezeu Îi place să Se folosească de oamenii cel mai puțin probabili, mai neformați și imperfecți pentru a realiza lucruri uimitoare. Avraam a mințit când a fost sub presiune, Moise a ucis un om înainte de a deveni eliberatorul lui Israel, familia regelui David l-a considerat un simplu păstor, iar apostolul Petru era un pescar fără nicio educație religioasă formală. De atunci, istoria Bisericii ne dă nenumărate exemple ale acestui adevăr încurajator:

> De pildă, fraților, uitați-vă la voi care ați fost chemați: printre voi nu sunt mulți înțelepți în felul lumii, nici mulți puternici, nici mulți de neam ales. Dar Dumnezeu a ales lucrurile nebune ale lumii, ca să facă de rușine pe cele înțelepte. Dumnezeu a ales lucrurile slabe ale lumii, ca să facă de rușine pe cele tari. Și Dumnezeu a ales lucrurile josnice ale lumii și lucrurile disprețuite, ba încă lucrurile care nu sunt, ca să nimicească pe cele ce sunt, pentru ca nimeni să nu se laude înaintea lui Dumnezeu. (1 Corinteni 1:26–29)

Observați că acele cuvinte au fost scrise unei biserici care credea în Isus, nu clerului. În caz că vă simțiți nepotriviți și nepregătiți când vă cheamă Duhul, vă rog să vă reamintiți că așa lucrează de obicei Dumnezeu pentru a se asigura că El primește toată slava.

Pentru ca Dumnezeu să folosească oameni obișnuiți, trebuie ca planurile ferme și inflexibile *făcute de oameni* să fie date la o parte.

Ceea ce credem noi este logic și ceea ce are cel mai mult sens pentru noi trebuie să dea întotdeauna prioritate chemării Duhului Sfânt.

Gândiți-vă la Filip, diaconul care prin Duhul Sfânt a devenit evanghelist. El a ajuns să predice evanghelia unor mari mulțimi de oameni din Samaria, iar Dumnezeu a adus o trezire spirituală în acel oraș. Cu toate că pentru Filip, cu siguranță nu părea să aibă sens să plece din cruciada pe care o conducea și să se îndrepte afară din oraș către un drum izolat din deșert, este exact ceea ce i-a spus un înger al Domnului să facă (Fapte 8:26). În timp ce se afla acolo, și-a făcut apariția un eunuc etiopian (veți afla curând de ce îmi plac etiopienii atât de mult) care citea cartea lui Isaia în carul lui. „Duhul a zis lui Filip: «Du-te și ajunge carul acesta!»" (v. 29). Când a ajuns lângă car, a urmat o conversație care i-a permis lui Filip să-i vestească Evanghelia și să îl conducă pe eunuc la Cristos.

Pentru ca Dumnezeu să folosească oameni obișnuiți, trebuie ca planurile ferme și inflexibile *făcute de oameni* să fie date la o parte.

Observați că Duhul Sfânt a dat instrucțiuni specifice, pentru situația în care se afla: „Du-te și ajunge carul acesta!" Probabil că Duhul i-a spus aceasta lui Filip cu o voce interioară pe care Filip a recunoscut-o în inima lui. Nu era o completare la Scriptură. Erau îndrumări amănunțite date de Duhul Sfânt unui credincios, îndrumări care au dus la răspândirea Evangheliei lui Isus pe continentul Africii.

Dacă insistăm să facem numai ce vrem noi și când vrem noi, și ne împotrivim „punerii deoparte" a lui Dumnezeu, vom pierde partea uimitoare care are legătură cu „trimiterea". Nimeni nu poate ști dinainte ce dorește Dumnezeu să facă cu viețile noastre.

Cu siguranță, nimeni nu ar fi prezis vreodată că Saul, persecutorul Bisericii, va deveni Pavel, cel mai mare dintre apostoli.

Un evanghelist puțin probabil

Pavel era evreu, primise educația unui fariseu și era expert în învățătura Vechiului Testament. Nimeni nu a fost mai bine pregătit să ducă vestea bună evreilor ca el. Dar nu aici l-a folosit Dumnezeu pe Pavel. În schimb, l-a folosit pentru a răspândi Evanghelia printre Neamuri! Logic era ca Petru să fie alesul, dar căile lui Dumnezeu *nu sunt* căile noastre (Petru a devenit apostolul evreilor!). Când acționează Duhul lui Dumnezeu, scopurile Sale sunt dezvăluite și împlinite în moduri pe care niciun comitet, test de personalitate sau program pe computer nu le-ar putea desluși.

D.L. Moody este un exemplu minunat al acestui lucru. Nimeni nu s-ar fi așteptat ca el să fie unul dintre cei mai mari evangheliști ai tuturor timpurilor. Moody a fost inițial un vânzător de pantofi, fără educație. Era un om scund, supraponderal și nu foarte arătos. Avea un ușor defect în vorbire și un debit verbal rapid atunci când se exprima. După ce a devenit creștin, a început să lucreze cu copiii pe străzile din Chicago, în cadrul organizației YMCA, iar mai târziu, în timpul Războiului Civil, împărțea broșuri. Deși nu a mers niciodată la seminar, lucrarea sa a fost una fructuoasă, iar, în cele din urmă, a fost invitat în Anglia să predice.

Acolo, pastori cu o înaltă educație și cu mari abilități de exprimare orală au rămas uimiți de stilul său de predicare. Multe dintre bisericile lor erau pe moarte, iar Împărăția nu se mărea. Dar, iată că a venit Moody și mulțimile l-au urmat. În ciuda limitărilor sale, binecuvântarea lui Dumnezeu era evidentă. Acest om nu putea nici măcar să pronunțe corect cuvântul Daniel. Îl pronunța „Dan'l". Dar nume mai dificile precum Nebucadnețar? Desigur că nu îl pronunța corect.

Un bărbat cunoscut pe numele de domnul Reynolds a descris o dată prima sa întâlnire cu Moody:

Prima întâlnire în care l-am văzut a avut loc într-o veche cocioabă ce fusese abandonată de un proprietar de birt. Domnul Moody primise acel loc pentru a ține o evanghelizare în acea seară. Am ajuns cu o mică întârziere și primul lucru pe care l-am văzut a fost un bărbat care stătea în picioare, cu câteva lumânări de seu în jurul său, ținând în brațe un băiat negru, încercând să îi citească povestea fiului rătăcitor; dar nu putea citi majoritatea cuvintelor și trebuia să sară peste ele. M-am gândit: *Aș fi uimit să văd că Domnul poate folosi un astfel de instrument pentru onoarea și slava Sa.* După ce întâlnirea a luat sfârșit, domnul Moody mi-a spus: „Reynolds, am un singur talent. Nu am educație, dar Îl iubesc pe Domnul Isus Cristos și vreau să fac ceva pentru El: și vreau ca tu să te rogi pentru mine." Din acea zi și până azi nu am încetat să mă rog, dimineața și seara, pentru acest devotat soldat creștin.[1]

Într-o anumită privință, Moody era aproape semianalfabet. Am văzut o dată o scrisoare scrisă de Moody care a fost reprodusă în cartea *Love Them In: The Life and Theology of D.L. Moody*, de Stanley N. Gundry.[2] Orice elev de clasa a șasea s-ar fi putut descurca mai bine. Nu existau litere majuscule, iar virgulele și punctele erau puține și cu spații mari între ele. Ar fi fost luat în derâdere astăzi, când judecăm o lucrare în funcție de ingeniozitatea stilului de vorbire și nu în funcție de puterea spirituală. Cu toate acestea, acest om a predicat în fața a milioane de oameni fără sistem de sunet și a devenit unul dintre cei mai cunoscuți evangheliști din istoria creștinismului. A condus mii de oameni la Domnul și a înființat trei școli și o universitate.

Nu suntem toți chemați să fim un D.L. Moody. Însă, indiferent de chemarea pentru care am fost puși deoparte, este responsabilitatea lui Dumnezeu să ne echipeze. Iar, în cazul lui Moody, a făcut-o din plin!

Uneori lucrarea lui Dumnezeu include misiuni care schimbă lumea, cum a fost cea a lui Moody. Alteori, lucrarea este mult mai personală și mai apropiată de casă.

Duhul îi cheamă pe creștini să facă tot felul de lucrări pentru

El. Uneori lucrarea include misiuni care schimbă lumea, cum a fost cea a lui Moody. Alteori, lucrarea este mult mai personală și mai apropiată de casă.

O sete pe care nu și-a putut-o ostoi

Fiica mea, Susan, și soțul ei, Brian, știu câte ceva despre acest subiect. Familia lor era completă. Aveau un fiu și o fiică ce trecuseră de mult de perioada scutecelor. Însă, de la vizita făcută în Haiti la vârsta de șaptesprezece ani, Susan a simțit în mod repetat impulsul de a adopta un copil.

S-a căsătorit de tânără dar, din cauza unor probleme fizice, i s-a spus că probabil nu va avea copii și, chiar dacă va avea, vor fi multe complicații. Dar aceasta nu s-a întâmplat niciodată. A avut primul copil, pe Luke, când avea douăzeci și trei de ani, iar pe fiica ei, Claire, la scurt timp după aceea. Însă, când Claire avea cinci ani, Susan și Brian au dorit să mai aibă un copil. De data aceasta, însă, a pierdut sarcina în mod neașteptat.

Pierderea sarcinii a trezit din nou în ea vechea dorință de a adopta. „În acel moment", a spus Susan, „aproape că mi se părea egoist din partea mea să îmi mai doresc copii biologici." Brian era deschis la ideea de a adopta, dar dorea să se asigure că Duhul era Cel care îi călăuzea.

În timp ce Susan și Brian se aflau într-o călătorie misionară în Filipine, unul dintre locuitori a menționat că într-o familie tocmai se născuse un copil dar, din cauza faptului că nu își permiteau să aibă grijă de fetiță, plănuiau să o vândă. Susan a reacționat imediat: „O iau eu!" a zis ea imediat, neînțelegând nimic despre legile internaționale privind adopția.

Un prieten pe care și l-au făcut în călătoria misionară i-a condus pe Brian și pe Susan în zona izolată în care locuia acea familie. În colibă se afla o mamă foarte bolnavă împreună cu nou-născutul. Familia a confirmat imediat că doreau să îl dea pe nou-născut.

Susan și Brian habar nu aveau că totul era ilegal. Un avocat a întocmit actele, iar Susan și Brian l-au plătit și au semnat formularele. Au luat-o pe fetiță și au numit-o Emily. Au dat-o în grija unei familii de la biserica în care slujiseră și au promis că se vor întoarce să o ia pe Emily acasă.

Însă, în Statele Unite, Susan s-a documentat cu privire la legea adopției și a realizat imediat că ceva era în neregulă. „Este complet ilegal!" i-a spus Susan lui Brian. Astfel a început lunga și chinuitoarea lor călătorie de doi ani, în care au încercat să identifice conexiunile politice, legale și umanitare, atât în Filipine, cât și în Statele Unite, care să îi ajute să o aducă pe Emily în Statele Unite. Însă nimic nu funcționa.

În cele din urmă, toți au înțeles că nu va fi posibil ca Susan și Brian să o aducă pe Emily acasă. În acest timp, familia din Filipine care a avut grijă de Emily s-a îndrăgostit de ea. S-au angajat cu bucurie să o adopte și să o crească pe Emily ca pe propriul lor copil.

În ciuda suferinței prin care trecuse, Susan încă simțea în inima ei dorința de a adopta. În timp ce ea era gata să meargă mai departe, Brian era precaut. Deja trecuseră prin destule probleme.

„Nu a fost posibil cu Emily", a spus Brian într-o zi. „Poate că nu trebuie să adoptăm." Susan dorea să îl respecte pe soțul ei. Ea s-a rugat ca dorința de a adopta să dispară dacă nu trebuia să adopte; dar dorința a devenit și mai puternică. Ceva în interiorul ei nu dorea să renunțe la ideea de a aduce un alt copil în familia lor.

Citind pe internet, a aflat despre o agenție creștină de adopții care desfășura un program în Etiopia. A discutat cu Brian să îi sune, dar el era încă reticent și dorea să fie sigur că era voia lui Dumnezeu. După discuții de câteva săptămâni, Susan nu a mai putut aștepta. „Îi voi suna și voi începe procesul."

În acea dimineață, în timp ce fiecare dintre ei se îndrepta către birourile lor de la Brooklyn Tabernacle, Susan s-a simțit sfâșiată. „Doream să sun la agenție în acea zi, dar, știam și că Brian nu era convins că Dumnezeu dorea acest lucru. Oare este posibil ca el să aibă dreptate? Copiii mei aveau zece și doisprezece ani. Și, în multe privințe, îmi încheiasem misiunea: ei se descurcau singuri, iar eu eram independentă din nou. Trecuse mult timp de când nu mai cărasem un pachet de scutece."

„Ceea ce era chiar și mai nebunesc, era că, în urmă cu trei ani, preluasem conducerea lucrării cu copiii de la Brooklyn Tabernacle. Având și serviciu și copii acasă, v-ați putea gândi că nu mai doream alți copii. Dar dorința mea de a adopta s-a intensificat și mai mult. Mulți oameni mi-au spus: „Ce vrei să faci?" Iar eu îmi spuneam în gând: *Nu știu. Dar, chiar dacă ideea vă alarmează, pe mine mă încântă.*

Dumnezeu pusese ceva în inima lui Susan, iar ea nu putea să renunțe.

„În mine era o sete pe care nu o puteam ostoi. Ideea aceasta mă consuma. Însă era clar că Brian nu simțea același lucru.

Într-o dimineață, Susan a fost ocupată cu ședințele și de-abia târziu după-amiază a putut să revină la biroul ei și să vadă un mesaj pe mobil primit de la Terry, o membră a bisericii noastre.

Terry este o femeie respectată din biserica noastră pe care Dumnezeu o folosește uneori prin darurile Duhului. „O știam, dar nu vorbisem niciodată cu ea", a spus Susan. Am fost mereu precaută cu oameni folosiți în manifestarea darurilor Duhului, dar pe Terry am respectat-o întotdeauna. Cred că ea este sinceră și că este într-adevăr folosită de Dumnezeu." *De unde a luat numărul meu de mobil?*, s-a întrebat Susan.

Dumnezeu pusese ceva în inima lui Susan, iar ea nu putea să renunțe.

Susan a ascultat mesajul de la Terry: „Susan, Dumnezeu te-a pus pe inima mea. M-am rugat pentru tine toată ziua. Simt că Dumnezeu mi-a dat un cuvânt pentru tine, și îmi este teamă să ți-l transmit. Vreau să mă asigur că este de la Dumnezeu. Dar iată ce cred că îmi spune El: Vrea să îți spună că de acum nu mai este mult și să fii înțeleaptă atunci când vei începe."

Susan a fost uimită. Era ziua în care trebuia să sune la agenție și, în acea zi, Brian spusese că avea nevoie să i se confirme că era voia lui Dumnezeu. Iată că acea confirmare venise. Susan l-a sunat pe Brian și i-a spus: „Ai primit cuvântul de la Dumnezeu! N-o să-ți vină să crezi ce s-a întâmplat." Și i-a povestit despre telefonul de la Terry. Brian a fost de acord că acesta era semnul de care avea nevoie, așa că Susan a sunat la agenție și a început procesul de adopție.

Aceștia s-au înscris pe lista de așteptare în august și apoi, pe 22 ianuarie, au primit un telefon de la agenție că un bebeluș de sex masculin aștepta să fie înfiat. L-au numit Levi. Detaliile vieții lui Levi erau triste. Mama lui Levi murise de malarie în timp ce îi dădea naștere. Tatăl lui Levi știa că nu poate avea grijă de fiul său deoarece mai avea alți patru copii. În zona îndepărtată în care locuia Levi, fără laptele mamei, Levi ar fi avut puține șanse de supraviețuire.

Unii părinți care nu își puteau hrăni bebelușii i-au lăsat să moară, dar tatăl lui Levi dorea mai mult pentru fiul său. Așa că acel tată îndurerat a călătorit opt ore cu autobuzul pentru a-l aduce pe Levi la orfelinat. Câteva săptămâni mai târziu, când Susan, Brian și cei doi copii ai lor au ajuns în Etiopia, tatăl a făcut din nou călătoria de opt ore pentru a finaliza adopția la tribunal. Printr-un interpret, tatăl le-a spus că spera ca Levi să se întoarcă într-o zi în Etiopia pentru a găsi un tratament contra malariei.

Pentru că acei oameni au urmat îndemnurile Duhului, eu am acum cel mai uimitor nepot! Pe biroul meu este o fotografie înrămată, de dimensiuni 8 x 10 cm, cu portretul lui Levi la vârsta de 1 an. Iubesc chipul acesta frumos și strălucirea buclucașă din ochii lui de un cafeniu închis. Când intră într-o cameră, oamenii observă lumina pe care o poartă în interior.

Cred că Duhul Sfânt a fost Cel care a inspirat-o pe Susan în toți acei ani și care i-a trezit mereu în minte ideea adopției, astfel încât ea nu a putut renunța la ea. Terry vă va spune că a fost îndemnul Duhului Sfânt care a făcut-o să o sune pe Susan și să îi lase mesajul în acea zi, chiar dacă ea s-a simțit nesigură și nu a știut de ce a făcut-o. Iar Brian a simțit pace doar după ce a primit confirmarea Duhului. De asemenea, a fost îndemnul Duhului cel care l-a făcut pe tatăl lui Levi să facă acea călătorie pentru a-și da copilul în mâinile grijulii ale lucrătorilor de la serviciile de adopție.

Duhul Sfânt a lucrat prin mulți oameni, de-a lungul anilor, pentru a-l aduce pe Levi în familia noastră. Și, deși Levi ne aduce o bucurie specială, Susan vă va spune că el nu i-a ușurat viața. Brian este un pastor asociat incredibil de ocupat al bisericii noastre. Au încă doi copii care locuiesc în New York – un loc dificil de crescut copii. Dar Susan vă va spune și că Dumnezeu ne pune în poziții dificile pentru a deveni mai dependenți de El și pentru a experimenta puterea Sa în moduri minunate. Ceea ce ne conduce Duhul să facem nu este întotdeauna ușor și nu are întotdeauna foarte mult sens, dar, pe cine cheamă Dumnezeu, îl și pregătește. Și, în cazul acesta, sunt atât de bucuros că El a lucrat astfel! Până la urmă, eu sunt singurul pastor polonez-ucrainian din centrul Brooklyn-ului care are un nepot etiopian.

Răspunsuri prompte

Când Dumnezeu ne pune deoparte și ne trimite în lucrare, nu este necesar să predicăm sau să fim misionari. Există nenumărate exemple de oameni din bisericile noastre pe care Duhul Sfânt i-a chemat pentru a începe o nouă lucrare: să evanghelizeze pe străzi, să facă ucenici, să aibă grijă de oamenii în vârstă, să dea învățătură din Biblie preadolescenților sau să slujească în nenumărate alte moduri. Exact așa cum fiecare membru al trupului uman funcționează diferit de celelalte, Duhul dă energie fiecăruia dintre noi, care facem parte din trupul lui Cristos, pentru a îndeplini scopul lui Dumnezeu. Fără exercitarea puterii Duhului, tindem să rămânem pe margine, inactivi și neîmpliniți. Mai rău, suntem tentați să-i criticăm pe cei care sunt „în joc" și care încearcă să Îl proclame pe Cristos și să-i slujească pe credincioși. Oricine poate critica eforturile unui alt credincios, dar la scaunul de judecată al lui Cristos vom răspunde doar pentru noi, nu pentru altcineva.

Deși Dumnezeu poate vorbi oricui în orice moment, dacă dorim să descoperim ce ne-a chemat El să facem, am face bine să ne amintim de „apropierea de Domnul" a liderilor din Antiohia.

Ei se „închinau Domnului" și se privau de hrană o perioadă pentru a deveni mai sensibili din punct de vedere spiritual la Duhul lui Dumnezeu. Cumva, Duhul Sfânt i-a chemat pe Barnaba și pe Saul. El a urmărit creșterea și predarea lor de-a lungul anilor. În timp ce Îl căutau pe Domnul în rugăciune, Duhul a revelat o nouă misiune de lucru pentru ei, o misiune care avea să aducă binecuvântări minunate pentru nenumărați oameni. Acesta nu era un caz în care doi oameni au auzit voci ciudate pe care nimeni altcineva nu le putea confirma. Barnaba și Saul au făcut ca conducerea bisericii să fie martoră la chemarea Duhului. Când Duhul Sfânt vorbește și conduce, confirmarea va veni întotdeauna într-un anumit mod, inclusiv prin mărturia altor credincioși maturi.

Cristos nu a murit pe cruce pentru ca noi să ne petrecem timpul de creștini pe pământ stând și așteptând întoarcerea Sa. Isus a spus: „Mare este secerișul, dar puțini sunt lucrătorii!" (Matei 9:37). Motivul acestui număr mic de lucrători din zilele noastre este că prea puțini sunt predați Duhului pe care Cristos ni L-a trimis. Dar mai este încă timp și avem un Mântuitor răbdător și plin de milă de partea noastră.

Cine știe cum vă poate folosi Dumnezeu dacă pășiți înainte prin credință și Îl lăsați pe Duhul Sfânt să preia conducerea? Nu suntem chemați să fim spectatori și să privim de pe margine în timp ce prințul întunericului iese să fure, să ucidă și să distrugă (Ioan 10:10). Isus a spus că lucrătorii sunt puțini, dar că lucrarea efectivă va fi făcută de către Duhul lui Dumnezeu *prin tine și prin mine,* care facem lucruri dincolo de imaginația noastră. Totul începe cu momentul în care vă oferiți să slujiți.

Și atunci ne putem ruga rostind rugăciunea profetului Isaia: „Iată-mă, trimite-mă!" (Isaia 6:8).

Concluzie

De aici, încotro?

Uneori mă întreb cum era pentru israeliți să aibă prezența lui Dumnezeu în mijlocul lor, călăuzindu-i în timp ce călătoreau din Egipt spre Țara Promisă. Deși Moise era singurul care vorbea direct cu Dumnezeu, toți israeliții puteau vedea o manifestare a prezenței lui Dumnezeu – stâlpul de nor în timpul zilei și stâlpul de foc în timpul nopții.

Stâlpii au apărut pentru prima oară atunci când evreii se apropiau de Marea Roșie. Mai târziu, Moise a primit Cele Zece Porunci de la Dumnezeu pe Muntele Sinai. Împreună cu instrucțiunile morale, el a primit, de asemenea, instrucțiuni detaliate cu privire la modul în care israeliții ar trebui să I se închine lui Dumnezeu. Folosind planurile pe care Moise le-a adus cu el, israeliții au construit un Cort al Întâlnirii. Acest cort era un templu portabil sau o structură temporară care putea fi strâns și luat cu ei în timp ce se deplasau prin deșert. Apoi, ori de câte ori se opreau, cortul era întins în mijlocul taberei. Cortul era punctul central de închinare pentru preoți și pentru a-I aduce jertfe lui Dumnezeu.

În spatele sltarului, unde slujeau zilnic doar preoții, era un loc numit Sfânta-sfintelor, o cameră specială în care doar marele preot putea intra, o singură dată pe an, în Ziua Ispășirii. În acea cameră se afla chivotul Legământului, un cufăr sacru, acoperit cu aur, construit și el conform specificațiilor pe care i le dăduse

Dumnezeu lui Moise. Capacul era din aur masiv și era numit tronul îndurării. În interiorul chivotului se aflau tablele Legii pe care erau scrise cele Zece porunci.

După ce cortul a fost instalat pentru prima dată, s-a întâmplat un lucru extraordinar. „Atunci, norul a acoperit cortul întâlnirii și slava Domnului a umplut cortul" (Exodul 40:34). Dar acel nor care îi acoperea nu era ceva obișnuit – era practic prezența lui Dumnezeu într-o formă misterioasă. Dumnezeul lui Israel venise să Se stabilească în mijlocul oamenilor Săi, deasupra chivotului Legământului. A fost un moment atât de extraordinar că „Moise nu putea să intre în cortul întâlnirii, pentru că norul stătea deasupra lui și slava Domnului umplea cortul" (Exodul 40:35). Dar Dumnezeu a făcut mai mult decât să vină în mijlocul lor; El a folosit prezența Sa ca un mod de a-i călăuzi. Când norul s-a ridicat de deasupra cortului și a început să avanseze, israeliții își strângeau corturile și îl urmau. Dumnezeu nu le-a spus: „Plecați!" El pleca primul și le-a spus să Îl „urmeze". Când norul se oprea, se opreau și israeliții.

„Cât au ținut călătoriile lor, copiii lui Israel porneau numai atunci când se ridica norul deasupra cortului. Când nu se ridica norul, nu porneau până ce nu se ridica. Norul Domnului era deasupra cortului ziua, iar noaptea era un foc înaintea întregii case a lui Israel, în timpul tuturor călătoriilor lor" (Exodul 40:36–38).

Gândiți-vă cât de minunat era acest lucru! Dumnezeu le dăduse poruncile morale care reflectau sfințenia Sa; le dăduse un sistem de jertfe pentru păcate; iar acum le-a oferit *propria Sa prezență.*

De ce ne mulțumim cu o viață creștină anemică dacă Duhul viu al lui Dumnezeu este disponibil atunci când Îl cerem?

Probabil că norul le dădea o mare siguranță israeliților. Acesta le reamintea că Dumnezeu Se afla acolo – că El îi călăuzea și îi proteja.

Ei nu erau ca filistenii, ca amoriții sau ca alte popoare canaanite. Ei erau poporul ales al unui Dumnezeu adevărat și viu, a cărui prezență locuia printre ei. Imaginați-vă cât de oripilați ar fi fost să se trezească într-o zi și să nu mai vadă norul. Imaginați-vă haosul și panica ce ar fi urmat dacă norul slavei, chiar prezența lui Dumnezeu, nu mai era cu ei.

Dar exact așa s-a întâmplat. Într-o zi, norul nu a mai fost acolo. Nu știm când a dispărut norul sau de ce nu mai exista niciun semn vizibil al prezenței lui Dumnezeu. Biblia nu ne dezvăluie niciun detaliu. Nu mă pot abține să nu mă mir de cele întâmplate. Oare Dumnezeu a plecat pentru că ei nu L-au mai ascultat? Oare oamenii au observat că norul lipsea? Dacă au observat, oare le-a păsat? Au făcut ceva ca să-l aducă înapoi?

Dispărut în misiune

În această carte, am studiat activitatea, puterea și prezența Duhului Sfânt în Biserica creștină primară. Când ne gândim la acțiunea Duhului și la marea lucrare realizată pentru Cristos în Biserica primară și o comparăm cu viețile și bisericile noastre de astăzi, este greu să nu ne mirăm de ceea ce s-a întâmplat. De ce ne mulțumim cu o viață creștină anemică și cu rutina lipsită de viață a bisericii când Duhul viu al lui Dumnezeu este disponibil atunci când Îl cerem?

Un cuvânt puternic de mustrare din partea lui Dumnezeu pentru propriul Său popor se găsește în scrierile lui Ieremia. Oare s-ar putea aplica astăzi multora din noi?

> Ascultați Cuvântul Domnului, casa lui Iacov și voi,
> toate familiile casei lui Israel!
> Așa vorbește Domnul:
> „Ce nelegiuire au găsit părinții voștri în Mine,
> de s-au depărtat de Mine
> și au mers după nimicuri
> și au ajuns ei înșiși de nimic?
> Ei n-au întrebat: «*Unde este Domnul*
> care ne-a scos din țara Egiptului,
> care ne-a povățuit prin pustie,
> printr-un pământ uscat și plin de gropi,

printr-un pământ unde domnesc seceta și umbra morții,
printr-un pământ pe unde nimeni nu trece și unde nu locuiește niciun om?»"
(Ieremia 2:4–6, subl. aut.)

Israel pierduse binecuvântarea și prezența Dumnezeului lor și, în mod surprinzător, nimănui nu părea să-i pese. În ciuda lucrării puternice pe care o făcuse Dumnezeu pentru ei în trecut, nimeni nu a avut curajul spiritual și discernământul de a întreba: „Unde este Domnul?" Idolatria lor și celelalte păcate L-au îndurerat pe Dumnezeu și au pierdut prezența lui Dumnezeu, dar adevărata tragedie a fost că nimeni nu I-a simțit lipsa. Închinarea în Templu a continuat și jertfele de animale au fost oferite exact așa cum a poruncit Moise, dar Duhul lui Dumnezeu plecase de mult timp.

Oare la fel se întâmplă și astăzi? Se cântă imnuri și refrene de laudă; sunt rostite predici doctrinare serioase; serviciile religioase de la biserică sunt cronometrate și orchestrate perfect. De prea multe ori, însă, prezența lui Dumnezeu este prea slabă pentru a produce reverență, convingere cu privire la păcat sau o revărsare de bucurie și o predicare menită să transforme viața. Ne putem mulțumi cu ușurință cu „biserica" în loc de Dumnezeu. Și fiecare generație care se succedă, formată după același tipar, îngreunează mai mult revenirea la întrebarea: „Unde este Domnul?".

Dar iată un alt pasaj profetic care aduce speranță tuturor celor care însetează după o trezire spirituală în viață, biserică și națiune:

Atunci poporul Său și-a adus aminte de zilele străvechi
ale lui Moise și a zis:
„Unde este Acela care i-a scos din mare,
cu păstorul turmei Sale?
Unde este Acela care
punea în mijlocul lor Duhul Lui cel sfânt?"
(Isaia 63:11, subl. aut.)

Acel pasaj vorbește despre o zi în care poporul lui Dumnezeu își va aminti de trecut. Își vor aminti de modul în care a intervenit Domnul în numele lor și prezența Lui a fost glorioasă în jurul lor. Inspirat de acele amintiri, acesta va striga: „Unde este Acela care punea în mijlocul lor Duhul Lui cel sfânt?", apoi cereri și mai puternice vor fi înălțate către Domnul: „O, de ai despica cerurile și Te-ai pogorî, s-ar topi munții înaintea Ta" (Isaia 64:1).

Această rugăciune disperată a marcat fiecare trezire spirituală pe care a trimis-o Dumnezeu. Credincioșii simt această lipsă și nu se mai pot mulțumi doar cu mersul la biserică. Trebuie ca Dumnezeu *Însuși* să le umple viețile.

Înainte ca Israel să se stabilească în Canaan, Moise a pus accentul pe miezul problemei atunci când I-a cerut lui Dumnezeu mai mult ajutor pentru a-i conduce pe oameni. „Domnul a răspuns: «Voi merge Eu Însumi cu tine și îți voi da odihnă.» Moise i-a zis: «Dacă nu mergi Tu Însuți cu noi, nu ne lăsa să plecăm de aici. Cum se va ști că am căpătat trecere înaintea Ta, eu și poporul Tău? Oare nu când vei merge Tu cu noi și când prin aceasta vom fi deosebiți, eu și poporul Tău, de toate popoarele de pe fața pământului?»" (Exodul 33:14–16).

Cât de uimitoare este rugăciunea lui Moise! În special când o comparăm cu faptul că noi ne mulțumim cu mult mai puțin decât tot ceea ce are Dumnezeu mai bun. Moise I-a spus Domnului ca nici măcar să nu îi trimită spre Țara Promisă dacă El nu va merge cu ei. Cum altfel ar putea să știe ceilalți despre faptul că Dumnezeu le dăduse trecere lui Moise și Israelului, dacă prezența Lui plină de slavă nu îi însoțea?

Acest semn distinctiv îi făcea pe evrei să fie diferiți de alte popoare de pe pământ – nu armele pe care le dețineau, nu cântecele de victorie sau experiențele trecute. Prezența Domnului îi distingea drept poporul cu care Dumnezeu făcuse legământ. În același mod, Biserica primară nu numai că se bucura de faptul că Duhul a fost dat, dar tânjea după manifestarea prezenței Sale în mijlocul lor. Scopul lor era să vadă felul plin de reverență în care pleacă necredincioșii ajunși la întâlnirile lor și mărturisesc: „Dumnezeu este în mijlocul vostru!" (1 Corinteni 14:24–25).

Fără Duhul, creștinismul este redus la o cunoștință intelectuală cu privire la Dumnezeu, tradiții goale și la o mentalitate de gen „club social". Trebuie să Îi cerem lui Dumnezeu să ne dea o revelație proaspătă referitoare la modul în care a intenționat El să arate *Biserica Sa*.

Fără această bază corectă, vom sfârși construind pe nisip. Dar având această bază, vom vedea o trezire spirituală durabilă de la Duhul Sfânt, o trezire care duce la un evanghelism uimitor de fructuos și o atmosferă tot mai mare de iubire printre credincioși.

Cum să ajungem acolo

Încotro pornim acum și cum vom face să ajungem acolo? Trebuie să începem acolo unde încep minunile aproape întotdeauna: în punctul în care Îl recunoaștem pe El ca Dumnezeu și ne mărturisim păcatele. Dacă acum suntem departe de Dumnezeu și de modul în care dorește El ca lucrurile să fie, nu putem trăi în negare sau prin prisma unor raționamente care ne mângâie mândria. Fie personal, fie în biserica noastră, trebuie să Îi cerem lui Isus să ne citească în mod corect temperatura noastră spirituală. Oare avem o credință căldicică? Cu mult timp în urmă, Cristos a citit temperatura pentru șapte biserici (Apocalipsa 2–3) și va fi credincios, în iubirea Sa, pentru a ne arăta unde am greșit. Indiferent cât de departe suntem de El, indiferent cât de jos am căzut, El ne va restaura și ne va da înapoi acea vitalitate spirituală, dacă Îi permitem. Dar aceasta trebuie să înceapă cu recunoașterea noastră sinceră, smerită, că avem nevoie de ajutor din partea Duhului Sfânt. Trebuie să Îi mărturisim Domnului deschis acest lucru.

Trebuie să îi cerem lui Dumnezeu să ne dea o revelație proaspătă referitoare la modul în care a intenționat El să arate *Biserica Sa*.

De asemenea, trebuie să ne dedicăm comuniunii cu Dumnezeu în rugăciune și studiului serios al Cuvântului Său. Biblia ne va ajuta să ne rugăm în credință, iar rugăciunea ne va ajuta să înțelegem cuvintele Scripturii. Încrezându-ne în Dumnezeu, El ne va ajuta să ne administrăm timpul și ne va da autodisciplină. Apoi, când va răsări lumina cea nouă în sufletele noastre, vom fi îndemnați să ne mărturisim și să părăsim orice păcat și orice obicei păcătos. Pocăința sinceră ne va întoarce de la egoismul nostru spre Dumnezeu. Vom veni zdrobiți și slabi înaintea Lui; însă, lucru cel mai important este că vom veni.

Oare va respinge Dumnezeu cererile noastre după ajutorul Lui pentru că încă suntem slabi și imaturi în anumite privințe? Nu și dacă dorim să trăim cu sinceritate înaintea lui Dumnezeu și să experimentăm mai mult Duhul Sfânt. Smerenia și dorința sinceră de a-L mulțumi întotdeauna fac să fim auziți la tronul harului. Nu trebuie să continuăm să privim la noi, la greșelile și la eșecurile noastre morale. Haideți să mărturisim sincer tot ceea ce ne arată Duhul că trebuie mărturisit și să mergem mai departe spre lucruri mai bune, cum ar fi să ținem ochii ațintiți spre Isus (Evrei 12:2). El este Cel care a promis Duhul Sfânt unor oameni care Îl părăsiseră de curând într-un moment critic. Nu meritele sau credincioșia lor au câștigat această promisiune; ci iubirea Sa și nevoia lor disperată.

Dorește oare Duhul să facă toate lucrurile despre care am citit? Dacă nu dorește, atunci Biblia este o carte înșelătoare. Dacă dorește, atunci căutarea ajutorului Său, a puterii, a iubirii, a înțelepciunii și a călăuzirii nu este în van. De fiecare dată când Duhul Sfânt ne îndeamnă să mergem într-o nouă direcție, să ascultăm imediat. Aceasta ne va ajuta să dezvoltăm o sensibilitate accentuată la vocea Sa.

Și, în timp ce așteptăm vizitele proaspete ale Duhului, să ne păstrăm răbdarea. Pe cât de sigură este venirea dimineții, pe atât de sigur este că Duhul Sfânt *va acționa* în moduri cu totul noi în mijlocul nostru. Să-L lăsăm pe Dumnezeu să decidă momentul și modul de manifestare al acelor lucruri, căci căile Lui nu sunt căile noastre. Însă, în timp ce așteptăm, să continuăm să lucrăm pentru Cristos și să îi slujim pe ceilalți în numele Său. Trezirea spirituală nu este rezervată pustnicilor ascunși în deșert, ci credincioșilor care trăiesc în lumea reală. Cu Dumnezeu nu ne așteaptă decât ceea ce este mai bun.

Duhul a acționat în trecut și a realizat lucruri extraordinare ce L-au slăvit pe Isus și au mărit Împărăția Sa. Dar lumea nu a fost niciodată mai întunecată, mai violentă sau mai însetată după ceva care să satisfacă sufletul. Isus este răspunsul, iar noi suntem mesagerii Învățătorului și avem o misiune. El a știut care vor fi nevoile noastre și L-a trimis pe Duhul Sfânt să ne ajute să trecem peste orice munte și prin orice vale dificilă. Duhul Sfânt nu poate fi închis într-o cutie; El lucrează ca vântul. Suflă acolo unde dorește și se manifestă prin oameni în moduri pe care le alege El.

Când Duhul lucrează prin oameni predați, plini de credință ca voi și ca mine, Cristos va fi glorificat. Biserica se va consolida. Cuvântul va fi onorat. Împărăția lui Dumnezeu se va mări.

Căci de aceea a venit El.